THE SUBLIME SCIENCE

OF THE

GREAT VEHICLE TO SALVATION,

BEING

A MANUAL OF BUDDHIST MONISM

THE WORK OF ĀRYA MAITREYA
WITH
A COMMENTARY BY ĀRYĀSANGA.

D1882373

Owing to the antiquity and rarity of this book, certain pages are regrettably absent, and readability is compromised due to the blurring of the original text. If you possess any insights regarding the availability of these missing sections, kindly inform us. Your assistance is crucial in ensuring the completion of this significant work for the benefit of future generations.

THE SUBLIME SCIENCE

OF THE

GREAT VEHICLE TO SALVATION,

BEING

A MANUAL OF BUDDHIST MONISM

THE WORK OF ĀRYA MAITREYA
WITH
A COMMENTARY BY ĀRYĀSANGA

BY

E. OBERMILLER

GYAN

Published by

Gyan Publishing House
5, Ansari Road
Daryaganj, New Delhi-110002
Phone: 011-47034999, 9811692060
E-mail: books@gyanbooks.com

Distribution Network
gyanbooks.com
India, USA, Canada, UK, Australia

© Publisher

All rights reserved. No part of this work may be reproduced, stored, adapted, or transmitted in any form or by any means, electronic, mechanical, photocopying, micro-filming, recording or otherwise, or translated in any language, without the prior written permission of the copyright owner and the publisher.

ISBN: 978-93-6433-047-3 (PB)
First Published, 1931

2nd Impression 2024

Printed at: Gyan Press, Delhi.

The book is sold subject to the condition that it shall not, by way of trade or otherwise, be lent, resold, hired out, or otherwise circulated without the prior publisher's written consent.

THE SUBLIME SCIENCE OF THE GREAT VEHICLE TO SALVATION, BEING A MANUAL OF BUDDHIST MONISM THE WORK OF ĀRYA MAITREYA WITH A COMMENTARY BY ĀRYĀSANGA

AUTHOR: E. OBERMILLER

THE SUBLIME SCIENCE

OF THE

GREAT VEHICLE TO SALVATION,

BEING

A MANUAL OF BUDDHIST MONISM.

THE WORK OF ĀRYA MAITREYA

WITH

A COMMENTARY BY ĀRYĀSANGA.

TRANSLATED FROM THE TIBETAN

WITH

INTRODUCTION AND NOTES

BY

E. OBERMILLER.

Extract From

Acta Orientalia, Vol. IX, 1931.

Deutung
des *-in*-Infixes in den austronesischen Sprachen.

Von

R. A. Kern, Leiden.

I. Vorbemerkungen.

Vor längerer Zeit hat Dr. Brandes eine Abhandlung, die dem *-in*-Infixe gewidmet war, veröffentlicht.[1] Die Überschrift lautete: ‚Het infix *in* niet een infix om passieve vormen te maken, maar de tijds-aanwijzer om aan een vorm de waarde te geven van een gedecideerd afgeloopen handeling.' Aus diesem Titel geht sofort die Absicht des Verfassers hervor; er trägt nicht nur die Resultate seiner Untersuchung zur Schau, sondern er teilt auch mit, daß es eine andere Auffassung des genannten Infixes gibt, welche er aber nur erwähnt, um sie zu verwerfen. Indem er seine Beispiele einigen Sprachen der sogenannten philippinischen Gruppe der austronesischen Sprachfamilie entnimmt, nämlich: Favorlang, Ibanag, Iloko, Pampanga, Tagalog, Bikol, Bisaya, Sangihĕ, Tombulu als auch dem Malagasy von Madagaskar, legt er dar, daß ‚die vergangene Zeit der Formen des Verbums mit *um* durch das Einschieben des Infixes *-in-* gebildet worden ist, ebenso als *minabas* und *minahaturu* dies für die Formen mit einem *m*-Präfix zeigen',[2] also die vergangene Zeit der mit *-um-* und *ma-* zusammengesetzten Formen des Verbums, beide als aktiv betrachtet, durch Infigierung von *-in-* gebildet worden ist. Es treten bei diesen Einschiebungen Apostrophierungen und Kontraktionen auf, die in den einzelnen Sprachen verschieden sind, vorläufig aber keiner weiteren Erörterung bedürfen.

---

[1] Album Kern, p. 199. Leiden 1903.

[2] Ebenda, p. 203.

Die passiven Formen nehmen, wie der Verfasser hervorhebt, *-in-* ebenfalls als Infix, genau wie im Aktiv, an, jedoch nur in den Formen, welche einen vergangenen Zeitwert haben. Weil dieselben Formen auch ohne *-in-*Infix gebraucht werden und dann trotzdem passiven Wert haben, kann, so ist die Schlußfolgerung, dieser nicht im *-in-* stecken. Der Verfasser macht auch darauf aufmerksam, daß außer *-in-* eine Nebenform *ni-* als Präfix auftritt. Offenbar werden sie von ihm einander vollkommen gleichgestellt.

Die gegebene Umschreibung der Bedeutung von *-in-*, das die vergangene Zeit bilden soll, wird sodann näher dahin präzisiert, daß es einer Form ‚einen dezidiert-vergangenen Zeitwert‘[1] gibt, also diese als Perfektum charakterisiert.

Später hat Adriani darauf hingewiesen, daß *-in-* auch in Formen vorkommt, in welchen die Handlung vorgeführt wird als eine, die im Geschehen begriffen ist; oft kann eine *-in-* (*ni-*) Form perfektisch aufgefaßt werden, muß jedoch oft auch mit einem Imperfektum übersetzt werden. Die Umschreibung von Brandes sei deshalb zu beschränkt, weil er statt von einem Präteritum nur von einem *-in-*Perfektum spricht. Übrigens schloß Adriani sich der Ansicht Brandes' an.[2]

Es ist meine Absicht, in den folgenden Zeilen das Verhältnis, in welchem *-in-* und *ni-* zueinander stehen, zu untersuchen und die Grundbedeutung des Infixes *-in-* festzustellen.

Zuerst muß etwas von Aktiv und Passiv gesagt werden, weil von diesen beiden fortwährend die Rede sein wird. Was ist in den austronesischen Sprachen unter diesen Begriffen zu verstehen?

Im allgemeinen kann als Regel gelten, daß dasjenige, um das es sich im Satze handelt, Subjekt und Nominativ ist. Dieses kann eine Person oder ein Gegenstand sein, Konkretes oder Abstraktes, das Gesagte trifft für alle Arten Subjekte zu, die Gedankenanordnung

---

[1] Album Kern, p. 203.

[2] N. Adriani en M. L. Adriani-Gunning, Hoofdstukken uit de spraakkunst van het Tontemboansch, p. 172. Den Haag 1908 [Tontemb. spr.].

bleibt dieselbe. Also ist die Aufmerksamkeit des Sprechenden in erster Linie auf das Subjekt gerichtet, und auch die Aufmerksamkeit des Zuhörers wird darauf gelenkt. Diese Tatsache besagt nicht, daß das Subjekt im Satze zuerst genannt werden muß; in den Sprachen der philippinischen Gruppe, das heißt diejenigen, welche in diesem Aufsatze besonders in Betracht kommen, ist dies sogar gewöhnlich nicht der Fall.

Zweitens ist zu bemerken, daß die Wahl desjenigen, das die Hauptsache im Satze sein soll, d. h. die Wahl des Subjekts, nicht frei und nicht willkürlich ist. Der deutsche Satz: ‚Als ich den Mann sah, rief ich ihn', wird wie folgt übersetzt: ‚Als ich den Mann sah, wurde er von mir gerufen.' Ebenso: ‚Gestern habe ich Johann gerufen und ihm den Brief gegeben', in Übersetzung: ‚Gestern habe ich Johann gerufen und ihm ist der Brief von mir gegeben worden.' Diese Übersetzung ist auch nicht genau, denn ‚er' steht im Nominativ, ‚Brief' ist Akkusativ. Wird in einem Satze ein neues Element eingeführt, von dem zuvor noch nicht die Rede war, so kann es nicht im Nominativ stehen, wohl aber im folgenden, wenn die Unterredung über dasselbe Thema fortgesetzt wird; dann muß es sogar Subjekt werden.

Was dieses Subjekt betrifft, so gibt es zwei Möglichkeiten: 1. es geht etwas davon aus, 2. es kommt etwas dazu hin. — Im ersteren Falle zeigt das Wort, in dem dieses Ausgehende zum Ausdruck gebracht wird (Prädikatswort), die aktive Form, dagegen wenn darin ausgedrückt wird, daß etwas zum Subjekt hinkommt, die passive Form. Den Begriff, daß etwas von dem Subjekt ausgeht, soll man sich so weit wie möglich vorstellen. Erstens wird kein Unterschied gemacht zwischen lebendigen und leblosen Subjekten. Wenn daher weiterhin in diesem Aufsatze von Personen gesprochen wird, geschieht dies nur bequemlichkeitshalber, es ist dabei im Auge zu behalten, daß alles Gesagte ebenso für Belebtes wie auch für Unbelebtes zutrifft. Demnach kann etwas von einer unbelebten Sache, dem Boden oder einem Stein, ausgehen.

Das hier als ‚ausgehend' Umschriebene braucht nicht immer ein Wort zu sein, das eine ‚Handlung' im engeren Sinne des Wortes darstellt, es können Begriffe sein, die einen Zustand wiedergeben; hinsichtlich der Form aber stimmen die Fälle insoweit überein, daß beide im Aktiv stehen. Es gibt aber Sprachen, namentlich die der Philippinen, wo ein Unterschied zwischen beiden Kategorien gemacht wird (nicht in Tontemboan). Das Subjekt eines aktiven Satzes braucht also nicht notwendig Agens zu sein.

Das ‚Ausgehende‘, welches für die aktive Form ausschlaggebend ist, wird vielleicht am besten als ‚Emanation‘ wiedergegeben; alles, was von dem Subjekte emaniert, braucht eine aktive Form.

Auf der anderen Seite handelt es sich in einem passiven Satze um etwas, das zu dem Subjekt des Satzes (Nominativ) hinkommt. Dieses, das Subjekt, ist leidend, nicht immer untätig, erleidet dasjenige, was geschieht. Doch wie leidend es sein möge, es bleibt auf jeden Fall die Hauptsache im Satze und ist in dieser Funktion Subjekt und Nominativ. Um diese Hauptsache handelt es sich an erster Stelle, von ihr wird etwas gesagt. Doch ist das Verhältnis, in dem das Subjekt zu seiner Umgebung steht, im Aktiv und Passiv verschieden; im Passiv liegt der Ursprung desjenigen, was mit dem Subjekte geschieht, d. h. der Agens, außerhalb desselben, das Subjekt selbst ist Patiens.

Der Gebrauch von Aktiv und Passiv wird also von anderen Regeln als etwa im Niederländischen oder Deutschen beherrscht, demzufolge kann ein aktiver Satz im Niederländischen (Deutschen) die genaue und einzig richtige Übersetzung eines Passivs im Austronesischen sein und umgekehrt.

Bis jetzt ist absichtlich nicht von passiven Formen des Verbums gesprochen worden. Die philippinische Sprachengruppe zeigt eine Mannigfaltigkeit passiver Formen, die im allgemeinen aus einem Grundwort mit vorgesetzter oder hinzugefügter Partikel bestehen; sie haben alle den Charakter eines Nomens. Als solche Partikeln sind zu betrachten: die Präfixe *pa-*, *ka-*, *ta-*, das Suffix *-an* (teilweise), mitunter alle davon zusammenstellbaren Kombinationen, und die zahlreichen Nebenformen: *kĕ-*, *ko-*, *ki-*, *pĕ-*, *pi-*, *ti-*, *to-* u. a. m. Erst wenn solch einer passiven Form oder dem Grundwort ein anderes

Affix hinzugefügt wird, entstehen Formen, die mit unseren passiven Formen des Verbums vergleichbar sind, insoweit sie die Bedeutung eines Verbums, daneben jedoch auch den Wert eines Nomens haben können; deshalb zeigen sie die meiste Ähnlichkeit mit unseren Partizipien. Man könnte gleichfalls sagen, daß in derart zusammengestellten, übrigens passiven Formen sich eine Abtrennung des Verbums vom Nomen zu vollziehen anfängt. Wenn im folgenden von passiven Formen des Verbums die Rede sein wird, muß dabei immer das Vorhergesagte in Betracht gezogen werden. Bei dem Einheimischen verhält es sich natürlich nicht so, daß er eine Form bald als Verbum, bald als Nomen anwendet, für ihn ist der Begriff ungeteilt. Wo er z. B. ein *-ĕn-*Passiv gebraucht, in nach unserer Terminologie nominalem Sinne oder, ein anderes Mal, wiederum nach unserer Terminologie, im Sinne eines Verbums, besteht in seinem Bewußtsein kein Unterschied. Es verhält sich hiermit so, als wenn man auf Deutsch sagt: ‚Das Eisen wird gegossen‘ und auch ‚eine gegossene Röhre‘, ohne daß man sich des verschiedenen Gebrauches bewußt ist und ohne daß sich die Mundart dagegen sträubt.

Wir wollen jetzt untersuchen, welche Affixe es sind, die bei den passiven Formen des Verbums auftreten, besonders in der philippinischen Gruppe. Es gehören dazu die bekannten Sprachen des philippinischen Archipels, die einheimischen Sprachen Formosas, die Sprachen der Inseln, welche die Brücke von den Philippinen nach Celebes bilden, und ungefähr die der nördlichen Hälfte dieser Insel. Als Ausgangspunkt diene das Tontemboan, die westliche Hauptsprache der Minahasa (Nord-Celebes), erstens weil diese Sprache im Gegensatz zu den Schwestersprachen das *pĕpĕt* (ĕ) beibehalten hat, andererseits weil wir in der Grammatik des Ehepaares Adriani einen vorzüglichen Leitfaden besitzen.

Die Partikeln, welche dazu dienen, passive Verbalformen zu bilden, lauten in Tontemboan *i-* (Präfix), *-ĕn* und *-an* (Suffixe). An die Behandlung dieser drei Affixe wird sich eine des Infixes *-in-* anschließen.

Die Affixe *i-*, *-ĕn* und *-an* haben das gemeinsam, daß sie etwas von einem Subjekte, das als passiv, leidend, angesehen wird, sagen. Das Passive liegt jedoch eigentlich nicht in diesen Partikeln, sondern im Worte selbst, an das man sie angehängt hat, sei es, daß dieses sich als passiver Begriff kennbar macht durch die Zusammenstellung mit Formantien, welche auf *pa-*, *ka-*, *ta-* (Präfixe) zurückzuführen sind, sei es, daß das Wort an sich Grundwort ist. Hieraus geht hervor, daß auch das nackte Nomen im Grunde als passiv gedacht wird. Der Inhalt oder die Bedeutung der Partikeln bei der Vollziehung des passiven Prozesses liegt darin, daß auf Dreierlei die Aufmerksamkeit des Hörers gelenkt wird. Von jeder Partikel gilt also, daß sie anzeigt, mit welchem Passiv wir es zu tun haben. Da übrigens die passiven Formen, welche auch als Verba angesehen werden können, d. h. diejenigen, denen aktive Formen gegenübergesetzt werden können, immer eines dieser Affixe tragen, so kann man ohne Bedenken von einem *i-*, *-ĕn* oder *-an*-Passiv reden.

Jede dieser Partikeln wollen wir jetzt besprechen; jedesmal wird Tontemboan vorangehen.

II. Das Präfix *i-*.

Dieses Präfix lautet in den Sprachen der philippinischen Gruppe allgemein *i-*, die Anwendung ist in den verschiedenen Sprachen übereinstimmend. Es wird dem Grundworte vorn angehängt; trägt dieses noch andere Präfixe, so geht *i-* ihnen allen voran, *i-* bildet also die erste Silbe des damit zusammengesetzten Wortes, z. B. von *litag*, *ilitag*, *ipakalitag*. Es gibt scheinbar eine Ausnahme von dieser Regel: das Perfektum des *i*-Passivs nimmt in Tontemboan eine neue Partikel *a-* an (in Tombulu *nimei-*), die vor *i-* ihren Platz findet. Diese Partikel ist den anderen Formantien nicht gleichzustellen, ist auch keine wirkliche Ausnahme, die Erklärung kann aber erst später folgen.

In Tontemboan gibt es folgende mit *i-* zusammengesetzte Formen: *i-*, *ipa-*, *ipĕ-*, *ipapa-*, *itja* (= *i* + *ka*), *ipaka-*, *ipĕki-*, *ipĕnga-*, *ipĕngĕki-*, abgesehen von intensiven (nasalierten) und wiederholten Formen; die Perfekta[1] lauten: *ai-*, *aipa-*, *aipĕ-*, *aipapa-*, *aitja-*, *aipaka-*, *aipĕki-*,

[1] Adriani nennt sie Präterita; der Unterschied wird unten behandelt.

aipĕnga-, *aipĕngĕki-*. In Tagalog kommen folgende Formen vor: *i-*, *ika-*, *ikà-*, *ikàpa-*, *ikàpag-*, *ikàpagpa-*, *ipa-*, *ipag-*, *ipagka-*, *ipagkàpa-*, *ipagma-*, *ipagpa-*, *ipaki-*, *ipakipa-*, *ipakipag-* u. a. m. Aus diesen Beispielen geht zur Genüge hervor, welch ein reichhaltiges Formenmaterial diesen Sprachen durch Zusammensetzung mehrerer Formantien zur Verfügung steht. Jedes dieser Affixe hat seine eigene Bedeutung, die es dem Grundworte, an das es geheftet wird, zuführt. Dies gilt ebenso für Aktiv als für Passiv, nur gestalten sich die Affixe in beiden verschieden, *pa-* (im Passiv) hat z. B. die Bedeutung eines Durativums, die Formen *itjan* (*i* + *kan*)[1] und *ipakan*, beide Passive von *kan*, Gw. von essen, verhalten sich zu einander als Passiv ohne weiteres (‚er ißt‘) und Passiv des Durativums (‚er ist mit Essen beschäftigt‘). M. m. gilt dasselbe für die übrigen Präfixe. Weil es sich hier darum handelt, den Wert des *i*-Präfixes zu bestimmen, kann eine Behandlung der übrigen Affixe unterbleiben.

In der Tontemboanischen Grammatik von Adriani wird diesem *i*-Passiv der Name ‚Instrumental-Passiv‘ gegeben, weil es passiven Geschlechtes ist und die Bedeutung hat: dasjenige, womit verrichtet wird, was das Grundwort andeutet. Die instrumentale Bedeutung ist im Präfix *i-* enthalten, das Subjekt eines Satzes, der eine Form mit *i-* zum Prädikatswort hat, wird zum instrumentalen Kasus, wenn man den Satz in das Aktive umsetzt; *ĕm pena ro'na ipatitj(ĕ)ku* ist eine Feder, womit von mir geschrieben werden kann; in einen aktiven (deutschen) Satz umgesetzt: mit einer Feder kann ich schreiben. — Soweit Adriani.[2] In der Tontemboanischen Sprachlehre sind Beispiele des Gebrauches des Präfixes *i-* in großer Menge zu finden. Mit wenigen Ausnahmen sind sie den von ihm mit Schwarz zusammen herausgegebenen Texten entnommen.[3] Ich sehe mich genötigt, mich in dieser Abhandlung auf einige wenige zu beschränken und möchte

[1] Nach *i* geht *k* in *tj* über, auch wenn das *i* von einem Nasallaut oder Hamzah (faukaler Explosion) geschlossen ist; Tontemb. spr., p. 22.

[2] Tontemb. spr., p. 188.

[3] J. Alb. T. Schwarz, Tontemboansche Teksten, Vertaling en Aanteekeningen. Leiden 1907. [3 Teile, unter Mitarbeitung von N. Adriani.]

übrigens auf Adrianis Arbeit selbst verweisen. Gleiches gilt von den anderen Affixen, von denen weiterhin die Rede sein wird. Die ebenfalls von Schwarz und Adriani gegebenen niederländischen Übersetzungen der Beispiele sind so genau wie möglich ins Deutsche übertragen.

I. 1. *mindo-o-mai im pagi' wo iema'na karisoran api* er nahm das Messer und machte damit Feuerhölzchen; *ema'* Gw. von machen.[1] — 2. *aitĕlĕs(ĕ)na-kĕ' si tumotongko' tĕkek si roit pinaali-alina* mit dem Gelde, das er mitgebracht hatte, hat er nur eine kleine Schlange gekauft; *tĕlĕs* Gw. von kaufen; *si roit pinaali-alina* ist Subjekt und Nominativ.

Für diese Beispiele[2] trifft die Benennung ‚Instrumental' zu. Aber Adriani hat nicht unterlassen, darauf hinzuweisen, daß die *i*-Formen bei weitem nicht immer Instrumentalbedeutung haben. Beispiele anderen Gebrauches sind die folgenden:[3]

II. 3. *iangkaiera-ṃai n sinapang* sie hoben die Flinten; *angkai* Gw. von aufheben und wegsetzen. — 4. *mangena iowĕr a si Tjolano* er ging es rapportieren dem König; *owĕr* (Niederl. *over*) Gw. von überbringen, übermitteln. Dieser Satz ist ein Beispiel dafür, daß das Subjekt, obwohl der wichtigste Teil des Satzes, nicht genannt wird. Dies wird dadurch veranlaßt, daß im unmittelbar Vorangehenden ausführlich erklärt ist, was ‚es' ist, und diese Erklärung ist zu lang, um als Subjekt aufzutreten.

In diesen beiden Beispielen ist das Subjekt dem Akkusativ-Objekt eines aktiven Satzes gleich, d. h. das direkte Objekt der Handlung, grammatisch Subjekt, logisch Objekt. Anders wiederum gestaltet sich die Bedeutung der *i*-Präfigierung in den folgenden Sätzen. Adriani nimmt sie mit den vorhergehenden zusammen

---

[1] Der zweite Teil des Satzes sollte lauten: *wo ĕm pagi' iema'na karisoran api*, denn im ersten Teil steht im Akkusativ, im zweiten Teil im Nominativ, doch wird dies vernachlässigt. Ähnliches: Tontemb. Teksten, 3. Teil, Aanteekeningen, p. 3.

[2] Tontemb. spr., p. 190 ff.

[3] Ebenda, p. 194 ff.

und bezeichnet die Wirkung von *i-* als mehr oder weniger kausativ.[1]

III. 5. *iema' tĕka'an se ko'ko', itĕka'-o sera, isaru mitjo* sie machten für die Hühner eine Stelle, um auf die Stange zu gehen, sie ließen sie auf die Stange gehen und ließen sie die Köpfe nach dem Osten wenden; *tĕka'* Gw. von ankommen an einem Ort, an einer Stelle; *saru* Angesichtsseite, wovon hergeleitet Wörter, die bezeichnen: mit dem Antlitz gewendet nach, sich irgendwo mit dem Antlitz hinkehren; *se ko'ko'* und *sera* sind Subjekt und Nominativ. — 6. *si toja'ang ĕn itondong(ĕ)na-mange a si inanga* mit dem Kinde ging er dessen Mutter nach; *tondong* Gw. von folgen. Wörtlich: der Knabe war derjenige, mit dem er seiner Mutter nachging; *(ĕn) itondong(ĕ)na* ist hier als Nomen gebraucht, der ganze Satzteil von *ĕn* bis *inanga* ist Subjekt; *si toja'ang* ist Prädikat.

Diesen Beispielen schließen sich andere *i*-Passive an; die Tontemboanische Sprachlehre sagt davon, daß sie die Bedeutung haben: getan werden behufs des Subjekts, für oder an das Subjekt.[2] Gemeint wird das Subjekt des Satzes, in Beziehung der Handlung der Patiens.

IV. 7. *ialer-io' walun aku* bereite für mich Zehrkost; *aler* fertig; *aku* ist Nominativ.

Alle diese Beispiele — nur eine Auswahl aus den vielen von Adriani gegebenen — sind in Tontemboan auf eine und dieselbe Weise gebildete *i*-Passive. Die Beziehung zum Subjekt des Satzes ist also in allen Fällen dieselbe, sie erzählen etwas vom Subjekt in gleicher Weise. Im ersten Beispiele wird die Person, welche sich hier an die Arbeit begibt, mit der Handlung in Verbindung gebracht, jedoch ist hierbei nicht die Absicht zu sagen, daß er Feuerhölzchen machte, sondern daß er sie mit dem Messer machte. — Im zweiten Beispiele hält der Erzähler für das Wichtigste, wie d a s G e l d angewendet worden ist, also das Verhältnis desjenigen, der es ausgibt, zum Gelde. — In Beispiel Nr. 3 fällt der Nachdruck auf ‚sie hoben‘. In Nr. 4 tritt das Rapportierte mehr in den Vordergrund als der

[1] Tontemb. spr., p. 194.

[2] Ebenda, p. 195.

König. In Nr. 5 wird deutlich gemacht, daß die Leute das eine und das andere taten für die Hühner. Satz Nr. 6 beabsichtigt nicht zu sagen, daß er der Mutter nachging, ein Kind bei sich habend, sondern daß es das Kind war, womit er der Mutter nachging. Beispiel 7: Der Redende will etwas für sich haben, i. c. Zehrkost, er will jedoch nicht sagen, daß es sich vor allen Dingen um Zehrkost handeln muß.

Die zweite Kategorie (oben II) bereitet die wenigsten Schwierigkeiten. Man kann in dem Satze ‚Die Flinten wurden von ihnen gehoben' (wörtliche Übersetzung) drei Teile unterscheiden: I die Handelnden, II der Ausdruck dessen, was geschieht (‚hoben'), III dasjenige, worauf die Handlung gerichtet ist, mit anderen Worten, womit die Handlung stattfindet (‚die Flinten'). Von aktiver oder passiver Form abgesehen, rein dem Sinne des Gesagten nach, ist I Subjekt der Handlung, II das Prädikatswort, III Objekt der Handlung. Ist der Satz aktiv gestaltet, so ist I zugleich grammatisches Subjekt und Nominativ, III grammatisches Objekt. Im genannten Satze, wenn aktiv, sind die Flinten direktes Objekt und stehen dann im Akkusativ. Das Objekt kann auch indirekt sein (‚ich schreibe ihm'), steht dann im Dativ. Wird der Satz ins Passiv gesetzt, wie oben, so wird das Objekt grammatisches Subjekt des Satzes und wird Nominativ. Dies trifft in den austronesischen Sprachen auch für das indirekte Objekt zu. Es wird demnach kein Unterschied zwischen direktem und indirektem Objekt gemacht, im Passiv werden beide grammatisches Subjekt und Nominativ. Doch ist hier nicht an eine Vermischung von Dativ und Akkusativ zu denken, das Prädikatswort zeigt durch eine andere Form die andersartige Beziehung zum Objekt-grammatischen Subjekt an, z. B. *wusĕngĕn* pfropfe es zu, aber *wusĕngan* mache einen Pfropfen daran, sozusagen: bepfropfe es. Direktes und indirektes Objekt sind beide Patiens, der Patiens steht also im passiven Satze im Nominativ. Das Subjekt gerät in die Stellung eines Attributs und wird Akkusativ, bleibt jedoch logisches Subjekt und Agens, so wie der Patiens logisches Objekt geblieben ist. Im Aktiv treffen also grammatisches und logisches Subjekt zusammen, nicht aber im Passiv; vom Objekte gilt m. m. dasselbe.

Man verzeihe mir diese weitschweifige Erklärung bekannter Tatsachen, sie schien mir angebracht, um etwaigen Mißverständnissen betreffs der hier gebrauchten Ausdrücke vorzubeugen.

Ein (logisches) Objekt kann ein oder mehrere Attribute neben sich haben. Nehmen wir den einfachen Fall an, daß es allein im Satze steht ohne weiteres Attribut, z. B. ‚ich schlage den Hund'. In Tontemboan und den Schwestersprachen erfordert der Satz die passive Form, wenn die Betonung auf dem Hund ruht, auf diesen die Hauptaufmerksamkeit gerichtet ist; nach der obengenannten Regel ist dies der Fall, wenn der Hund vorher schon genannt worden ist, die Hauptsache muß ja Subjekt des Satzes sein und Nominativ. Ist diese Hauptsache Patiens wie hier, so muß unbedingt die Konstruktion, welche den Patiens zum (grammatischen) Subjekt macht, d. h. die passive Konstruktion, gebraucht werden.

In gleicher Weise muß, wenn nicht das Objekt hervorgehoben wird, sondern ein Attribut (‚ich schlage den Hund mit einem Stock') — was nur möglich ist, wenn das Attribut vorher schon genannt worden ist —, dieses letztere Subjekt des Satzes werden, in diesem Fall eines passiven Satzes. Hierbei ist zu beachten, daß der Agens ausgedrückt oder nicht ausgedrückt werden kann, doch wird er immer dabei hinzugedacht und ist nichtsdestoweniger anwesend. Das Attribut kann allerlei sein: ein Instrument (oben I), ein Satzteil, worin zum Ausdruck kommt, das etwas, das geschieht, jemanden von der Seite trifft, zu seinem Vor- oder Nachteile (oben III und IV). Aber es sei, daß man es mit einem direkten oder indirekten Objekt zu tun hat, es sei mit einem Attribut, auf jeden Fall gilt dasselbe: dasjenige, was Nachdruck hat, muß Subjekt des Satzes werden, was unbedingt zur Folge hat, daß das Prädikatswort in das Passiv gesetzt werden muß. Der passive Charakter des Prädikatswortes tritt in der nominalen Form des Grundwortes, zuweilen noch mit Affixen versehen, hervor. Dem Präfix *i-* fällt die Funktion zu, auf den Agens hinzuweisen, *iema'* bedeutet: es wird gemacht und es gibt einen, der es tut; *iasu rano* es wird Wasser geholt und es ist jemand da, der das tut. Die Betonung des Agens setzt die Anwesenheit eines Patiens voraus. Das Präfix deutet den Agens im allgemeinen Sinne an, sagt nur: es ist ein Agens da, aber in jedem bestimmten Falle soll die Person oder die Sache, welche augenblicklich Agens ist, näher erwähnt werden; es kann also *iangkai* niemals bedeuten: von mir wird gehoben, oder von dir, von ihm, sondern nur: es wird gehoben, und es gibt einen Agens, nämlich . . . (folgt Erwähnung). Diese nähere Erwähnung ist notwendig; sehr oft ist sie das Possessivpronomen *-ku*, *-mu*, *-na* usw.

Der Name ‚Instrumental' drückt also den Charakter des *i*-Passivs nur dürftig aus. Er ist richtig, wenn das Objekt (grammatisches Objekt) Instrument der Handlung ist: ich schieße einen Pfeil ab (in aktiver Umsetzung), oder wenn ein Instrument als Attribut genannt wird und dieses den Nachdruck hat: ich tötete den Vogel mit einem Pfeile, doch wenn das Objekt, einschließlich des indirekten Objektes, oder das Attribut kein Instrument ist, dann paßt der Name nicht. Eine einfache, jedoch wenigsagende Benennung ist ‚*i*-Passiv'; soll die Bedeutung aus dem Wortlaut hervorgehen, so kann man die Zuflucht zu einer Umschreibung nehmen: Passiv mit Hinweisung auf den Agens. Vielleicht wäre noch genauer von ‚Andeutung' des Agens zu sprechen, denn dieser wird von *i*- an sich noch nicht angewiesen, vielmehr nur angekündigt oder eingeleitet.

Es folgen jetzt einige Beispiele von dem Gebrauch des *i*-Passivs in den Nachbarsprachen, die dazu dienen, über den Gebrauch dort einen Überblick zu gewinnen.[1]

Tagalog. Patiens = direktes Objekt (oben II): *iniyálay nyà ang kaputol nang púno-ng-ságing*[2] er bot die Hälfte der Bananenpflanze an; *alay* Gw. von anbieten. Diese Anwendung von *i*- kommt am meisten vor.

In der Bedeutung von ‚behufs, zum Nutzen jemandes' (oben IV): *ihinúkay nila nang malálim ang patày*[3] sie gruben ein tiefes Grab

[1] Die Orthographie der verschiedenen Autoren ist beibehalten. Nur sind *c* und *qu* (nach spanischer Schreibweise) durch *k* ersetzt, *gu* durch *g*, *y* bisweilen durch *i*.

[2] Bloomfield, Tagalog Texts I, p. 16. Urbana 1917.

[3] Ebenda, III 248.

für den Toten; *hukay* Loch, Graben; ,*ang patày*' ist Subjekt des Satzes und Nominativ.

Es wird etwas von einem Attribut gesagt (oben III): *itò ay ikinatuwá nang háre'*[1] darüber freute sich der Fürst; *tuwa* Freude.

Instrumental (oben I): *ang kampìt na iyàn ay mapúpurol kapag ipinútol mo nang káhoy*[2] jenes Küchenmesser wird stumpf werden, wenn du Holz damit hackst.

Iloko. Patiens = direktes Objekt (oben II): *dagití sabsaba imula ni Tomás*[3] the bananas are being planted by Tom. — ,Behufs, zum Nutzen' (oben IV): *ilutuanna ti amana*[4] er kocht für seinen Vater (an der Stelle seines Vaters). — Von einem Attribut (oben III): *iruarmo ti botella*[5] geh hinaus mit der Flasche; *ruar* außen. — Instrumental (oben I): *ikalapmo ti tabukol*[6] das Wurfnetz, mit dem von dir gefischt wird, auch: du fischest mit dem Wurfnetz; *kalap* Gw. von fischen.

Die Einteilung der Verwendung des *i*-Präfixes in verschiedene Kategorien wird in den folgenden Beispielen nicht weiter durchgeführt, die verschiedene Anwendung ist ohne weiteres klar.

Ibanag. *itúlum mu ippirák-o ta uráyan*[7] bring dieses Silber zum Dorfvorsteher; *tulud* Gw. von bringen; *urayan* ist ein allgemeiner Name für jemand, dem eine Verwaltung obliegt, die spanische Übersetzung ist ,Alcalde'. — *ibullæ nu pa sa si Francisco*[8] gib auch etwas an Franz; *ballay* Gw. von teilen, zerteilen, Fr. ist Subjekt des Satzes; *iballay* wird sowohl gesagt von demjenigen, dem sein Anteil gegeben wird, als von demjenigen, das verteilt wird. — *ipaggátang mu i anákku tat talakúp*[9] kaufe einen Sonnenhut für mein

---

[1] Bloomfield, Tagalog Texts, I 26. [2] Ebenda, III 248.

[3] C. Lopez, Comparison of Tagalog and Iloko, p. 97. Hamburg 1928.

[4] J. Naves, A study of the Iloco language (English edition by H. Swift), p. 109. Washington 1909.

[5] Ebenda, p. 107.

[6] H. W. Williams, Grammatische Skizze der Ilocano-Sprache, p. 30. München 1904.

[7] J. M. Fausto de Cuevas, Arte nuevo de la lengua Ybanág, p. 303. Manila 1854.

[8] Ebenda, p. 153. [9] Ebenda, p. 154.

Kind; *gatang* Gw. von kaufen, Kind ist Subjekt des Satzes. — *ikan* heißt das Fleisch, das als Zuspeise zum Reis gegessen wird; *kan* Gw. von essen.

Bontok. *itafóngko nan soklongna*[1] ich verstecke sein Käppchen (Kopfbedeckung); *tafon* Gw. von verstecken. — *isibóna nan pínang is nan káyu*[1] er hackt Holz mit einem Beil; *sibo* Gw. von hacken, hauen; *nan pínang*, das Beil, ist Subjekt des Satzes.

Pampanga. *ipiak mong mata mo!*[2] schließe deine Augen! — *ing plumang isulat ko*[3] die Feder, mit der ich schreibe. — *ninon itatangis mo?*[4] um wen weinst du? — Auch eine Zeitbestimmung kann in Pampanga Subjekt bei einem *i*-Passiv sein, z. B. *aldao isisi mo*[5] der Tag, an dem du Reue hast; *aldao* ist Subjekt und Nominativ.

Bikol. *isinosobol ko si Pedro*[6] ich jage (oder jagte) P. fort; *sobol* Gw. von fortjagen, entlassen. — *ikagibo mo na si Juan nin harong*[7] du hast ein Haus für J. gemacht; *gibo* Gw. von machen; J. ist Subjekt; *iginigibo* wird auch gesagt von dem, das als Instrument dient, um etwas zu machen, sowie von der Zeit, in der etwas gemacht wird, wie auch von Pampanga erwähnt.[8] — *ining sundang ibobono ko saiya*[9] mit diesem Messer werde ich ihn töten; *bono* Gw. von töten, das Messer ist Subjekt.

Bisaya. Diese Sprache macht einen mannigfaltigen Gebrauch des *i*-Passivs. *ano ang ibuhat mo sana?*[10] was machst du dort? (was ist es, das du dort machst?); *buhat* Gw. von machen. — *ano nga salá ang ibinitay sining tauo?*[11] für welches Verbrechen ist dieser Mann gehängt worden?; *bitay* Gw. von hängen, das Verbrechen

[1] C. W. Seidenadel, The language spoken by the Bontoc Igorot, p. 72. Chicago 1909.

[2] D. Bergaño, Arte de la lengua Pampanga, p. 52. Sampaloc 1736.

[3] Ebenda, p. 53.

[4] Ebenda, p. 54.

[5] Ebenda, p. 55.

[6] A. de S. Agustin, Arte de la lengua Bicol, p. 70. Manila 1879.

[7] Ebenda, p. 72.

[8] Márcos de Lisboa, Vocabulario de la lengua Bicol. Manila 1865 s. v.

[9] De S. Agustin, p. 71.

[10] A. Méntrida, Arte de la lengua Bisaya-Hiligayna, p. 61. Tambolong 1894.

[11] Ebenda, p. 62.

ist Subjekt des Satzes. — *iginbubuhat akó ni Juan sing kalo*[1] J. macht einen Hut für mich; *ako* ist Subjekt des Satzes; das Wichtigste ist nicht, daß J. einen Hut macht, sondern daß er einen Hut für mich macht; in deutscher Übersetzung bekommen ‚Hut' und ‚mich' ungefähr gleiche Betonung; legte man zu großen Nachdruck auf ‚für mich', so würde damit gesagt sein: J. macht den Hut für mich und nicht für einen anderen; das aber wird in Bisaya nicht gesagt. — *ang sundang ang iginbuhat ko sini*[2] ich habe dies mit einem Messer gemacht. Man ersieht aus diesem Beispiel, wie die Bedeutung ‚behufs, zu Nutzen von' in die instrumentale übergeht, welche durch die verschiedene Bedeutung des Wortes, auf dem der Nachdruck liegt, in dem einen oder dem anderen Falle verursacht wird. — Auch Zeitangaben können in Bisaya ins *i*-Passiv gestellt werden, gleichwie in Pampanga und Bikol.

Magindanao. *iteped ku su kayo*[3] ich haue den Baum um. — Mit instrumentaler Bedeutung: *ipamalid*,[4] wird von allem, das zum Wannen dient, gesagt. — *su akad mapita ipalipag ko*[5] Sonntagmorgen werde ich nach der anderen Seite des Flusses hinüberfahren. Im letzten Beispiel ist die Zeitangabe Subjekt des Satzes.

Sangiresisch. *i sai n ikalĕnsung*[6] derjenige, der geschlagen wird. — *heute pia' taku' ipĕndaha isi*[7] da gibt's etwas, womit ich meine Zähne blutig machen kann; *daha* Blut.

Tombulu. *woan sija n tare ilĕwĕng*[8] und dann erst wurde er begraben; *lĕwĕng* Grab, Grube. — *u nuwu itii ja ipapaupina si Wĕris*[9]

---

[1] A. Méntrida, Arte de la lengua Bisaya-Hiligayna, p. 63.

[2] Ebenda, p. 61.

[3] J. Juanmartí, Gramatica de la lengua Maguindanao. Englische Übersetzung, p. 32. Washington 1906.

[4] Ebenda, p. 15.

[5] Ebenda, p. 32.

[6] J. A. Th. Schwarz en N. Adriani, Het verhaal van den Gulzigaard, Verhandelingen Bataviaasch Genootschap LVI, 3, p. 65.

[7] Ebenda, p. 65, 70.

[8] G. K. Niemann, Bijdragen tot de kennis der Alfoersche taal in de Minahasa I, p. 62. *tare* statt *tarĕ* bei Niemann; vgl. Tontemb. *tare*.

[9] Ebenda, p. 62.

durch diese Worte (Aussage) wurde der W. [ein mythischer Unhold] von ihm böse gemacht; *upi* Zorn, Haß; ‚diese Worte' ist Subjekt des Satzes; mit *ikaupi* wird etwas bezeichnet, das jemand haßt, über das er zürnt. — Den Texten, welche im Werke Niemanns der Grammatik vorangehen, ist folgendes Beispiel entnommen: *woan sera sumake, itewel ni Tampanisi Walian*[1] und sie stiegen auf, und T. W. flog mit ihnen davon.

Ich hoffe, daß diese Beispiele aus verschiedenen philippinischen Sprachen genügen, um behaupten zu können, daß die Anwendung des *i*-Passivs in allen in gleicher Weise vor sich geht und das Ziel der Hinzufügung der Partikel an eine passive Form dieses ist: die Aufmerksamkeit auf den Agens zu lenken, ein Band zwischen Handlung und Agens zu bilden.

III. Die Passive mit den Suffixen *-ĕn* und *-an*.

a) Das Suffix *-ĕn*.

Der Gebrauch des Suffixes *-ĕn* weist eine große Verschiedenheit auf, in mancherlei Weise findet es Verwendung; alle seine Funktionen sind jedoch auf eine Grundbedeutung zurückzuführen. Es kann nicht davon die Rede sein, eine Orientierung über das ganze von *-ĕn* eingenommene Gebiet vorzunehmen, diese Abhandlung beschränkt sich auf die Funktion von *-ĕn* in passiven Konstruktionen des Verbums und kann das tun, weil nichts weiter, als was zur Erklärung des *-in*-Infixes nötig ist, beabsichtigt wird. Daß aber nicht unbedingt von einer Scheidung zwischen Nomen und Verbum im Passiv gesprochen werden kann, ist oben schon gesagt und braucht hier nicht erneut erörtert zu werden. Es ist mithin klar, daß derselben Form mit *-ĕn* sowohl die Bedeutung eines Nomens als die eines Verbums beigemessen werden kann.

Lautet das Präfix *i-* im ganzen Gebiete der philippinischen Sprachen gleich, so tritt *-ĕn* in mehreren Formen auf. Das *pĕpĕt* ist im philippinischen Archipel verschwunden und hat anderen Lauten Platz gemacht. Der typische Laut, in den das *pĕpĕt* sich verwandelt hat, ist in

---

[1] G. K. Niemann, Bijdragen, p. II.

Tagalog *i*, Iloko *e*, Ibanag *a*, Pampanga *a*, Bontok *e*, Bikol *u* (*o*), Bisaya *u* (*o*), Magindanao *e* usw.;[1] übereinstimmend ist -*ĕn* in Tagalog -*in* geworden, Iloko -*en*, Ibanag, Pampanga -*an*, Bontok -*en*, Bikol, Bisaya -*un* (-*on*), Magindanao -*en*; in Ibanag und Pampanga sind -*ĕn* und -*an* somit gleichlautend geworden (-*an*).

Die sangiresische Sprache besitzt das Pĕpĕt, hat aber das Suffix -*ĕn*, nach Adriani,[2] verloren. Das nahe verwandte Talaut hat *ĕ* durch *a* ersetzt. Tontemboan und Tombulu haben das Pĕpĕt behalten, hier findet man die ursprüngliche Form -*ĕn*.

In Tagalog muß das Suffix -*in* (<*-*ĕn*) vom Infix -*in*- streng unterschieden werden. Ein folgender Abschnitt wird diesem Infix gewidmet werden; vorläufig sei bemerkt, daß -*in*- in allen Sprachen der Gruppe gleichlautend ist, und dessen *i* ist ursprünglich.

Was die Zusammensetzung betrifft, so sei bemerkt, daß -*ĕn* ohne weiteres an das Grundwort hinten hinzugefügt wird; in einzelnen Fällen tritt Kontraktion ein, aber in den verschiedenen Sprachen nicht immer in gleicher Weise. Übrigens kann das Suffix entweder an den nackten Stamm (das Grundwort) herantreten oder aber zusammen mit einem oder mehreren Präfixen auftreten. Von diesen letzten gilt, was oben gesagt, daß jedes seine eigene Bedeutung dem angehängten Wort zuführt.

Das Passiv auf -*ĕn* wird von Adriani das reine Passiv genannt. Er sagt davon, daß das Subjekt des Satzes (d. h. das grammatische Subjekt, logisches Objekt) die Handlung erleidet, so daß es durch diese Handlung oder Behandlung bearbeitet, angegriffen wird oder ist und mehr oder weniger geändert, verändert wird, so daß es zum Produkte oder Resultat der Behandlung wird oder geworden ist. Es kann nicht mit anderen Suffixen zusammengehen.[3] — Wenn -*ĕn* dem Grundworte angehängt ist, ohne weitere Affixe, entsteht eine Form, ‚die ganz und gar die Bedeutung hat eines Passivs zu den

[1] C. E. Conant, The pĕpĕt law in Philippine language, in: Anthropos VII 920 ff.

[2] Tijdschr. Batav. Genootschap, LV 609.

[3] Tontemb. spr., p. 188.

aktiven Formen mit *-um-*', von Adriani kurz ,Aorist' genannt.[1] Vorausgesetzt ist, daß das (grammatische) Subjekt Ausgangspunkt ist, im Aktiv ist dies Agens, im passiven Satze Patiens (das Kind sieht, das Kind wird gesehen, nicht etwa: das Kind sieht einen Vogel, der Vogel wird von dem Kinde gesehen).

Es werden in der Grammatik Beispiele in großer Zahl über den Gebrauch des *-ĕn*-Passivs gegeben, man kann sie dort finden; einige seien hier erwähnt.[2] Auch von in diesem Passiv stehenden Sätzen gilt, daß der Sinn in niederländischer oder deutscher Übersetzung bisweilen am genauesten im Aktiv wiedergegeben werden kann.

Das Passiv mit *-ĕn* kann sowohl im Futurum als im Präteritum gebraucht werden. Futurum: *wu'unĕngku-pé si tjawajoku* ich werde mein Pferd verkaufen. Die Worte ,mein Pferd' zusammen haben den Nachdruck. Wollte man sagen: ich werde mein Pferd verkaufen (nicht etwa meinen Hund), so würde in Tontemboan eine andere Konstruktion erforderlich sein. *wu'un* Gw. von verkaufen, das *n* von *-ĕn* wird an das folgende *k* assimiliert. — Bei dem Futurum schließen sich Konjunktiv, Propositiv und Conditionalis an. Der Gebrauch von *-ĕn* ist ganz gleich. Beispiele: *ja talos lo'or sawo karapi in do'kos itu ja saputĕn*[3] es wird sehr schön sein, wenn dein Kopf auch dabei eingewickelt würde; *saput* Gw. von einwickeln. — *mangekupe' ilĕkĕn-ai*[4] ich werde auch mal gucken gehen; *ilĕk* Gw. von sehen. — *ta'an ki'itĕngkĕ' ka'i-monge i atamu*[5] aber dein Sklave soll mit mir nordwärts gehen, oder: daß mir von deinem Sklaven nordwärts gefolgt wird. — *se lumelempar nimaumung, mai mĕnuwu-nuwu' an doro'i angkaiĕn kolano an isera*[6] die Vögel waren zusammen, um darüber zu sprechen, daß einer zum König über sie erhoben werden sollte.

---

[1] Tontemb. spr., p. 215, 133.

[2] Ebenda, p. 215 ff.

[3] Tontemboansche teksten, I 10.

[4] Ebenda, I 12.

[5] Ebenda, I 15.

[6] Ebenda, I 17.

Ein Beispiel vom Gebrauch im Präteritum: *ipumpuna am bantang ĕng karaina wo itu kipitĕna-o-mai* er steckte seine Hülle in einen Korb und nahm diesen unter dem Arm mit; *pumpun* Gw. von irgendwo hineintun; *kipit* eine Klemme. Die Sätze, welche hier aneinander verbunden sind durch *wo* ‚und', sind beide passiv, aber die Anordnung ist verschieden. Zuerst wird von der Hülle gesprochen und gesagt, daß er sie in einen Korb (*wantang*) steckte. Dieser Korb wird in dem folgenden Satze Subjekt, weil er als neues Element in die Erzählung hineingetragen worden ist und nochmals etwas davon gesagt wird, weshalb der Korb jetzt die Hauptaufmerksamkeit auf sich zieht, *wo itu kipitĕna-o-mai* erzählt demnach vom Korbe, nämlich, daß er von ihm unter den Arm genommen wird.

Der Gebrauch von *-ĕn* im Präteritum ist auf die sogenannte historische Zeit in erzählendem Stil beschränkt.[1] Der Stil des Erzählens in den austronesischen Sprachen ist ein anderer als bei uns. Eine Erzählung ist eine Reihe einander folgender Szenen, die Übergänge werden nicht skizziert. Wie die Wayang aufgeführt wird, so ist auch die Rede tätig, wenn sie die im Geist entstehenden Bilder sprachlich zum Ausdruck bringt. Der Zuhörer wird mitten in die Handlung versetzt, es gibt weder eine Brücke rückwärts zum Vorhergehenden noch einen Übergang zu dem, was folgt. Der erzählende Stil ist also wesentlich imperfektivisch. In niederländischer oder deutscher Sprache kann man, wenn man eine Reihe von Begebenheiten aufzählt, sich diese als sich vollziehend vorstellen, das Französische würde in diesem Falle das ‚Passé défini' gebrauchen. Will man das Durative einer Handlung in Tontemboan besonders betonen, so kann dies durch Präfigierung von *pa-* geschehen, das Niederländische erfordert dann den Gebrauch des Imperfektums (niederl.: unvollendet vergangene Zeit), hat aber keine eigene Form für das Passé défini; das Perfektum (niederl.: vollendet gegenwärtige Zeit[2]) oder Plusquamperfektum (niederl.: vollendet vergangene Zeit[2]) kann angebracht sein,

[1] Tontemb. spr., p. 215.

[2] Nach anderer Nomenklatur: vollendet vergangene, resp. mehr als vollendet vergangene Zeit.

wenn die Handlung sich vollzog oder vollzogen hat. Die Form mit *-ĕn* läßt also unter Umständen in der Übersetzung mehrere Tempora zu. Sie bleibt immerhin imperfektivisch, gleichviel ob sie von zukünftigen, jetzigen oder vergangenen Zeiten erzählt. Erfordert die Übersetzung eine Verschiedenheit von Tempora, so erweist dies nur, daß die Vorstellungsweise in Tontemboan und im Niederländischen verschieden ist, m. m. gilt dies auch von anderen Sprachen.

Imperativ: *si ĕsa pariri anu mange ja wutan im paser* jene Grube dort, fülle die mit Gold; *wuta* voll. Die Grube ist Subjekt des Satzes, der Imperativ ist passiv. Es werden auch Imperative mit *i-* gebildet, wie die obengenannten Beispiele der Imperative des *i*-Passivs zeigen; bei diesen wird wohl von einem Patiens gesagt, daß etwas damit geschehen soll, es wird aber auch die Aufmerksamkeit auf den Agens, der es tun soll, gelenkt. In dem hier gegebenen Beispiel eines *-ĕn*-Imperativs handelt es sich darum, daß die Grube (Patiens) mit Gold gefüllt werden soll; die Person, welche das tun soll, bleibt im Hintergrunde. Sie wird sogar überhaupt nicht genannt; wäre dies jedoch der Fall, so bliebe doch desungeachtet der Patiens die Hauptsache, z. B. *sĕ'sĕpĕnu si wunong anio'* sauge diesen Tümpel auf, du; *sĕ'sĕp* Gw. von aufsaugen.

Der reine Imperativ, d. h. wenn sich alles auf das, was geschehen muß, konzentriert, so daß Agens und Patiens zurücktreten, ist, wie bekannt, die Stammwortform. Daß der Imperativ also wesentlich passiv ist, braucht nicht weiter erörtert zu werden.

Da *-ĕn* etwas vom Objekt aussagt, ist das Passiv mit *-ĕn* nur von transitiven Begriffen möglich.[1] Die von Adriani angegebene Bedeutung ‚um zu werden, werden sollend, was das Grundwort andeutet, welche die Formen mit *-ĕn* haben, wenn sie selbständig gebraucht werden, als Prädikatsnomen oder zur Bedingung eines Verbums oder Nomens‘,[2] ist von der oben an erster Stelle genannten nicht zu unterscheiden; nur handelt es sich dort um als Verbum auftretende Formen. Im

---

[1] Der Adhortativ 1. Person Plur. inklusiv ist eine Ausnahme, s. Tontemb. spr., p. 216 ff.

[2] Tontemb. spr., p. 218.

Satze *awean-e' ĕlĕpĕngku* gibt es noch etwas, um von mir getrunken zu werden? bezieht sich *-ĕn* von *ĕlĕpĕn* auf das Objekt des Trinkens, dasjenige, was getrunken wird. Die Konstruktion stimmt überein mit *sapa ĕng kanĕnta* was werden wir essen? (außerdem substantiviert), einem Satz, dem Adriani unter den Beispielen von *-ĕn* mit Futurumbedeutung einen Platz eingeräumt hat.[1]

Die einförmige Anwendung des *-ĕn*-Passivs ist aus obigen Beispielen klar. Das Suffix hat immer die Bedeutung, daß es außer der Erwähnung von dem, was geschieht, noch dazu die Aufmerksamkeit für das Objekt beansprucht. Es bildet eine Verbindung zwischen der passiven Handlung und dem Objekt des Handelns, also dem grammatischen Subjekt. Wenn jemand sagt: *sowatĕn* ‚wird geantwortet', so wird der Gedanke gewissermaßen bei dem, was geantwortet wird, beim Inhalt der Antwort festgehalten. Es könnte der Einwand erhoben werden, daß die Antwort ohnedies schon im Mittelpunkt als Subjekt des Satzes steht. Gewiß ist dies der Fall, aber man bedenke, daß das Prädikat meistens dem Subjekte vorangeht, daß man nicht sagt: ‚so und so wird geantwortet', sondern: ‚wird geantwortet so und so'. Der von *-ĕn* hervorgerufene Effekt hat zum Zweck, das nachfolgende Subjekt klarer zu beleuchten. Geht ausnahmsweise das Subjekt voran, so bekommt es durch *-ĕn* des Prädikatswortes noch eine Betonung hinterher. Auch hier gilt m. m., was oben beim *i*-Passiv angeführt wurde: die Betonung des Patiens setzt einen Agens voraus.

Die spezifische Bedeutung des *i-*, bzw. *-ĕn*-Passivs ist noch deutlicher zu erkennen, wenn die beiden Formen, von demselben Grundworte hergeleitet, nebeneinander gestellt vorkommen. Es erübrigt sich, noch mehrere Beispiele hierfür anzuführen.

Den Gebrauch des *-ĕn*-Passivs in den Nachbarsprachen kann man aus folgenden Beispielen ersehen.

Tagalog (*-in*)[2] *pag úulàn ay ararúhin mo ang punláan*[3] wenn der Regen einsetzt, mußt du das Beet für die Saat pflügen;

---

[1] Tontemb. spr., p. 216.

[2] Unregelmäßige Bildungen, s. Bloomfield, Tagalog Texts, II § 334 c.

[3] Ebenda, II § 359.

araro Pflug. Die Regel ist, daß wenn das Suffix *-in* oder *-an* an ein auf einen Vokal endendes Grundwort angehängt wird, alsdann ein *h* zur Trennung der Vokale eingeschoben wird. — Diesem Beispiel könnten andere hinzugefügt werden, wo *-in* Conditionalis- und Konjunktivbedeutung hat.

Der Gebrauch dieses Passivs in Tagalog beschränkt sich aufs Futurum und was damit auf einer Linie steht, im Präsens und im Präteritum kommt es nicht vor. Dieser Punkt wird im folgenden Abschnitt erörtert werden.

Iloko (*-en*) *iti baláy aramiden ti alalanagi* ‚this house is being made by the carpenter'[1] *aramid* Gw. von machen. Da alle diese Sprachen keinen Unterschied zwischen Präsens und Imperfektum (unvollendet gegenwärtige, bzw. unvollendet vergangene Zeit) machen, so kann der gegebene Satz auch bedeuten: ‚this house was being made by the carpenter'. — Der Gebrauch des *-en*-Passivs ist zeitlich ausgedehnter als in Tagalog, es findet nur im Perfektum keine Anwendung.

Ibanag (*-an*). Da das Pĕpĕt in Ibanag in *a* übergegangen ist, das Suffix *-an* unverändert *-an* lautet, sind die Suffixe *-*ĕn* und *-an* für das Ohr zwar nicht zu unterscheiden, aber die Bedeutungen der beiden Suffixe sind in dem einen *-an* erkennbar. *papatayam mu ib baggó-k-úri á bajjít*[2] töte jenes kleine Schwein; *patáy* Gw. von töten. — Im Perfektum ist *-an* in dieser Bedeutung nicht gebräuchlich. Das Ibanag schließt sich also in dieser Hinsicht dem Iloko an.

Pampanga (*-an*) *kabiran me iyang pasbul*[3] schließe das Tor; *kabid* an sich ziehen. — Im Perfektum kommt dieses Passiv nicht vor. Cf. Iloko und Ibanag.

Bontok (*-en*[4]) *san djúa pakaliéna tjaítja is kalín si iSadsánga*[5] er befahl zwei anderen, den Dialekt von S.-Leuten zu sprechen; *kali*

[1] Lopez, o. c., p. 91.

[2] De Cuevas, o. c., p. 208; *j* = Portug. *j*, immer geminiert (de Cuevas).

[3] Bergaño, o. c., p. 56.

[4] Das *e* schwankt zwischen *e* und *i*, *u* und *o* wechseln (Seidenadel).

[5] Seidenadel, o. c., p. 488. Die ganz von den gewöhnlichen Auffassungen abweichenden Ansichten des Verfassers sind in der Übersetzung nicht befolgt.

Gw. von sprechen. — Wiederum ist -*en* im Perfektum nicht gebräuchlich.

Bikol (-*on*, -*un*) *pakapagsurat ko kaini babasahon ko an libro mo*[1] sobald ich mit diesem zu schreiben fertig bin, werde ich dein Buch lesen; *basa* Gw. von lesen. Das *h* ist, wie in Tagalog, hiatustilgend. — Bikol schließt sich hinsichtlich der Anwendung dieses Passivs dem Tagalog an; im Präsens und im Präteritum findet es keine Verwendung.

Bisaya (-*on*, -*un*). Ganz dasselbe ist in Bisaya zu konstatieren; diese drei Sprachen bilden in dieser Hinsicht eine Gruppe. Auch wird nach offenem Endvokal des Grundwortes vor dem Suffix ein *h* als Hiatustilger eingeschoben. — *pagahampakun ta ikao*[2] du wirst von mir gepeitscht werden; *hampak* Gw. von mit der Peitsche schlagen.

Magindanao (-*en*, -*in*). In der Grammatik von Juanmartí wird bald -*en*, bald -*in* geschrieben. Offenbar schwankt der Vokal zwischen *e* und *i*. *pikiren ku mapia su kasukar nami*[3] ich grüble über die Gefahr, in der wir sind; *pikir* Gw. von denken, sich überlegen usw. — *pakinegen ku pia*[4] ich werde hören (horchen); *kineg* Gw. von hören. — *su patuk inembalen engka sa awang*[5] du hast das Boot mit einem Beil gemacht; *embal* Gw. von machen.

Aus diesen Beispielen geht hervor, daß das -*en*-Passiv sowohl Futurum als Präteritum, sowohl Imperfektum als Perfektum sein kann. Letzteres kommt in keiner der anderen Sprachen vor, im Perfektum verzichten alle auf die Anwendung von -*ĕn*, das Magindanao nimmt hier eine Sonderstellung ein.

Sangiresisch. Es gibt im Sangiresischen drei Suffixe: -*ang*, -*eng*, -*ĕng*, welche zusammen bei dem Passiv mit Suffix -*an* (unten) behandelt werden.

---

[1] De S. Agustin, o. c., p. 69.

[2] Méntrida, o. c., p. 70.

[3] Juanmartí, o. c., p. 33.

[4] Ebenda, p. 48.

[5] Ebenda, p. 62.

Tombulu. In Tombulu muß, ganz wie in Tontemboan, das *ĕ* des Suffixes nach einem Vokal verschwinden. Wenn also das Suffix an ein auf einen Vokal endendes Grundwort angehängt wird, wird das *ĕ* ausgeschieden: *sapun* für *sapuĕn* usw.[1] *sa sijam bija karĕngan wunuĕngku*[2] [oder: *wunungku*] wenn er hier wäre, würde ich ihn gewiß töten; *wunu* Gw. von töten.

Der Gebrauch des *-ĕn*-Passivs in Tombulu ist dem in Tontemboan gleich, er ist also auf das Imperfektum im weitesten Sinne beschränkt. Das bezieht sich in diesem Falle auf alles, was nicht Perfektum ist, also: Futurum, Imperativ, Konjunktiv, Präsens und historisch-erzählenden Stil.

b) Das Suffix *-an*.

Das Suffix *-an* wird in gleicher Weise als *-ĕn* dem Grundworte ohne Verbindungslaut angehängt. Das *a* wird nach einem Schlußvokal des Grundwortes nicht ausgeschieden, auch nicht mit diesem vereinigt. Zu bemerken ist, daß das *ĕ* des *-ĕn*-Suffixes dem Vokal der letzten Silbe des Grundwortes assimiliert wird und deshalb mit *-an* gleichlautend werden kann, z. B. *nuwu'un* nebst *nuwu'an* vom Gw. *nuwu'*, aber *tangka'an* (statt *tangka'ĕn*) nebst *tangka'an*.

Nach allem, was über *-ĕn* gesagt worden ist, braucht dem Passiv mit *-an* keine ausführliche Erörterung gewidmet zu werden. Es wird oft mit dem Namen Lokal-Passiv angedeutet.[3] Im allgemeinen gilt, daß wo *-ĕn* ein direktes Objekt impliziert, *-an* auf ein indirektes Objekt hinweist. Das indirekte Objekt beim *-an*-Passiv ist Patiens, Subjekt des Satzes und Nominativ, ganz wie das direkte Objekt bei dem Passiv mit *-ĕn*-Endung. Die von Adriani für das Sangiresische gegebene Umschreibung trifft für alle Sprachen, welche hier in Betracht kommen, zu. Sie lautet: ‚durch das Suffix *ang* (*eng*) [= Tontemb.

[1] In den dem Werke Niemanns beigegebenen Texten bleibt das *ĕ* ausnahmsweise erhalten. Es ist aber fraglich, ob die Transkription immer richtig ist; vgl. Niemann, o. c., p. 112.

[2] Niemann, o. c., p. 66.

[3] Tontemb. spr., passim.

c. a. *-an*] wird die vom Verbum angedeutete Handlung vorgestellt als eine, die sich auf eine Person oder eine Sache bezieht, die also das Faß ist, in welches die Handlung sich ergießt, das Ziel, nach dem sie sich richtet, die Person oder die Sache, in bezug auf welche die Handlung geschieht.‘[1]

Das Gesagte kann durch folgende Beispiele erläutert werden: *sia měngat in tjure' indoana in tjaněna*[2] er guckte in den Topf, aus dem er sein Essen nehmen würde; *indo* Gw. von nehmen; *ja itu lukutana*[3] darauf setzte er sich; *lukut* Gw. von sitzen usw., *itu*, dasjenige, worauf er sich setzte, ist Subjekt des Satzes. Hierbei ist noch zu bemerken, daß es Verba gibt, welche im Niederländischen oder Deutschen den Akkusativ regieren, in Tontemboan aber den Dativ, z. B. *sapuka ko ja ngaranangku po'po'* dich werde ich Kokos nennen. Das Tontemboanische sagt: an einen nennen.

Verba, welche sowohl ein direktes als auch ein indirektes Objekt neben sich haben können, bilden das Passiv mit *-ěn* oder *-an*, je nachdem das direkte oder das indirekte Objekt Patiens, Nominativ und Subjekt des Satzes wird. Es kommen also nebeneinander vor: *awěsěn* vermehre es, und: *awěsan* füge daran hinzu usw.

In den anderen Sprachen herrscht dasselbe Verhältnis zwischen *-an* und *-ěn* als in Tontemboan. Einige Beispiele können dies verdeutlichen:

Tagalog. *pùputúlan ko nang súngay ang usà*[4] ich werde dem Hirsch die Hörner abhauen; *putul* Gw. von abhauen; Hirsch ist Subjekt des Satzes und Nominativ.

Iloko. *batiam* [*bati* + *an* + *m*] *ití baláy daitóy*[5] mache Halt bei diesem Hause.

Ibanag. *sinni nilabbétam mu?*[6] in wessen Haus wohnst du? wessen Haus bewohnst du?; *labbét* Gw. von kommen und gehen.

---

[1] N. Adriani, Sangireesche spraakkunst, p. 155. Leiden 1893.

[2] Tontemb. spr., p. 226.

[3] Ebenda, p. 227.

[4] Bloomfield, o. c. III 253.

[5] Lopez, o. c., p. 95.

[6] De Cuevas, o. c., p. 301.

Pampanga. Das Suffix lautet *-an* oder *-anan* (verdoppelt). *sulugian mo ko*[1] leuchte mir; *sulugi* Lampe, Licht, *ko* ‚ich‘ ist Subjekt des Satzes und Nominativ. — *salbaganan kon palay ining labuad*[2] ich werde diesen Boden mit Reis besäen.

Bontok. *fadjángantja nan fúsu*[3] sie bieten den Feinden Hilfe dar; *fadjang* Gw. von helfen, die Feinde sind Nominativ.

Bikol. *sinusuratán ni Juan ining papel*[4] J. schreibt auf diesem Papier.

Bisaya. *bubuhatan ikao nakon*[5] ich werde bei dir, oder: mit dir arbeiten; *ikao* ist Subjekt des Satzes.

Magindanao. *ngain a walay na lusudan ni Luis?*[6] in welches Haus ist L. gegangen?; *lusud* Gw. von eintreten, das Haus ist Subjekt des Satzes.

Sangiresisch. Im Sangiresischen lautet das Suffix *-ang* oder *-eng.*[7] Man gebraucht *-eng*, wenn die letzte Silbe, mit Ausnahme der unbetonten Endsilbe, ein *a* enthält, z. B. *koa'*, *pĕ'kakoateng*; *burasŏ'*, *bawuraseng*; aber: *deno'*, *ipĕndenokang*; *elehĕ'*, *laelehang*. Ist die Endsilbe offen, so wird der Anfangsvokal des Suffixes mit dem Endvokal des Grundwortes oder des Stammes zusammengezogen, wenn dieser *a*, *e* oder *o* ist. Da die zusammengezogenen Formen *âng*, *êng*, *ông* lauten, ist es, wie Adriani sagt, nicht anders möglich, als daß das Suffix hier die Form *-ĕng* gehabt hat, da sein Vokal keinen anderen Einfluß ausübt, als daß er den letzten Vokal des Grundwortes dehnt [und die Betonung verlegt[8]]. Es hängt somit der Gebrauch eines der drei Suffixe von dem Vorhandensein bestimmter Vokale in der letzten Silbe des Grundwortes ab; ihr grammatischer Wert ist derselbe, alle können zur Zeit das indirekte Ob-

---

[1] Bergaño, o. c, p. 59.

[2] Ebenda, p. 62.

[3] Seidenadel, o. c., p. 71.

[4] De San Agustin, o. c., p. 72.

[5] Méntrida, o. c., p. 80.

[6] Juanmartí, o. c., p. 34.

[7] Adriani, Sangireesche spraakkunst, p. 155, 40.

[8] Ebenda, p. 16.

jekt = grammatisches Subjekt des passiven Satzes andeuten. Die beiden Suffixe *-*an* und *-*ĕn* sind also vermischt, doch scheint mir dies auch für das direkte Objekt zuzutreffen, derart, daß Suffixe, nach denselben phonetischen Regeln, sich auch auf ein direktes Objekt beziehen können. Wenigstens ist es nicht möglich, daß das Präfix *i*- die Funktion von *-*ĕn* übernommen hat,[1] denn das *i*-Passiv weist im Sangiresischen ebenso wie in den Schwestersprachen auf den Agens hin. In den folgenden Beispielen ist das Suffix meines Erachtens von einem direkten Objekt gebraucht: *bulude sĕmbua nilakâng*[2] ein mit Balsamin gefärbter Berg; *laka*, Balsamin, hat das Vermögen, gelbrot zu färben. — *pilikang su pungene, humĕ'te su koto'-e*[3] wenn der Fuß geschlagen wird, schallt die Spitze.

Zum Schluß ein Beispiel aus dem Tombulu; auch hier ist es nicht anders: *sijam pahataaran ne rururuan*[4] ihr wurde von den Gesandten versprochen; *taar* Gelübde, Versprechen; *sija* ist Nominativ.

Die Beispiele bestätigen, was oben gesagt worden ist. Die Passive mit Suffixen -*ĕn* und -*an* gehören zusammen; sie bilden eine Gruppe, welche dem *i*-Passiv gegenübergestellt ist. Weist *i*- auf den Agens hin, so beziehen sich -*ĕn* und -*an* auf den Patiens. Dieser Patiens ist, weil es sich um Verba im Passiv handelt, notwendig Objekt des Handelns, obwohl er Subjekt des Satzes ist und als solches im Nominativ steht. Das Objekt des Handelns oder, wenn man will, des Verbums, kann direktes oder indirektes Objekt sein; ist das Objekt direkt, so geschieht der Hinweis auf dieses Objekt mittels -*ĕn*; ist es indirekt, so tritt -*an* an dessen Stelle.

IV. Das Infix -*in*-.

Das Infix -*in*- kommt im Aktiv und Passiv vor, die verschiedenen Sprachen der Gruppe zeigen jedoch in dieser Hinsicht kein einheitliches

---

[1] Tijdschr. Batav. Genootschap, LV 610.

[2] Bijdragen Kon. Inst. 5 X 391.

[3] Ebenda, p. 393.

[4] Niemann, o. c., p. 65. Der Text hat: *pahataarran*.

Bild. Es gibt Sprachen, welche *-in-* im Aktiv und Passiv anwenden, es gibt jedoch auch andere, welche das Infix nur im Passiv kennen. Gebrauch im Aktiv allein ohne das Passiv kommt allerdings nicht vor.

Dem Infix *-in-* reiht sich *ni-* als Präfix an. Das Präfix kann durch Metathesis aus dem Infix entstanden sein, das ist aber nicht immer der Fall. Folglich ist mit zweierlei *ni-* zu rechnen, das Verhältnis dieser beiden wird später besprochen werden.

Wenden wir uns zuerst dem Tontemboan zu. In dieser Sprache findet sich *-in-* nur im Passiv, aber nicht ausschließlich, in gewissen Fällen weicht das Infix dem Präfix *ni-*. Das Aktiv hat immer *ni-*. Was erstens das Infix betrifft, so wird dies zwischen dem ersten Buchstaben des Wortes und dem dazugehörigen Vokal eingefügt. Das infigierte Wort ist entweder Grundwort oder mit einem oder mehreren Affixen zusammengesetzt. Gehen Präfixe voran, so wird *-in-* nach dem Anfangskonsonanten der neuen Form infigiert, also: *sisil, sinisil, pinĕngasisil.* Wenn *-in-* mit Präfixen zusammenkommt, lautet es immer *-in-*; nur bei Affigierung an ein Grundwort kann, oder muß sogar, *-in-* in bestimmten Fällen durch *ni-* ersetzt werden; die Bedingungen sind folgende:

I. Ist der Anfangskonsonant des Grundwortes eine Liquida oder ein Semi-Vokal: *r, l, w,* so findet man beide Formen vollkommen gleichwertig nebeneinander: *rinakan* oder *nirakan,* Gw. *rakan*; *lina'ung* oder *nila'ung,* Gw. *la'ung*; *wineren* oder *niweren,* Gw. *weren.* Es können keine Beispiele angeführt werden, wo der Anfangskonsonant *j* ist. Aus sprachvergleichenden Gründen könnte man hier dieselbe Erscheinung erwarten.

II. Das Grundwort fängt mit einem Vokal an (richtiger: ‚hamzah'). In diesem Falle sagt man immer *ni-*: *niandĕt, niĕlur, nienet, niindo, niomper, niuma'.*

Das *h* fehlt in Tontemboan.

III. Der Anfangskonsonant ist ein Nasallaut. Mit Nasallaut anfangende Grundwörter sind selten, doch haben sie immer *ni-*. Tontemboan kennt drei Nasallaute: *m, n, ng,* also: *ni-marisa, ni-*

ngaranan.[1] Fängt das Grundwort mit *n* an, wovon Beispiele vorhanden sind, so kann man allerdings an der Form nicht sehen, ob man es mit Infigierung oder Präfigierung zu tun hat, denn *ninono* läßt sich sowohl als *ni* + *nono* wie als *n* + *in* + *ono* erklären. Nach Analogie dessen, was bei den anderen Nasallauten geschieht, wäre man berechtigt, von Präfigierung zu sprechen, doch läßt sich die Frage nicht entscheiden, weil die Aussprache in beiden Fällen dieselbe ist.

Wir werden jetzt untersuchen, wie das Infix sich in den Nachbarsprachen gestaltet.

Tombulu kennt *-in-* und *ni-* in Aktiv und Passiv. Der Hauptunterschied von Tontemboan liegt im Aktiv, weil dieses im Aktiv nur *ni-* hat, doch auch die Grenze zwischen Infix und Präfix im Passiv der beiden Sprachen läuft nicht parallel. Es wird hier zunächst nur vom Passiv die Rede sein.

I. Nach *r*, *l*, *w* keine Umstellung: *leos, lineos* ist gebaut worden; *wunu, winunu* ist getötet worden; *rĕmu, rinĕmuan* wurde bestohlen. Das *j* scheint als Anfangskonsonant nicht vorzukommen.[2]

II. Vor einem Vokal wird *ni-* gebraucht wie in Tontemboan: *niendo-mo* er ist mitgenommen worden, Gw. *endo* (Texte V); *niilĕk* wurde gesehen, Gw. *ilĕk* (Texte XII); *niuntĕpan* wo hineingegangen war, Gw. *untĕp* (Texte IV).

Das *h* als Anfangskonsonant fehlt.

III. Betreffs mit Nasallauten anfangenden Grundwörtern habe ich nur *nginaranan* wurde genannt, von *ngaran* Name, gefunden (Texte XIII), dennoch kann man aus diesem Beispiel die Schlußfolge ziehen, daß bei Nasalanfangslauten keine Umstellung stattfindet. Dies weicht vom Tontemboanischen ab.

---

[1] In der Sprachlehre (Tontemb. spr.) wird *ng* nicht erwähnt, doch ist es aus dem Wörterbuch [Tontemboansch-Nederlandsch Woordenboek, von Schwarz und Adriani, Leiden 1908] klar, daß es mit *ng* anfangende Wörter gibt und daß sie *ni-* präfigieren.

[2] Es standen mir nur die von Niemann, o. c., p. I—XXXVIII veröffentlichten Texte zur Verfügung.

Die Metathesis ist also in Tontemboan bedeutend weiter fortgeschritten als in Tombulu. Daß sie ehemals seltener war, kann man aus einem Worte wie Tontemboan *inamo* ersehen. In der heutigen Sprache wird es als Grundwort betrachtet,[1] die Bedeutung ist: waschen, das Gesicht waschen; es ist aus *in* + *amo* (Gesicht) zusammengestellt, *in* ist hier dieselbe Partikel als diejenige, wovon dieser Abschnitt handelt. Umstellung von *-in-* in *ni-* vor einem Vokal muß folglich aus jüngerer Zeit herrühren. Für Tombulu gilt dasselbe: *si inolatan* wohlgeliebte, ist von *olat*, Armband, abgeleitet; auch sagt man *inei* wohin man geht, vom Grundwort *ei*.

Tagalog.[2] I. *l*, *w*, *y* (= *j* in der Orthographie von Tontemboan). Beide Formen kommen vor: *linuto'* und *niluto'*, Gw. *luto'*; *winika'*, Gw. *wika'*, aber: *niwalìs*, Gw. *walìs*; *niyaya'*, Gw. *yaya'*.

Das *r* ist in Tagalog nicht Anfangskonsonant.

II. Fängt das Grundwort mit einem Vokal an, so wird *in-* vorgefügt ohne Umstellung; wenn aber von einem mit Vokal anfangenden Grundworte ein *i*-Passiv gebildet wird und in diese Form *-in-* infigiert wird, so geschieht dies durch Einfügung zwischen Grundwort und Präfix *i-*; des weiteren wird *-in-* in *-ni-* umgesetzt, z. B. *bigáy*, *ibigáy*, *ibinigay*, aber: *útos*, *iyútos*, *iniyútos*.

Das *h* schließt sich den Vokalen an: *habol*, *hinabol*, aber: *hagis*, *inihagis*.

III. Nasallaut-Anfangskonsonant.

mahal teuer, *minamahal* wird hoch im Preis gehalten. Von anderen Nasallauten liegen keine Beispiele vor, doch scheint es mir nicht unbegründet, anzunehmen, daß *ng* (und *n*) sich analog benimmt, also nach Nasallauten keine Umstellung.

Iloko. I. In einem für den praktischen Gebrauch bestimmten Sprachführer wird gesagt, daß Umstellung eintritt, wenn das Grundwort mit *l* oder *r* anfängt;[3] im Wörterbuch[4] und bei Lopez[5] ist nichts

---

[1] Wörterbuch s. v.

[2] Die Beispiele sind Bloomfield, Part II, entlehnt.

[3] H. P. Williams, Manual and Dictionary Ilocano-English. Manila 1907, p. 14.

[4] A. Carro, Vocabulario Iloco-Español. Manila 1888.

[5] Lopez, o. c.

davon zu finden. Wahrscheinlich kommen die infigierte und die präfigierte Form nebeneinander vor, wie in Tagalog, und gilt die letztere als platt oder dialektisch.

Die Semi-Vokale werden in dieser Beziehung nicht erwähnt, man scheint annehmen zu müssen, daß sie keine Umstellung kennen.

II. Fängt ein Wort mit einem Vokal an, so wird *in-* vorangestellt; das Infix wird Präfix, aber ohne Umstellung: *ala, inala.* Beim *i*-Passiv wird *-in-* zwischen dem Präfix und dem Grundwort oder der davon abgeleiteten Form (das Grundwort kann schon Affixe tragen, z. B. *pa-*) eingefügt, und zwar in allen Fällen, namentlich auch, wenn das letztere mit einem Konsonanten anfängt, abweichend von Tagalog. In diesem Falle wird *-in-* nicht zu *ni-*, sondern zuerst mit *i-* zusammengezogen, z. B. vom Grundwort *puted, inputedko* = *i* + *in* + *putedko*; vom Grundwort *mula, inmulami* = *i* + *in* + *mulami*, aber: *pinutedko, minulaanmi.* Es tritt weiter Assimilation des *n* mit dem Anfangskonsonanten des Grundwortes in folgender Weise auf: *inlasin* > *illasin*; *inraman* > *irraman*; *inbelleng* > *imbelleng*; *inpatok* > *impatok*; *inmamak* > *immamak.*[1]

III. In Verbindung mit Nasallauten wird *-in-* nicht umgestellt.

Ibanag. I. *r, l, w, y.* Das *r* kommt nicht in Betracht, weil kein Wort mit *r* anfängt. Was die übrigen betrifft, so erwähnt de Cuevas die Möglichkeit nicht, doch kommt Umstellung tatsächlich vor, wie aus einem Beispiel hervorgeht: *nilabbétan mu,*[2] statt *linabbétan mu.* Von Umstellung bei *w* sind keine Belege gefunden, wohl bei *y*: *yakayak, niyakayak, iniyakayak.* Die Sachlage ist also ungefähr wie in Tagalog.

II. Wenn das Grundwort mit einem Vokal anfängt, wird *in-* vorangestellt wie in Tagalog und Iloko. Beim *i*-Passiv wird das Infix nach *i-* eingeschoben, wie in Iloko, doch geht das Ibanag alsdann seinen eigenen Weg, indem das Infix umgestellt wird, also: *abbag, inabbag*; *bibbíd, binibbíd,* aber: *inisingan* = *i* + *ni* + *singan* < *i* + *in* + *singan*; *iniawat* = *i* + *ni* + *awat* < *i* + *in* + *awat.*

[1] Lopez, o. c., p. 48.

[2] De Cuevas, o. c., p. 301.

III. Bei Nasallauten keine Umstellung: *mayan, minayan*; *ngagan, nginagan*.[1]

Bontok. In Bontok gibt es mehr als eine Partikel *in*, deren Verhältnis nicht ganz klar ist, doch scheint, soweit ersichtlich, Umstellung nicht vorzukommen.

Auch was Pampanga, Bikol, Bisaya betrifft, wird Metathesis nicht erwähnt. Es scheint voreilig, hieraus die Schlußfolgerung zu ziehen, daß sie gänzlich fehlt.

Magindanao. Umstellung findet immer statt, wenn *-in-* in ein *i*-Passiv infigiert wird. Die Infigierung geschieht in der gewohnten Weise, also: *inisugu* = *i* + *ni* + *sugu* < *i* + *in* + *sugu*; *inibetad*; aber: *binilangku*, Gw. *bilang*; *inembalan*, Gw. *embal*;[2] das eine und das andere wie in Ibanag. Im kleinen Büchlein Juanmartís ist übrigens nichts zu finden.

Sangiresisch. I. *r, l, w, j* (*y*). Das *r* wechselt mit *d*; im Anfang des Wortes *d*, lautet es nach offener Silbe *r*. Ebenso wie bei *l* ist *ni-* die gewöhnliche Form, doch kommt *-in-* vor, also: *deno'*, *nireno'*, selten: *dineno'*; *lihi'*, *nilihi'*, selten: *linihi'*.

Das *w* wechselt mit *b* in gleicher Weise wie *r* mit *d*, kommt also am Anfang des Wortes nicht vor; *j* fehlt.[3]

II. Vor einem Vokal wird umgestellt.

III. Von Nasallauten als Anfangskonsonant liegen keine Beispiele vor. Gibt es welche, so kann Umstellung erwartet werden.

IV. Außerdem wird von allen anderen Konsonanten, die am Anfang eines Wortes stehen, Umstellung hervorgerufen, aber nicht in gleichem Maße. Bei *b, k, p, s, t* herrscht *-in-* vor (‚zeer gewoon', Adriani): *bohe'*, *binohe'*, selten *niwohe'*; *koa'*, *kinoa'*, selten: *nikoa'*; von *pate*, *pinate*, selten: *nipate*; von *susu'*, *sinusu'*, selten: *nisusu'*; von *tutung*, *tinutung*, selten: *nitutung*. — Bei *g, h* kommt die *-in*-Form selten oder gar nicht vor: *gĕ'de'*, *nighĕ'de'*, selten: *ginĕ'de'*; *hepesĕ'*, *nihepesĕ'*, selten: *hinepesĕ'*.

---

[1] J. Bugarin, Diccionario Ibanag-Español. Manila 1854 s. v.

[2] Juanmartí passim.

[3] Adriani, Sang. spr., p. 13, 45, 86.

Das Sangiresische steht dem Tontemboan am nächsten, es geht sogar weiter. Merkwürdig ist das Auftreten von Metathesis bei *g*, was sonst in keiner Sprache verzeichnet wird.

Es muß weiter auf Batak und Altjavanisch hingewiesen werden. Erstgenannte Sprache kennt das Infix -*in*- in einer Passivbildung so wie Altjavanisch. Die Art der Infigierung ist von der schon behandelten nicht verschieden. Im Dialekt von Toba ist die Partikel Infix nach Konsonanten, Präfix, wenn das Wort mit einem Vokal anfängt, zugleich wird das Präfix umgestellt, lautet also *ni*-.

In Sub Toba gilt folgendes:

I. *r*, *l* Anfangskonsonant; es tritt Umstellung ein, z. B. *rabar*, Tob. *rinabar*, Sub Tob. *nirabar*; *langat*, Tob. *linangat*, Sub Tob. *nilangat*. Weiter wird umgestellt bei *d*, z. B. *dadang*, Tob. *dinadang*, Sub Tob. *nidadang*. Letzteres kommt in den obenerwähnten Sprachen nicht vor, doch wechselt in Batak das *d* häufig mit *l* und in Verbindung mit diesem Laut ist Metathesis sehr verbreitet.

Das *u* und das *j* sind nie Anfangskonsonanten.

II. Vor Vokalen findet immer Umstellung statt.

III. Nasallaute befolgen die allgemeine Regel für Konsonanten, also keine Umstellung.

Der dairische und der mandailingische Dialekt dagegen haben alles gleichgemacht, dort lautet das Affix immer *ni*-.[1]

Metathesis von -*in*- im Altjavanischen habe ich nicht erwähnt gefunden.

In Atjeh kommt ebenfalls ein Infix -*eun*- (aus -*in*-) in passiver Bedeutung vor. Die Infigierung, bzw. Präfigierung bei zweisilbigen Grundwörtern — nur diese kommen hier in Betracht — geschieht folgendermaßen:

I. *r*, *l*, *w*, *j*. Fängt das Grundwort mit *r* oder *l* an, so tritt Umstellung ein: *radjah*, *neuradjah*, statt: *reunadjah*; *lakèë*, *neulakèë*, statt: *leunakèë*. Obwohl mit *j* oder *w* anfangende Grundwörter nicht fehlen, sind keine Beispiele von -*eun*-Bildungen gefunden.

---

[1] H. N. van der Tuuk, Tobasche spraakkunst I, II. Amsterdam 1864, 1867 § 114, 26, 17, 7 Anm. 6.

II. Fängt das Grundwort mit einem Vokal (Hamzah) an, so wird das Infix zum Präfix und dazu noch umgestellt.

Es scheinen aber diese Bildungen selten zu sein; man umgeht sie durch eine andere Konstruktion des Satzes.[1]

III. Die Nasallaute weisen keine Einheitlichkeit auf. Ist *ng* Anfangskonsonant, so wird umgestellt: *ngiëng*, *neungiëng*; die mit *m* anfangenden Wörter jedoch infigieren *-eun-* in der gewöhnlichen Weise: *manòë*, *meunanòë*; *maté*, *meunaté*. Eine *-eun*-Bildung eines mit *nj* anfangenden Wortes liegt nicht vor; Wörter mit *n* als Anfangskonsonanten bedürfen keiner Erwähnung, da sich hier nichts entscheiden läßt.[2]

Aus diesem Überblick geht hervor, daß besonders Vokale, Semi-Vokale und die Liquidae *r*, *l* Metathesis hervorrufen.

Absichtlich sind bis jetzt nur die Formen, in welchen die Partikel *in* sich umgestalten kann, behandelt worden; von der Bedeutung ist in diesem Kapitel noch nichts gesagt. Bevor wir zu dieser Untersuchung schreiten, möchte ich in Erinnerung bringen, daß Brandes sich das Infix als perfektumverzeichnend gedacht hat, Adriani dies zum Präteritum erweitert hat. Was das Verhältnis zwischen *-in-* und *ni-* betrifft, so nahm Adriani an, daß das Infix nicht anders entstanden sei als durch Umstellung aus dem Präfix *ni-*; Präfix *ni-* und Infix *-in-* seien ganz gleichwertig.[3] Wenn man aber in Betracht zieht, daß die Frage *ni-* oder *-in-* in Tontemboan im Passiv von phonetischen Umständen bedingt ist, das Aktiv dazu wohl eine Partikel *ni-* kennt, doch nicht *-in-*, so scheint es gewagt, die beiden Partikeln einander ganz gleichzustellen, sei es auch, daß in manchen Fällen Metathesis nachweisbar ist.

Um diese Frage näher zu klären, werden jetzt zuerst einige Beispiele des Gebrauches der Partikel *-in-* in Tontemboan angeführt,

---

[1] Ich verdanke diese Mitteilung Herrn H. T. Damsté in Oegstgeest bei Leiden.

[2] Das hier von Atjeh Gesagte und die weiterhin angeführten Beispiele sind einem Manuskript entnommen, dem Diktat eines Schülers des Herrn Professors Snouck Hurgronje.

[3] Tontemb. spr., p. 171.

die alle im Präteritum stehen: *tambisa n iitu em pinangipi karĕngana n iitu e mamuali*[1] [das Hirschschwein spricht:] so wie es geträumt ist, muß es geschehen; *ipi* Gw. von träumen; wer es geträumt hat, ist hier keine gleichgültige Sache, das Hirschschwein betont, bringt zum Ausdruck, daß es es so geträumt hat, ohne *expressis verbis* zu sagen: ich habe es geträumt, eine Tatsache, die übrigens beiden Parteien schon bekannt war. — *sapa m pinangipi-ngipimu*[2] was ist es denn, das du geträumt hast? — Nicht: was ist es denn, das geträumt worden ist von dir?; es handelt sich nicht nur um den Inhalt des Geträumten, sondern auch um denjenigen, der es geträumt hat. Im Deutschen haben ‚du' und ‚geträumt' beide Nachdruck. — *en aku n tinintjasang-kĕ' e Ito'ku*[3] da ich von meinem Oheim und den Seinigen im Stich gelassen bin; *tintjas* Gw. von davonlaufen, schnell laufen; *tintjasan aku* man ist von mir weggelaufen; die Hinzufügung von *-in-* ändert die Bedeutung derart, daß jetzt gesagt wird, es gibt jemanden, der das Davonlaufen auf seinem Gewissen hat, in der Übersetzung ausgedrückt durch ‚im Stich lassen'. — *ta'an da'itja nitjuman tu'tu' ja nimawĕsu-o si Toro winĕsu-kĕ' in susuwa in tu'tu'*[4] aber sie haben keinen Reis gegessen und doch war der Mann gesättigt, er war vom Dampfe des Reises gesättigt worden; *wĕsu* gesättigt; *mawĕsu* im Zustande der Sättigung sein, es ist von einem Agens gar nicht die Rede, dagegen: *winĕsu* jemand hat veranlaßt, daß der Mann gesättigt ist.

Wie man sieht, stehen diese Beispiele alle im Präteritum. Ohne Zweifel hängt dies mit dem Gebrauch des Infixes *-in-* zusammen. Aber damit ist nicht alles gesagt. Eine mit *-in-* zusammengesetzte Verbalform enthält etwas Lebendiges, was einem Präteritumzeichen an sich nicht innewohnen kann. Es liegt in ihr eine motorische Kraft eingeschlossen, welche die Handlung nach ihrer Vollendung drängt; die Wirkung eines Agens macht sich kund. Erstreckt man die Untersuchung bis zum *i*-Passiv und macht man einen Vergleich

[1] Tontemb. Teksten, p. 13.

[2] Ebenda, p. 14.

[3] Ebenda, p. 31.

[4] Ebenda, p. 85.

zwischen *-in*-Form und *i*-Passiv, so geht daraus hervor, daß bei ersterem der Agens weniger hervortritt und sich nicht so offensichtlich, klar und vorherrschend benimmt. Zugleich fühlt man, daß bei der *-in*-Form der Zusammenhang nach der anderen Seite, mit dem Objekt also, nicht ganz unterbrochen ist. Spricht man eine Verbalform mit *-in*-Infix aus, dann lenken sich die Gedanken notwendig auch auf das Objekt. Um diese nach zwei Seiten sich verbreitenden Beziehungen nachzuprüfen, muß man das Prädikatswort an sich betrachten. In jedem passiven Satze ist ja das Subjekt des Satzes, der Patiens, Hauptperson oder Hauptsache, das Prädikatswort bezieht sich immer darauf. Aber nun kommt dazu, daß den austronesischen Sprachen, soweit sie es noch nicht verloren haben, ein Mittel zur Verfügung steht, am Prädikatswort mit subtilen Unterscheidungen die Art anzugeben, in der eine Handlung, dem logischen Objekt gegenüber, vonstatten geht. Stellt man *i-*, *-ĕn* und *-in-* nebeneinander, so ist *i-* das Mittel, die Aufmerksamkeit des Hörers für die Person (die Sache) zu fordern, welche die Handlung hervorruft oder, genauer, die Handlung vor dem inneren Auge zu skizzieren als eine, die von einer bestimmten Person verrichtet wird; *-ĕn* verlangt die volle Aufmerksamkeit für das Objekt (Patiens); das Band zwischen dem, was geschieht, und dem Objekt, das schon da ist, weil letzteres Subjekt des Satzes ist, wird fester; es ist kein Raum übrig, etwas anderem seine Aufmerksamkeit zu widmen; *-in-* aber zwingt den Zuhörer, seine Aufmerksamkeit nach zwei Seiten hin zu lenken, einerseits dem Agens zu, anderseits nach dem Patiens, nicht ausschließlich nach der einen oder der anderen Seite, wie es *i-* und *-ĕn*-Passiv tun, es läßt gewissermaßen weder Agens noch Patiens los, beide werden im Worte, in welchem es als Infix beschlossen liegt, festgehalten. Es erinnert an den Agens, weniger nachdrücklich als *i-*, es erinnert gleichzeitig an den Patiens, weniger nachdrücklich als *-ĕn*; es nimmt, kurz gesagt, eine Stellung ein zwischen *i-* und *-ĕn*, es ist die Synthese beider, förmlich und dem Sinne nach, aus *i* + *ĕn* und deren Kontraktion entstanden. Daß das Pĕpĕt ausgeschieden wird, stimmt genau mit dem überein, was dann eintritt, wenn *-ĕn* an ein auf offenen Vokal endendes Wort angehängt wird.

Das Infix -*in*- tritt also als eine neue Nuancierung auf — die jedoch sehr alt ist —, als ein Ausgleich zwischen *i*- und -*ĕn*, und in einem Satze, in welchem eine Verbalform mit -*in*- gebraucht wird, findet der Redende weder Veranlassung, den Agens hervorzuheben, noch alle Aufmerksamkeit für den Patiens zu beanspruchen, an beides denkt er, er bevorzugt keines.

Zur näheren Bestätigung des Gesagten lassen wir noch einige Beispiele folgen — es würde leicht sein, sie unbeschränkt zu vermehren —, in denen die *i*-, -*ĕn* (-*an*) und -*in*-Formen vom selben Grundworte nebeneinander stehen:

sowat Gw. von antworten. I *mareng-o-mange si airu'ndu' wo sumisil in* **aisowat** *i Tjaakaran*[1] der Gesandte kehrte zurück und erzählte, daß die Jüngste geantwortet hätte. — II **sowatĕn-o** *i Tjawok ĕn iitu, kuana-o*[2] die Maus antwortete, sagend: — III *janta'an* **sinowat(ĕ)kĕ'** *ka'i i Tjalowatan in tana'i*[3] aber das Hirschschwein antwortete wiederum nur dieses.

In I handelt es sich darum, was die Jüngste [der Schwestern] gesagt hat, in II um den Inhalt der Antwort, in III wird die Aufmerksamkeit sowohl dem, der antwortet (das Hirschschwein), als dem, was er sagen will, zugewandt.

indo Gw. von nehmen, fangen. I *itjatĕka'-mai an dano iitu sera, ja iindo-o e anak i Maĕsa-ĕsa kulintam bu'nut*[4] als sie an jenes Wasser gekommen waren, nahmen die Söhne der Witwe ein *kulintang* (Musikinstrument) von Holz. — II *mangekĕ'-indon-ai ĕn oli-oli'tju a si Wolai*[5] geh mal hin und nimm dem Affen meine Mundharfe ab. — III *ja siitu wo niindo si Sangawirang*[6] also fingen sie die S. (eine Fischart).

I drückt aus, daß die Söhne der Witwe an dem *kulintang* die Tat ‚nehmen' verrichteten, in II muß die Mundharfe (das Objekt)

---

[1] Tontemb. Teksten, I 37.

[2] Ebenda, p. 6.

[3] Ebenda, p. 13.

[4] Ebenda, p. 103.

[5] Ebenda, p. 7.

[6] Ebenda, p. 20.

genommen werden, III ist ein Satz ohne etwaigem Nachdruck oder, wenn man will, Objekt und Subjekt, Patiens und Agens stehen einander gleich, i. c. der Fänger und das Gefangene.

saput Gw. von umwickeln, einwickeln. I *ja isaput(ĕ)na-o tu'u mange si Wolai ĕn iitu*[1] und er umwickelte den Affen damit. — Das Objekt (*ĕn iitu*), i. c. eine Jacke, ist Subjekt des Satzes und Nominativ. — II *ja talos lo'or sawo karapi in do'kos itu ja saputĕn*[2] es wird sehr schön sein, wenn dein Kopf dazu umwickelt wird. — III *ja si meong airapiera-o-mange ta'an sinaputera-kĕ'*[3] die Katze hatten sie (mit sich) mitgebracht, aber sie hatten sie eingewickelt.

In I wird dem schlauen Marder, der den Affen anführt, mehr Interesse entgegengebracht als diesem, in II ist das Wichtige das, was umgewickelt wird, in III folgt nach einem *i*-Passiv das *-in*-Passiv. Beim ersten sieht man gewissermaßen die Leute die Katze mitbringen, sie sind tätig; *sinaputera* ist neutral, eine freiere Übersetzung könnte lauten: ‚Die Katze hatten sie wohl mit sich mitgebracht, aber eingewickelt.'

ema' Gw. von machen, tun, erledigen. I *jawo itu iema'na tumbalan*[4] darauf machte er einen Griff daran. — II *in tarepé'-kĕ' ema'anta-o si wasamiow tumĕna iitu*[5] lassen wir jetzt jenen guten Gedanken von euch ausführen. — III *aiwe'e se pongkor(ĕ)ku niindo in tjolombuang niema'ku*[6] den man mir gegeben hat für meinen Fisch, in der Reuse, die ich gemacht habe, gefangen. — In Tontemboan ist Fisch Plural.

In I tritt die Person, die den Griff gemacht hat, hervor, nicht die Sache, wofür er gemacht wird; in II handelt es sich um das Ausführen des guten Gedankens; daß ‚wir' die ausführenden Personen sind, ist von nebensächlicher Bedeutung; in III sind Leute da gewesen, die die Sachen (i. c. eine Jacke und eine Hose), welche an die Stelle

---

[1] Tontemb. Teksten, I p. 10.
[2] Ebenda, p. 10.
[3] Ebenda, p. 78.
[4] Ebenda, p. 31.
[5] Ebenda, p. 18.
[6] Ebenda, p. 30.

des Fisches getreten sind, gegeben haben (*aiwe'e*, *i*-Passiv), aber dann sind ‚Reuse' (Agens) und ‚Fisch' (Patiens), später ‚ich' (Agens) und ‚Reuse' (Patiens) auf gleichem Niveau.

Daß *-in-* der Charakter eines Passivs eigen ist, dafür liefert die mit Präfix *ka-* und Suffix *-an* gebildete Ableitung einen weiteren Beweis. Die Form mit *ka — an* ist an sich schon perfektivisch; wird das Infix *-in-* hinzugefügt, so ist dessen mögliche perfektivische Bedeutung ausgeschaltet. Beispiel: *ere* Gw. von suchen, *kaerean* jemand ist in den Zustand von bekommen haben geraten, aber: *ja kinaereang-ku-o tu'u ko*[1] da habe ich dich doch wirklich gefunden, sagt der Affe zum Marder. Der Affe bringt hier zum Ausdruck, daß das Gefundensein des Marders seine Arbeit ist usw.

Ist also *-in-* eine Passivform, der neben *i-* und *-ĕn*-Passiv eine Stelle gebührt, so ist dennoch die Annahme Brandes': *-in-* sei Perfektum, oder die Adrianis, es sei präteritumverzeichnend, durchaus nicht unberechtigt. Die oben erwähnten Beispiele standen alle im Präteritum, man könnte gleichfalls sagen, in allen diesen Fällen hatte *-in-* die Nebenbedeutung eines Präteritums. Doch muß sogleich betont werden, daß ein *-in*-Passiv auch etwas anderes als Präteritum sein kann, nämlich Präsens und Futurum (Conditionalis), aber die Fälle sind selten. Hier folgen einige: *sama' re'e, e pojo'ku, eng kita pinaalianu-o-mai sĕra'*[2] das ist gut, Enkelsohn, daß du uns Fleisch bringst; *ali* Gw. von bringen; *kine*[3] man sagt.

Doch bleibt es wahr, daß das *-in*-Passiv fast immer Präteritumbedeutung hat. Die Frage muß gestellt werden, weshalb dem so ist.

Im allgemeinen machen die austronesischen Sprachen keinen Zeitunterschied der Verbalformen oder zeitweilig als Verbum auftretenden Nominalformen. Dieselbe Form kann, je nachdem, ein Ereignis in der Vergangenheit, in der Gegenwart und in der Zukunft bezeichnen,[4]

---

[1] Tontemb. Teksten, I p. 9.

[2] Ebenda, p. 75.

[3] Ebenda, p. 16.

[4] Hilfswörter, die man gebraucht, wenn dieser Umstand sich als eine Lücke fühlbar macht, kommen hier nicht in Betracht.

sie umfaßt das, was in der niederländischen Sprachlehre unvollendet vergangene Zeit (Imperfektum), unvollendet gegenwärtige Zeit (Präsens), unvollendet zukünftige Zeit (Futurum) heißt. Da, wie oben bemerkt,[1] jede Verbalform, ohne weitere Präzisierung, imperfektiv ist, so machen die drei Formen: ich schrieb (war schreibend), ich schreibe (bin schreibend), ich werde schreiben, zusammen das Imperfektum in weiterem Sinne aus.

Es gibt jedoch wohl ein Mittel, dies gesamte Imperfektum vom Perfektum zu unterscheiden, doch muß sogleich bemerkt werden, daß dieses sg. Perfektum ein Imperfektum in der Vergangenheit bezeichnet. Die Sachlage ist in Tontemboan am deutlichsten am Aktiv zu demonstrieren.

Aktive Bildungen sind die mit Präfix *ma-* (nasaliertes *pa-*) und der Aorist (*-um-*): *sa tu'u ko mauwo in tumengkor* wenn du wirklich daraufzuschlagen verlangst. — Das Präfix *pa-* bringt dem Worte, mit dem es verbunden wird, den Begriff von Dauer bei, das *ma-*Aktiv hat also neben der imperfektiven Bedeutung, die jede Verbalform besitzt, auch eine durative. Der Aorist *-um-* besagt, daß die Handlung spontan geschieht, nichts weiter, ohne auf das Resultat achtzugeben. Es kommt daher meistens, aber nicht ausschließlich, bei Intransitiven vor. Betreffs der Dauer der Handlung besagt *-um-* nichts. Da aber *ma-* speziell eigen ist, daß die Handlung dauernd ist, kann es sein, daß dem Aorist die Bedeutung ‚momentan' beigelegt wird, aber sie ist nicht in *-um-* enthalten; sie ist nur eine Nebenbedeutung, im Gegensatz zu *ma-* entstanden und nicht immer vorhanden, z. B. *kuan-o i Toja'ang: Kumili'o si Mawĕris*[2] der Junge sagte: Der M. lag im Schlafe. Eine derartige Wirkung ist es, nur in umgekehrter Richtung, dann, weil der Aorist spontan ist, dem Durativum die Bedeutung des Gewollten beizumessen. Bezieht sie sich auf die Vergangenheit, so kann die Aoristform, wenn sie dem Durativ gegenübergestellt ist, sich dem französischen Passé défini nähern. Mit diesem letzten Vorbehalt kann gesagt werden, daß die

---

[1] p. 19.

[2] Tontemb. Teksten, I 112.

ma- und *-um*-Formen zusammen das Imperfektum, in weitestem Sinne, des Aktivs bilden.

Nun läßt sich von diesem Imperfektum ein Perfektum bilden durch Präfigierung von *ni-*, das, im Gegensatz zu einem zweiten Perfektum, von dem später die Rede sein wird, hier altes Perfektum genannt wird. Mit dieser Partikel versehen, wird die Handlung über die ganze Linie von Futurum bis Imperfektum (als Zeitbenennung) in eine Vergangenheit versetzt, die augenblicklich abgeschlossen ist; die mit *ni-* versehenen Verbalformen umfassen also: das Perfektum im engeren Sinne (niederl.: vollendet gegenwärtige Zeit), das Plusquamperfektum (vollendet vergangene Zeit), das Futurum exactum (vollendet zukünftige Zeit). Doch hat es mit dem Worte ‚Perfektum', das nur aus Mangel an einem besseren gebraucht wird, seine eigene Bewandtnis. Ganz wie die Handlung an dieser Seite der Scheidewand imperfektivisch ist, ist sie es auch an jener Seite, nach Präfigierung von *ni-*; *masĕra'* ich aß (war essend), ich esse (bin essend), ich werde essen; *nimasĕra'* ich hatte gegessen (war essend gewesen), ich habe gegessen (bin essend gewesen), ich werde gegessen haben (werde essend gewesen sein). In demselben Verhältnis steht *sumĕra'* zu *nisumĕra'*. Weitere Beispiele des Gebrauches von *ni-*: *ja tumo'or -o-mai si Tu'a nimarĕngis-o ĕ litjur*[1] [aber der Holzstoß brannte noch nicht bis auf die Hälfte, da geschah es, daß] die Antilope aufstand, ihr Rücken war schon verbrannt. — *ja maĕga-o-mai se nilumukut wo'o*[2] alsdann gingen wieder auseinander diejenigen, die angesessen haben würden. — *nitumĕ'tĕp-oka*[3] hingen über, d. h. verkehrten im Zustande von überhangen, aber: *tumĕ'tĕp* machte die neigende Bewegung zum Überhangen. — *ja nimua'-o*[4] [und sie sahen, daß] schon Früchte (am Baume) waren. Weiter wird *ni-* in adverbialen Ausdrücken, im Komparativ und Superlativ gebraucht.[5]

---

[1] Tontemb. Teksten, I 7.

[2] Ebenda, p. 41.

[3] Ebenda, p. 45.

[4] Ebenda, p. 54.

[5] Tontemb. spr., p. 153.

Die eigentliche Bedeutung von *ni-* — das geht aus den Beispielen genügend hervor — ist ‚schon'. Das sieht man am deutlichsten da, wo das Wort noch als selbständige Partikel empfunden wird und ausgelassen sein könnte, ohne dem Sinne zu schaden; anderseits ist es bisweilen derart mit der Verbalform verwachsen, daß das Ganze nur Perfektum ist und *ni-* seine Selbständigkeit dabei eingebüßt hat.

Die Hinzufügung von *ni-* besagt also, daß die Handlung schon gewesen ist, sie war im Gange, ist es jetzt nicht mehr. Es war einer damit beschäftigt, in einem Zeitraum, der abgeschlossen ist. Hieraus folgt, wenn auch die Handlung als vor sich gehend geschildert wird, daß sie im jetzigen Augenblick perfekt ist. Doch bleibt dies eine sekundäre Konklusion. Es kann uns daher nicht wundern, daß die Sprache, wenn sie über ein Mittel verfügen würde, um ‚unvollendet' und ‚vollendet' voneinander zu unterscheiden, dieses Mittel zur Andeutung derselben Handlungen verwenden könnte, welche man auch durch das Nichtanwenden oder Anwenden von *ni-* unterscheiden kann. Aber nichtsdestoweniger sagt man in beiden Fällen nicht gerade dasselbe; es ist dieselbe Handlung, aber unter verschiedener Beleuchtung. Auf diese Weise kann eine unmittelbar-perfektive oder -perfektivische Form (neues Perfektum) an die Stelle der mittelbar-perfektiven *ni*-Form treten (altes Perfektum).

Diesen Prozeß sieht man in Tontemboan im Passiv anfangen. Was das *i*-Passiv anbelangt, so ist hier das alte Perfektum behalten, doch lautet das Präfix *a-*.

Adriani nimmt an, dieses *a-* sei aus *nimai-* verkürzt, wie denn in Tombulu das Perfektumzeichen tatsächlich *nimei-* oder *mei-* lautet. Tomb. *ei* = Tontemb. *ai*, Gw. von hierherkommen; der Auslaut kann leicht mit dem *i*-Anfanglaut des Passivs zusammenfließen.[1] Bolaang Mongondow *ai* bedeutet ‚schon, schon im Gange';[2] Tontemboan *ai*

[1] J. L. A. Brandes, Une forme verbale particulière du Toumbulu, in: Hommage au Congrès des Orientalistes de Hanoi de la part du Bataviaasch Genootschap van Kunsten en Wetenschappen. Batavia 1902, p. 45 ff. —Tontemb. spr., p. 207.

[2] Bijdragen Taal-, Land- en Volkenkunde 86, p. 133.

wird, ein wenig anders, im Sinne von ‚schon, schon gewesen' gebraucht. Es liegt also auf der Hand, Tontemb. *a* als Verkürzung von *ai* zu betrachten; Tombulu *nimei* erweist sich demnach als eine Doppelbildung, wie sie in diesen Sprachen überhaupt häufig sind.

Aber beim *-in*-Passiv wie auch beim *-ĕn*-Passiv verhält sich die Sache anders. Im *-in*-Passiv wird erstens gesagt, daß die Handlung passiv ist, zweitens, daß Agens und Patiens in ihr zusammenkommen. Diese Tatsache erweckt die Vorstellung, daß die Handlung sich nun auch ereignet, sich vollzieht oder vollzogen ist. Beim *i*-Passiv wird gesagt: es gibt eine passive Handlung und es ist ein Agens damit beschäftigt, beim *-ĕn*-Passiv hingegen: eine passive Handlung ist da und außerdem ein Objekt dieser Handlung; es wird aber nicht gesagt, in welchem Stadium die Handlung sich befindet, darüber gibt die Form keinen Aufschluß. Doch im *-in*-Passiv kommen drei Faktoren zusammen: die passive Handlung, der schaffende Agens, der erleidende Patiens, dies alles macht die Handlung perfekt.

Aus obigen Beispielen war ersichtlich, daß in den weitaus meisten Fällen das *-in*-Passiv perfektive Bedeutung hat. Vom Gebiete des Imperfektums (im weitesten Sinne) hat *-in-* sich fast zurückgezogen. Deshalb nähert man sich der wirklichen Sachlage, wenn man *-in-* ein Zeichen des Perfektums nennt, i. c. des neuen Perfektums, in dem Sinne eines ‚Sich-vollzogen-Haben' (Perfektum, Plusquamperfektum, Futurum exactum) und eines ‚Sich-Vollziehen' (das französische Passé défini). Es bleibt jedoch die passive Bedeutung immer die primäre, die perfektive ist die sekundäre.

In benachbarten Sprachen hat die Entwicklung den Weg genommen, daß die perfektive Bedeutung immer mehr in den Vordergrund gerückt ist, dermaßen, daß es Sprachen gibt, in denen *-in-* ausschließlich Perfektumzeichen ist.

Aus dieser Erörterung folgt, daß der Name ‚Perfektum' für die mit *-in-* zusammengesetzten Verbalformen richtiger ist als ‚Präteritum'; denn insoweit die *-in*-Form im Imperfektum (niederl. unvollendet vergangene Zeit) steht, geschieht dies kraft der ursprünglichen Bedeutung der Partikel als Passiv, in derselben Weise, wie sie auch Präsens oder Futurum sein kann. Das neue Perfektum mit *-in-* erstreckt sich auf das Gebiet des alten Perfektums und reicht noch darüber hinaus (Passé défini), eine *ni*-Form des neuen Perfektums kann es also nicht geben.

In Tontemboan ist die perfektive Bedeutung von *-in-* schon so stark geworden, daß es als Perfektum des *-ĕn*-Passivs in Gebrauch gekommen ist. Man könnte fragen, weshalb *-in-* als Perfektum von *-ĕn* wohl auftritt, das *i*-Passiv aber beim alten Perfektum beharrt. Die Erklärung scheint diese: *-in-* besagt, daß die Handlung von jemandem a n d e m O b j e k t vollzogen wird; das Objekt wird von der Handlung betroffen, die Handlung vollzieht sich an dem Objekt, nicht an dem Agens, an dem nichts geändert wird.

In Sprachlehren philippinischer Sprachen findet man den Ausspruch, daß *-in-* das Perfektum von *-ĕn* sei. Dies ist insoweit annehmbar, als es den wirklichen Zustand wiedergibt; jedoch würde es ohne weitere Ausführung ein falsches Bild ergeben. Fassen wir das betreffs *i-* und *-ĕn* Gesagte zusammen, so ergibt sich, daß *-in-* im Perfektum zugleich an die Stelle von *-ĕn* getreten ist und der Gebrauch von *-ĕn* sich auf das Imperfektum (im weitesten Sinne) beschränkt, aber damit sind *-in-* und *-ĕn* noch nicht ein und dasselbe. Beide sind Defektiva, die einander ergänzen, doch bleibt die Tatsache bestehen, daß die Sprache auf das Perfektum des *-ĕn*-Passivs verzichtet hat und daß sie von dem Mittel, durch *-in-* sowohl auf Agens als auf Patiens hinzuweisen, was das Imperfektum betrifft, einen sehr sparsamen Gebrauch macht. Man könnte auch sagen, daß das alte Perfektum von *-in-* und *-ĕn* in das neue Perfektum aufgegangen ist.

Eine Synthese von Präfix *i-* und Suffix *-an*, in derselben Weise, wie *i-* und *-ĕn* sich zu *-in-* mischen, kommt in Tontemboan nicht vor und ist mir auch in den anderen Sprachen der Gruppe nicht bekannt.[1] Das dritte Passiv, im Falle das Objekt indirekt ist, lautet in Tontemboan *-in-* — — *-an*, z. B. *si Rompas pinaompĕran e makawale in*

[1] Spuren von ehemals getrenntem Vorkommen im selben Worte, auch im Imperfektum (Präsens, Futurum), in Bolaang Mongondow, s. Bijdr. Kon. Inst. 85, p. 597.

sĕra'[1] die Bewohner des Hauses haben für R. Fleisch aufgetragen; *omper* Gw. von etwas irgendwo niedersetzen, aufsetzen. Wie zu erwarten, ist die Form Perfektum. Beispiel des Gebrauches von -*in*- — — -*an* im Präsens: (*si lopa'na*) *si nilukutan-o in do'ong in Tjapoja in tarepe'* (die Ebene) in der jetzt das Dorf Kapoja liegt.[2] Die anderen Sprachen weisen in dieser Hinsicht keinen Unterschied gegen das Tontemboanische auf, und es kann deshalb auf weitere Beispiele verzichtet werden.

Hinsichtlich der Affixe der austronesischen Sprachen kann im allgemeinen beobachtet werden, daß sie, neben ihrer eigenen Bedeutung, in Juxtaposition zu Bildungen mit anderen Affixen und verwandter Bedeutung eine sekundäre erhalten können. Ein Beispiel lieferte das anläßlich der gegenseitigen Beeinflussung von *ma*- und -*um*- Gesagte.[3] Es kommt auch vor, daß in einem Falle die primäre, in einem anderen Falle die sekundäre Bedeutung vorherrschend ist. Im folgenden wird ein Überblick der philippinischen Sprachen gegeben werden, aus dem man ersehen kann, wie sehr die sekundäre Bedeutung von -*in*- zugenommen hat.[4]

In Tagalog, Bikol und Bisaya ist -*in*- Perfektum von -*ĕn*. Wir wissen jetzt, wie dies aufgefaßt werden muß. Wird die -*in*-Form durch Voranstellung vom Artikel substantiviert und verliert sie damit den Zeitbegriff, so fällt die perfektivische Bedeutung des Infixes weg und nur die passive bleibt übrig, z. B. Tagalog: *dinaméhan nya ang kinúha nya ng ságing* das von ihm Genommenwerden von Bananen wurde von ihm viel gemacht, d. h. er nahm viele Bananen; *dámi* Menge; *kuha* Gw. von nehmen.

Diese drei Sprachen reduplizieren die imperfektiven Verbalformen, obendrein sind Präsens und Imperfektum einerseits, Futurum anderseits unterschieden, z. B. Tagalog, von *sulat*, Gw. von schreiben, lautet

---

[1] Tontemb. Teksten, I 105.

[2] Ebenda, p. 141.

[3] Oben p. 40.

[4] Siehe für die Weise, in der die verschiedenen Sprachen -*in*- infigieren, oben p. 28ff.

das zweite Passiv im Futurum *susulatĕn*, Perfektum *sinulat* (*s·in-ulat*), Präsens und Imperfektum *sinusulat*, ein Kompromiß von Perfektum und Futurum, wörtlich: ich schrieb und werde schreiben (ich hatte geschrieben und sollte schreiben), d. h. die Handlung hat zwar schon angefangen, ist aber noch nicht beendet. Tagalog, Bikol und Bisaya haben hier ein Mittel entwickelt, den Anfang eines Zeitunterschiedes einzuführen.

Im ersten Passiv ist *-in-* ebenfalls als Zeichen des Perfektums durchgedrungen, das alte Perfektum (in Tontemboan *a-*) ist verschwunden; dies war nur dadurch ermöglicht, daß das Gefühl für den passiven Wert der Partikel zurückgedrängt und die perfektivische Bedeutung vorherrschend wurde. Man sagt also in Tagalog von *bigáy* Gw. von geben, im ersten Passiv, Perfektum: *ibinigay*. Folgendes Schema läßt sich aufstellen:

Tagalog *pútol* Gw. von schlagen.

Erstes Passiv.

	Imperfektum	Perfektum
Fut. *ipuputol*	Präs./Imperf. *ipinuputol*	*ipinutol*

Zweites Passiv (*-in* = **-ĕn*).

Fut. *puputolin*	Präs./Imperf. *pinuputol*	*pinutol*

Die drei Sprachen sind jedoch noch weiter gegangen; indem sie die passive Bedeutung von *-in-* ganz ausschalteten, haben sie das Infix als Zeichen des Perfektums auf das Aktiv übertragen, sowohl Durativ als Aorist. In Tagalog lautet das Präfix des Durativs *ma-*, im Perfektum *na-*, die erste Silbe *mi* [*m* + *in* + *a*] wird abgeworfen; Bisaya macht dasselbe, Bikol behält die ganze Form *mina-* bei.

Im Aorist wird *-in-* vor *-um-* eingeschoben. In Tagalog geht Vokalassimilation damit zusammen, und die neue Form wird zugleich kontrahiert; z. B. *sumulat*, **sinumulat*, *sungmulat*, und auch diese Form ist nur in entfernten Orten erhalten geblieben, in Manila und Umgebung sagt man jetzt *sumulat*, so auch in Präsens und Imperfektum, statt **sungmusulat*, *sumusulat*.[1] Diesen neuen Bildungen

---

[1] Lopez, o. c., p. 85.

ist nicht mehr anzusehen, daß sie einmal das Perfektumzeichen enthalten haben.[1] — Bisaya zieht *-in-* und *-um-* zu *-inm-* zusammen, z. B. von *agi* Gw. von vorübergehen: *sino ang inmagi diri?* wer ist hier vorübergegangen. — In Bikol tritt Assimilation ein, doch wird nicht zusammengezogen. Außerdem lautet die Form nicht *-inim-*, sondern *-imin-*, z. B. von *sakat siminakat.*[2] Nimmt man Analogie mit Tagalog und Bisaya an, so muß Metathesis eingetreten sein, also: *sumakat, *sinumakat, *sinimakat, siminakat.* An dieser letzten Form ist die richtige Folge nicht mehr festzustellen. Setzt man voraus, daß *-in-* nach *-um-* infigiert ist — was anderswo tatsächlich vorkommt[3] —, so wäre die Reihenfolge: *sumakat, *suminakat, siminakat.* In diesem Zusammenhang ist bemerkenswert, daß in Bisaya der Vokal des *-um*-Infixes, wenn in der ersten Silbe des Grundwortes ein *i* steht, sich diesem assimiliert: *ilis, *umilis, imilis*; *siling, *sumiling, similing.*[4]

Das Iloko zeigt Eigentümlichkeiten auf. Erstens werden die imperfektiven Formen (richtiger, die eine imperfektive Form, welche Futurum, Präsens und Imperfektum in einem ist) bisweilen redupliziert, dann wieder nicht. Reduplikation findet man nur, wenn das Imperfektive der Handlung besonders betont werden soll; es sind nebeneinander zu finden, vom Gw. *surat*: *agsursurat* is writing; vom Gw. *tugaw*: *agtugawak* I am sitting.[5] Dies trifft für Aktiv und Passiv zu: *itutugaw* (he) is sitting (continuously, habitually).[6] Im Futurum wird noch ein Hilfswort gebraucht. Weiter wird *-in-* nicht nur im Perfektum angewendet, sondern auch in der unvollendet vergangenen Zeit (das sg. Imperfektum, als Zeitbenennung), ist daher Präteritum. Die Grenze des *-in*-Gebrauches liegt also zwischen Imperfektum und Präsens.

---

[1] Möglicherweise gibt es einen Unterschied in der Aussprache und wird das *m* im Perfektum verdoppelt; dies wird jedoch nirgendwo erwähnt, beim Schreiben wenigstens geschieht es nicht.

[2] De S. Agustin, o. c., p. 62.

[3] In Magindanao, s. unten.

[4] Méntrida, o. c., p. 140.

[5] Lopez, o. c., p. 54, 60.

[6] Ebenda, p. 74.

Das *-in*-Passiv ist Präteritum des *-en-* (=*-*ĕn-*) Passivs.[1] Auch wird *-in-* beim *i*-Passiv im Präteritum hinzugefügt: *inmula* (= *i* + *in* + *mula*), weiter assimiliert zu *immula*.[2]

Im Aktiv ist *-in-* wieder Präteritumzeichen, und es kommt noch hinzu, daß im Durativ bei Eigenschaftswörtern das Präfix *ma-* lautet ‚in the case of qualities of transitory character', indem ‚a more permanent quality' durch *na-*, aus *mina-* verkürzt, ausgedrückt wird: *si Maria maangaw* M. ist in heiterer Laune, aber: *si M. naangaw* M. hat eine heitere Art.[3] Das Präfix *ag-* wird im Präteritum *nag-*.

Im Aorist wird *-in-* + *-um-* zusammengezogen zu *-inm-*, z. B. von *dakel* groß, *dimmakel* (*d* + *in* + *um* + *akel*) wurde größer, wuchs; *dimmakdakel* (*d* + *in* + *um* + *akdakel*) war wachsend, nachdrücklich imperfektiv, doch Präsens nimmer mit *-in-*: *dumakel* oder *dumakdakel* wächst.

Als Präteritum von *matay* (*p* + *um* + *atay*, mit Hinweglassung der ersten Silbe) wird *natay* (*m* + *in* + *atay*, wiederum mit Abwerfung der ersten Silbe) gebraucht.[4]

Ibanag. Im Passiv ist *-in-* auf das Perfektum beschränkt; *-in-* ist also Perfektum des Passivs auf *-an* (= *-*ĕn*), z. B. *balattán* wurde, wird entfernt, wird entfernt werden; Gw. *balot*; *binalot* war entfernt usw., auch: wurde entfernt (Passé défini). Auch das *i*-Passiv bildet das Perfektum durch Infigierung von *-in-*, indem es zu gleicher Zeit die Partikel umstellt, z. B. *singan* Gw. von sehen, *isingan*, gesagt von demjenigen, womit man sieht, z. B. einer Lampe, *inisingan* dasjenige, womit gesehen worden ist.[5]

Im Aktiv ist *-in-* zuerst Perfektumzeichen des Durativs, es wird bald die ganze infigierte Form, bald die abgekürzte gebraucht, z. B.

---

[1] Jedoch gibt Naves (ed. Swift, Washington 1909), p. 99, folgendes Beispiel: *singpeten ka idi* I took you for a sincere man; *singpet* Tugend. Vgl. Lopez, o. c., p. 91.

[2] Vgl. Lopez, o. c., p. 48.

[3] Lopez, o. c., p. 75.

[4] Lopez, o. c., p. 62.

[5] De Cuevas, o. c., p. 120.

von *ilug* Wunsch, Begierde, *mælug* (*ma* + *ilug*) mit begierigen Augen ansehen, *minælug* oder *nælug*.[1] Auch das Perfektum des Aorists wird mittels *-in-* gebildet, hierbei tritt Vokalassimilation ein, z. B. *kan* Gw. von essen, *kuman*, **kinuman*, **kiniman*, *kiminan* (mit Metathesis). Es kann aber auch sein, daß *-in-* nach *-um-* eingeschoben ist, vgl. oben sub Bikol.

In Pampanga ist *-in-* Perfektum im Passiv, von *-an* (= **-ĕn*) und auch von *i-*; das Perfektum des *i-*Passivs verliert das *i-* oder, richtiger, das Perfektum wird ausschließlich mit *-in-* konstruiert; *i-* und *-an-*Passiv beschränken sich auf das (gesamte) Imperfektum.[2]

Im Aktiv ist *-in-* Zeichen des Perfektums im Durativ. Das Pampanga unterscheidet sich insofern von den Schwestersprachen, daß Kontraktionen eintreten; Abkürzung auf (*mi*)*na* scheint nicht vorzukommen.[3] Auch der Aorist weicht ab. Er lautet im Perfektum *-in-*: *sulat*, *sumulat*, *sinulat*. Man scheint annehmen zu müssen, daß *-in-* + *-um-* zu *-in-* kontrahiert sind.

Bontok. Im Passiv ist *-in-* Perfektum des *-ĕn-*Passivs (*-en*, auch *-in* ausgesprochen). Beim *i-*Passiv wird *-in-* zwischen Präfix und Grundwort infigiert.

Im Aktiv ist *-in-* Perfektumzeichen für Durativ und Aorist; im Durativ wird *mina-* zu *na* abgekürzt, im Aorist geht *-in-* *-um-* voran, und die beiden Partikeln werden dann zusammengezogen zu *-inm-*, wie in Bisaya, aber ohne Assimilation.[4]

In Magindanao ist *-in-* nur noch Zeichen des Perfektums, im Passiv bei *i-* und *-en* Passiv. Statt *-en* findet man auch *-in* (= **-ĕn*), z. B. *betad* Gw. von stellen, *ibetad*, *inibetad* (= *i* + *in* + *betad*, mit Metathesis) sind gestellt worden, wurden gestellt (Passé défini); *embal* Gw. von machen, *embalen*, *inembalen* ist gemacht worden.

Während in anderen Sprachen im Perfektum das *-in-*Passiv an

---

[1] Ebenda, p. 120. — Im Sangiresischen ist *ilug* Gw. von ‚von der Seite ansehen‘.

[2] Bergaño, o. c., Cap. III.

[3] Ebenda, Cap. IV.

[4] Seidenadel, o. c., passim.

die Stelle des *-ĕn*-Passivs tritt, ist in Magindanao der Gedanke an den passiven Wert von *-in-* verschwunden, denn es wird ein neues, drittes Passiv mit *i-* und *-en* gebildet, dessen Perfektum wieder *-in-* hinzugefügt bekommt, also: *inibetaden* (*i* + *in* + *betad* + *en*) (das Buch) ist von mir gestellt worden; *pila isukain nengka ibetas kuseka?* how much do you want to take me to the other side of the river? (für wieviel wird es von dir zugestanden, daß ich den Fluß hinüberfahre?).[1]

Die Konstruktion *binilangku*[2] ich habe gezählt (Gw. *bilang*) ist also in Magindanao eine entleerte Form, da *-in-* als allgemeiner Hinweis nach Agens und Patiens seine Bedeutung verloren hat, nur der spezielle Hinweis (*-ku*) bleibt übrig.

Im Aktiv ist *-in-* ebenfalls Zeichen des Perfektums. Was das Durativ betrifft, so findet man nebeneinander: *mina-*, *na-*, dialektisch *mia* (das *n* ist weggefallen); im Aorist kann *-in-* *-um-* entweder folgen oder vorangehen, z. B. von *lutad* Gw. von hinuntergehen, *lumutad*, *linumutad*; von *dado* Gw. von pflügen, *dumado*, *duminado*, auch hier fällt dialektisch das *n* weg: *sumiurat* statt *suminurat*, Gw. *surat*, daneben: *sinumulat*.[3]

Im Sangiresischen im Passiv ist *-in-* Präteritum von *-ang*, *-eng*, *-ĕng* (**-ĕn*, **-an*[4]), und, wie es scheint, auch von *i-*.[5]

Im Aktiv wird *-in-* ebenso als Zeichen des Präteritums gebraucht.[6] Die Durativpräfixe *ma-*, *mĕ-* usw. werden *na-*, *nĕ-* usw. Im Aorist wird *-in-* vor *-um-* eingeschoben und weiter zu *-im-* kontrahiert.[7] Ist der Aorist eine abgekürzte Form, wie *mate* für **pumate*, aus *pate* der Tod, so wird diese als Grundwort betrachtet und *-in-* hinter dem Quasi-Anfangskonsonanten eingeschoben: **minate*, wiederum abgekürzt zu *nate*; gleichfalls: von *olo* Gw. von waten, **umolo*, *molo*, **minolo*, *nolo*.

In Tombulu kommen die drei Passive *i-*, *-ĕn* (*-an*) und *-in-* nebeneinander vor. Von den beiden ersten haben wir im Kapitel II

---

[1] Juanmartí, o. c., p. 32—34, 57.

[2] Ebenda, p. 33.

[3] Ebenda, p. 25—27.

[4] Oben p. 26, 27.

[5] Adriani, Sang. spr., p. 86.

[6] Ebenda, p. 106.

[7] Ebenda, p. 145.

und III Beispiele gegeben; Beispiele des *-in*-Passivs sind folgende: *si Mamanua winunu ni Lumalungdung*[1] M. ist von L. getötet worden; *wunu* Gw. von töten; *rinĕmuannu-mo um pahalĕmaĕngku*[2] mein Pinang (zum Betelkauen) ist (mir) von dir gestohlen worden; *rĕmu* Gw. von stehlen.

Was die Perfekta betrifft, so ist *-in-* an sich schon meistens (neues) Perfektum. Niemann gibt nur ein Beispiel von imperfektivischem Gebrauch: *sa aku sinaru-mijokan*[3] wenn ich von dir begünstigt werde, oder: werden soll; *saru* Tont. Vorderseite, Angesichtsseite, Tb. *idem, kasaru* andere Seite (Texte, p. XXXII), *ipahasaru* werde gebraucht gegen (Texte, p. XXXII), der Sinn des Satzes ist also: wenn du meine Seite hältst, oder: halten wirst. Ganz wie in Tontemboan ist *-in-* also ungefähr auf das Perfektum beschränkt.

Das *i*-Passiv bildet ein altes Perfektum durch Voranstellung von *nimei-* oder *mei-*. Beispiele: *sijang gumĕnang u meikua ni kalona*[4] er dachte an das, was sein Freund gesagt hatte; *meikua* statt *mei-ikua* kann eine fahrlässige Orthographie sein, jedoch ist es auch möglich, daß die beiden aufeinanderfolgenden *i* zusammenfallen, wie in Tontemboan.

Das *-ĕn*-Passiv kann sich auf die Zukunft und die Vergangenheit beziehen, doch weicht es im Perfektum dem Infix *-in-*, es kommt also vor, daß der *-ĕn*-Form die Bedeutung eines Passé défini beigemessen werden muß, z. B. *woan wunuĕnna si kekekou itii woan sĕraĕn*[5] und der *kekekou* (eine Art Vogel) wurde von ihm getötet und aufgegessen.

Die Bildung des Perfektums in Tombulu im Passiv läuft also der in Tontemboan parallel. Im Aktiv ist dies anders. Das Durativ kennt das alte Perfektum mit Präfix *ni-*, aber dessenungeachtet wird auch das Infix *-in-* als Perfektumzeichen im Aktiv, namentlich auch im Durativ, angewandt. Man findet sogar die Formen *nima-* und *mina-*

[1] Niemann, o. c., p. 59—60.

[2] Niemann, o. c., p. 59—60.

[3] Ebenda, p. 59, Fußnote.

[4] Ebenda, p. 58.

[5] Ebenda, p. 66.

nebeneinander, z. B. *kai nimakailĕk si kekekou, takar kai minakailĕk am bene*[1] nachdem wir den *kekekou* bekommen hatten, (darauf) bekamen wir Reis; *ilĕk* Gw. von sehen, *makailĕk* zu sehen bekommen, ausfinden, bekommen; *kai* da; *takar* seitdem, von dem Augenblick an. — *kimua kamu en sijam bija kan ja kita ing kiman wo nimĕlĕp, reimo minatiruw an rurumĕran ja mei tarekan sija imbijamo nimatiruw-o an rurumĕran*[2] ihr habt gesagt, daß sie wieder hier ist, und wir haben gegessen und getrunken, aber die Sessel füllten sich nicht, erst jetzt, als sie hier ist, haben die Sessel sich gefüllt; *tiruw* Gw. von voll werden. — In diesen beiden Sätzen wird ein Unterschied zwischen *nimakailĕk* und *minakailĕk*, zwischen *nimatiruw* und *minatiruw* gemacht; die *ni*-Formen sind Perfektum und Plusquamperfektum, gehören also zum Gebiete des alten Perfektums, aber weil sie jenseits orientiert sind, können sie nicht eine sich vollziehende Handlung darstellen. Das kann nur das neue Perfektum kraft seiner das Passé défini einschließenden Bedeutung; es ist zu beobachten, daß die beiden mit *-in-* zusammengestellten, im Gegensatz zu *nimakailĕk* und *nimatiruw* stehenden Formen *minakailĕk* und *minakatiruw* ein Sich-Vollziehen andeuten, während die anderen von einem Sich-vollzogen-Haben reden.[3] Das letztere könnte auch von einer *-in*-Form ausgedrückt werden; daß dies nicht geschieht, daß *-in-* gewissermaßen dieses Gebiet dem Präfix *ni-* überläßt, ist eine Anweisung dafür, daß altes und neues Perfektum, obwohl sie nicht dieselbe Vision auf die Handlung geben, für das Sprachgefühl einander doch sehr nahe stehen, was einer Vermischung von *ni-* und *-in-* dienlich sein muß.

Im Aorist finden wir dafür die weiteren Beweise, die Amalgamierung ist hier schon Ereignis. Das Perfektum wird durch Infigierung von *-in-* vor *-um-* gebildet, zusammengezogen *-im-*, aber diese Form kann imperfektive Bedeutung haben, also einer *ni*-Form

---

[1] Niemann, o. c., p. 56.

[2] Ebenda, p. 56. — Für *tarĕkan* lese man: *tarekan*, vgl. Tont. *tare-pe'* heute, jetzt, bald.

[3] Vgl. *timĕrutĕrus minarĕpes un tatajuan* plötzlich brach die Schaukel, ebenda, p. 56.

entsprechen. Beispiel: *ilĕkĕnera um bata kimupit si tĕtĕrusan*[1] sie sahen den Stein, der den *tĕtĕrusan* (ein Priester) geklemmt hielt; *kupit* Gw. von klemmen.

Niemann bemerkt: ‚Wörter, die mit einem Vokal, *p* oder *w*, anfangen, können -*im*- nicht annehmen.'[2] Die Erklärung ist diese, daß, wenn ein Aorist von solch einem Wort gebildet wird, zugleich die erste Silbe wegfällt, z. B. *enne*, **umenne*, *menne*; *untĕp*, **umuntĕp*, *muntĕp*; *pusu*, **pumusu*, *musu*; *wingkot*, **wumingkot*, *mingkot*. Das Perfektum dieser Formen lautet: *nimenne*, *nimuntĕp*, *nimusu*, *nimingkot*. Die Wahl: -*in*- oder *ni*- ist also von Umständen abhängig, die nicht im Zusammenhang mit dem Unterschied in der Bedeutung des alten und des neuen Perfektums stehen, woraus erfolgt, daß sie tatsächlich vermischt sind.

Eine Nebenform von *ni*- ist *na*, in mehreren Sprachen der Philippinen vorkommend, so in Tagalog und Bisaya. Wenn *na* oder *nà* Verbalformen hinzugesellt wird, macht es diese nachdrücklicher; in dieser Funktion wird es hinter den betonten Begriff gestellt, meistens gleich darauf, doch kommt es vor, daß das Pronomen, weil es zum Verbum gezogen wird, Verbalform und die den Nachdruck betonende Partikel trennt. Beispiele in Tagalog: *nang mágising syà ay malálim nà sa hápon*[3] als er erwachte, war es schon spät nachmittags; *nahánap nà nya ang sombréro*[4] er hat schon nach dem Hute gesucht; aber auch: *nahánap ko nà ang sombréro*[4] ich habe schon usw. In Bisaya: *nakagbuhat na siya*[5] er hat schon gearbeitet; oft geht *na* mit *obus* (Jar. *wus*) oder *tapus* zusammen: *obus* (*tapus*) *na siya mamatay*[6] er ist schon tot. Der Gebrauch von *obus*, *tapus*, *na*, Tontemboan *ni*, stimmt mit der Anwendung von *huwus*, *sampun*, *tĕlas*, *hĕnti* im Altjavanischen überein.[7] Die perfektivische Bedeutung der Partikel *nà* ist in allen diesen Beispielen klar.

---

[1] Niemann, o. c., p. 55.

[2] Ebenda, p. 58.

[3] Bloomfield, o. c., I, p. 18.

[4] Ebenda, II, p. 183, § 223. Vgl. Jav. *ta*.

[5] Méntrida, o. c, p. 51.

[6] Ebenda, p. 51.

[7] Kern, V. G. VIII 258.

Es scheint mir, daß *na*, *ni* nasalierte Formen von *ta*, *ti* sind, die bekannten Partikele, deren Bedeutung am besten mit ‚die Grenze überschritten, jenseits der Grenze' wiedergegeben werden kann, die einmal wohl auch selbständige Wörter gewesen sind. So lassen sich auch Wörter wie *ni ito'* weiland Oheim, *ni Agu*[1] weiland A. und der Gebrauch von *ni-* beim Komparativ[2] erklären; wenn sie mit Verbalformen zusammengesetzt sind, wird die Bedeutung: die Grenze überschritten habend, jenseits der Grenze seiend, vorbei, schon.

V. Schluß.

Im vorigen Kapitel ist von mehreren Sprachen die Rede gewesen, welche das *-in-*Infix auch dazu verwenden, im Aktiv das Perfektum oder Präteritum zu bezeichnen, sowohl im Durativ als im Aorist. Es gibt andere, die das Infix nur im Durativ gebrauchen. Zur ersten Gruppe gehören: Tagalog, Bikol, Bisaya, Iloko, Ibanag, Pampanga, Bontok, Magindanao, Sangiresisch, Tombulu und weiter: Bantik, Bentenan, Talaut, Gorontaloisch, Bolaang Mongondow, Favorlang (Formosa);[3] zur zweiten Gruppe: die parigi-kaïlischen Sprachen, die tominischen Sprachen der Nord- und Westküste der Tomini-Bucht und der Südküste bis 120° 30′ ö. L. zwischen Linduisch im Westen und Napuisch im Osten, derart, daß die westlichen *-in-* im Durativ kennen, die östlichen nicht.[4]

Das Tontemboanische gehört weder zur einen noch zur anderen Gruppe, weil es im Aktiv ausschließlich *ni-* kennt, und zwar als Zeichen des alten Perfektums, doch neigt dieses dazu, abgeschwächt zu werden, oft ist es zu *i-* verschrumpft, und auch dieses *i-* wird bisweilen kaum vernehmlich ausgesprochen.[5] In den Ost-Toradja-Sprachen, von Napu nach Osten, ist keine Spur davon zu finden.

Tombulu ist auf dem Scheidewege zwischen Tontemboan und den anderen Sprachen, denn es gebraucht *ni-* und *-in-* durcheinander.

---

[1] Tontemb. spr., p. 179.

[2] Ebenda, p. 153.

[3] Ebenda, p. 151, 181.

[4] Ebenda, p. 182.

[5] Ebenda, p. 184.

Das oben vom Tombulu Gesagte stützte sich auf Niemanns Abhandlung; diese gab eine Skizze der Sprache, wie sie vor ungefähr siebzig Jahren war, die Beispiele sind alle den dort angeführten, aus derselben Zeit herrührenden Texten entnommen. Etwa ein halbes Jahrhundert später hat sich die Sachlage geändert. Der Dialekt von Tara-tara bildet nun das Präteritum der *maha*-Gruppe[1] mit *ni-*, also *nimaha-* usw., der Dialekt von Tomohon und Kakaskasĕn mit *-in-*. Was den Aorist betrifft, so hat man dieselbe Scheidung bei den abgekürzten Formen (*menne* aus *enne*, *musu* aus *pusu* usw.), also: Tara-tara *nimuntĕp* = Tomohon-Kakaskasĕn *minuntĕp*.[2] Das Zeichen des Perfektums des *i*-Passivs (*nimei-*) hat in Tara-tara diese Form behalten, in Tomohon-Kakaskasĕn wird sie konsequent in eine *-in-*Form verwandelt: *minei-*. Im letzten Gebiete hat *-in-* also *ni-* gänzlich verdrängt. In Tara-tara hingegen lebt *-in-* nur, mit *-um-* zu *-im-* zusammengezogen, versteckt fort, ist sonst dem Präfix *ni-* gewichen. Die Vermischung beider Partikeln hat also in beiden Dialekten zu einem gerade umgekehrten Ergebnisse geführt; es folgt aus dieser Entwicklung weiter, daß, wenn einmal angefangen, die Vermischung sowohl auf den ausschließlichen Gebrauch von *-in-* als von *ni-* hinauslaufen kann.

Es wird von der Bare'e-Sprache gemeldet, daß sie einmal *-in-* als Infix bei den *-um*-Formen gekannt hat, trotzdem gehört das Bare'e zu den östlichen tominischen Sprachen, welche *-in-* nicht im Aktiv anwenden. Würde also der Gebrauch nur im Passiv dem in Aktiv und Passiv gefolgt sein? Dies wäre im Widerspruch mit dem Entwicklungsgang, wie oben angeführt.

Adriani hat Beweise des ehemaligen Gebrauchs von *-in-* + *-um-*, zu *-im-* zusammengezogen, im Bare'e angeführt. Heutzutage ist *-in-* nur noch im Passiv erhalten, aber die große Mehrheit der passivischen *-in*-Formen sind Substantive, die Bildung von Verba mit *-in-* hat aufgehört.[3] Hieraus folgt, daß *-in-* einmal in Aktiv und Passiv

---

[1] Wahrscheinlich sind hier alle die mit *ma-*, *maha-*, *maka-*, *mapa-*, *maki-*, *mĕki-*, *miki-*, *ma — — -an* gebildeten Formen gemeint.

[2] Tontemb. spr., p. 181.

[3] Ebenda, p. 183 ff.

gebräuchlich war, aber jetzt zu einem toten Infix herabgesunken ist. Das Bare'e hat also zur westlichen Gruppe der tominischen Sprachen gehört, ist aber durch Verarmung abgefallen. Dasselbe kann bei anderen Sprachen in der Gegend der Fall sein.

In Tontemboan aber verhält sich die Sache anders. Hier hat *-in-* noch immer deutlich passive Bedeutung und geht nicht über die Grenzen des Passivs hinaus. Daneben ist eine perfektivische Nebenbedeutung im Zunehmen begriffen. Den Sprachen gegenüber, die *-in-* ins Aktiv übertragen haben, vertritt das Tontemboan ein altertümliches Stadium.

Passive Bedeutung ohne weiteres hat *-in-* in Batak und Altjavanisch. In Atjeh ist die mit *-eun-* (aus *-in-*) gebildete Form Partizipium Passivum Perfektum; sie wird meistens als Nomen gebraucht, kommt jedoch auch als Attribut oder Verbalform vor. Nomen: *taguën* kochen, *teunaguën* das Gekochte; *peugèt* machen, *peuneugèt* das Gemachte. Attribut: *teumpat neurabé* Weide, aber: *neurabé* das Weiden (Geweidet werden); *ië neuradjah* besprochenes Wasser. Verbum: *hana gèt peunalèë* nicht gut eingeschlagen (von Nägeln); *tueng meuneunang pagé dudòë*[1] bekommen wir schließlich den Sieg (passiv).

Weil der *i*-Bestandteil des Infixes auf den Agens hinweist und dieser u. m. das Instrument, mit dem die Handlung verrichtet wird, sein kann, so muß man darauf gefaßt sein, diese Instrumentalbedeutung in der *-in-* (*-eun-*) Bildung wiederzufinden. In Atjeh ist dies tatsächlich der Fall, z. B. *bantu* helfen als Bundesgenosse, *beunantu* der oder das, mit dem geholfen wird, Helfer, Verstärkung von Bundesgenossen; *teumpang* stützen, *teuneumpang* womit gestützt wird, Bambuslatte; auch das schon genannte *teumpat neurabé* gehört hierzu. In anderen Sprachen kann *-in-* auch instrumentale Bedeutung haben, z. B. in Tagalog.

In Fidji kommt *-in-* als Infix vor in den Wörtern *vinaka* gut, zu gebrauchen, nützlich; *dinau* im Tausch, käuflich. Ersteres ist von *vaka*, Altjav. *paka* gebrauchen, und identisch mit Altjav. *pinaka*

[1] H. T. Damsté, *Hikajat Prang Sabi* r. 654 in: Bijdr. Kon. Inst. 84, p. 694.

gebraucht als, zu etwas dienend; *dinau* ist Altjav. *dinwal* zu Tausch(en), getauscht, verkauft, von *dwal.*[1] Beide Formen haben passive Bedeutung. Wenn es erlaubt ist, aus diesen wenigen Resten auf das, was die Sprache einst besessen hat, einen Schluß zu ziehen, so würden die austronesischen Sprachen vor der Abtrennung jener Gruppen, welche in Fidji und den Sprachen Polynesiens schließlich ihren letzten Ausläufer gefunden haben,[2] das Infix *-in-* und folglich auch Präfix *i-* und Suffix *-ĕn* als Zeichen des Passivs schon besessen haben, und so ist es in den westlichen Sprachen, wozu Batak, Altjavanisch und Atjeh gehören, geblieben.

Die Sprachen der philippinischen Gruppe, an erster Stelle die Sprachen der philippinischen Inseln, aber weiterhin auch die der nördlichen Hälfte Celebes' — man kann hier nur sehr im allgemeinen reden —, haben *-in-* weiter zum Zeichen des Perfektums oder Präteritums entwickelt, in diesem Prozeß sind sie mehr oder weniger weitgegangen.

Hinsichtlich der Tatsache, daß diese Entwicklung von *-in-* sich auf die philippinische Gruppe[3] beschränkt hat, die — *grosso modo* — westlichen Sprachen, deren Exponenten heutzutage u. m. Batak, (Alt-) Javanisch, Atjeh sind, den älteren Typus eines reinen Passivs bewahrt haben, kann man nicht umhin anzunehmen, daß letztere Sprachen nicht unmittelbar denen der philippinischen Gruppe entstammen, sondern vielmehr ihren Weg längs des philippinischen Archipels, von einem entfernteren Ausgangspunkt aus, genommen haben oder aber, wenn die beiden Teile einmal in innigem Zusammenhang gestanden hätten, die Entwicklung des *-in-*Infixes in die Richtung eines Zeichens des Perfektums in der philippinischen Gruppe erst eingesetzt hat, nachdem die heutzutage westlichen sich abgezweigt hatten.

Das Einheitliche des Ereignisses innerhalb der philippinischen Gruppe zwingt weiter zu der Annahme, daß innerhalb der Gruppe

---

[1] Kern, V. G. IV 276; V 34, 91.

[2] Ebenda, IV 247.

[3] Merkwürdigerweise zeigt Malagasy dasselbe.

mehr grammatische Neubildungen (von phonetischen Abänderungen abgesehen) sich entwickelt haben können, seitdem sie ihren eigenen Weg ging. Ist dem wirklich so, so kann die Ansicht, als seien die westlichen Sprachen nur verkrüppelte Sprossen der in üppiger Blüte stehenden philippinischen Sprachen, nicht ohne Vorbehalt angenommen werden.

A rhythmic law in language.

By

W. Caland, Utrecht.

There is an important rule in Pāṇini (II. 2. 34), which states that when a copulative compound, a dvandva, consists of two words of an unequal number of syllables, the word of fewer syllables must precede: *alpāctaram* sc. *pūrvam*. That this rule, which has been overlooked by many a Western scholar, was prevalent at the time when the Brāhmaṇas were a living literature, can be proved. I collected the following examples, where the sequence of the words, caused by this rhythmic law, is in contradiction with their logical or natural order: only these can prove that this law formerly prevailed.

1. *darśapūrṇamāsau*; this should be translated: "the sacrifices of full- and of new-moon." The commentary on Vaikh. gṛhs. I. 1 remarks on this compound: *alpāctaraṃ pūrvaṃ nipatatīti paścātprayogiṇo 'pi darśaśabdasya pūrvanipātaḥ*: "although the sacrifice at new-moon occupies the second place, it precedes (in this compound), in accordance with the rule formulated by Pāṇini." That the sacrifice at new-moon is regarded as occupying the second, not the first place, is distinctly stated by Baudhāyana in his pitṛmedhasūtra (I. 1): *athemau darśapūrṇamāsau pūrṇamāsyupakramāv amāvāsyāsaṃsthāv ācāryā bruvate*: "the Teachers say that the darśapūrṇamāsa sacrifices begin with full-moon and end with new-moon."

2. *yājyānuvākye* should not be translated as is mostly done: "the yājyā and the anuvākyā," or "prières d'offrande et d'invitation," but: "anuvākyā and yājyā," because the *anuvākyā ṛk*, as the verse

by which the god is invited to partake of the sacrifice, precedes the verse which serves to accompany the libation: the *yājyā ṛk.*[1]

3. *sadohavirdhāne*; when it is ordained that these two sheds must be erected, the havirdhāna must be constructed in the first place and afterwards the sadas, see the references e.g. in Caland-Henry, L'Agniṣṭoma §§ 87 and 89.

4. *bṛhadrathantare* should be rendered: "the rathantara and the bṛhat," because the rathantara-chant is considered as coming first and the bṛhat as coming second. That such is the case, can be proved by the sequence of the verses in the pūrvārcika of the Sāmaveda: here the *yoni* of the rathantara comes first (SV. I. 233), and afterwards that of the bṛhat (SV. I. 234).

5. *vaiśyarājanyau* is a very striking example; this compound is found in Hiraṇyakeśiśrautasūtra VIII. 19 (page 882 of the Ānandāśrama edition). On the sūtra: *na vaiśyarājanyayoḥ somabhakṣaṇaṃ vidyate* ("a Rājanya and a Vaiśya do not partake of soma") the commentator remarks: *alpāctarād vaiśyaśabdasya pūrvanipātaḥ*: "in accordance with the rule formulated by Pāṇini the word *vaiśya* occupies the first place."

6. *śūdrāryau* is the most striking example. It occurs several times: *śūdrāryā asṛjyetām* ("the Ārya and the Śūdra were created") Kāṭh. XVII. 5; *śūdrāryau carman vyāyacchete* ("an Ārya and a Śūdra contend about a piece of leather") ib. XXXIV. 5 and Pañc. br. V. 5. 14, cp. TBr. I. 2. 6. 7: *brāhmaṇaś ca śūdraś ca carmakarte vyāyacchete.* According to J. Wackernagel, Altind. Gramm. II. 1, pages 166, 167, this sequence would be an exception to another rule laid down in a vārtika, which crosses the above mentioned one, but without the least doubt this striking sequence is to be explained by assuming that *ārya* is trisyllabic: *āriya*, and therefore the shorter *śūdra* precedes.

---

[1] A. Hillebrandt, Neu- und Vollmondsopfer, page 108, says: "Sowohl Prayoga als H. verwenden den ersten Vers als Anuvākyā, den zweiten als Yājyā, nicht, wie man nach dem Ausdruck *yājyānuvākyā* erwarten sollte, umgekehrt." Hillebrandt cannot have been acquainted with Pāṇini II. 2. 34.

7. *udbhidvalabhidau* is the compound name of two one-day sacrifices of soma, which are performed connectedly. In the Pañcaviṃśabrāhmaṇa the description of the udbhid comes first, but in the Jaiminīyabrāhmaṇa the valabhid precedes, and this must have been the right and original view: first the cave which contained the cows of the Asuras was destroyed, and thereupon the cows were set free: *te valabhidaiva valam abhindam udbhidā gā udasṛjanta* (Jaim. br.).

8. *satrājitpṛtanājitau* is the name of another pair of one-day sacrifices of soma, of which, according to Jaim. br. II. 91, the first is pṛtanājit, the second satrājit.

9. *śyāmaśabalau* (Jaim. br. I. 6, Kauṣ. br. VI. 9) means: "Śabala and Śyāma," as is proved by the words of the brāhmaṇa itself; they are equal to *ahorātre*: *ahar vai śabalo rātriḥ śyāmaḥ.*

10. *ājyabahiṣpavamānam* in Ārṣeyakalpa II. 8 means "out-of-doors(laud) and ājya(laud)s." In practice the bahiṣpavamānastotra always precedes.

11. *ṛṣabhajarābodhīye* are in Ārṣeyakalpa VII (page 100 of the edition) the names of two sāmans, which, as appears from ib. page 98, in their regular order are jarābodhīya and ṛṣabha.

12. *pāpavasīyasam* or *pāpavasyasam*: "good- and bad-being" (lit. "bad- and better-being"), used in the sense: "a confusion of things." The shorter word precedes, although it ought naturally to occupy the second place, as is proved by the following passage: *pāpavasyasaṃ vā etat kriyate yac chreyasā ca pāpīyasā ca samānaṃ kurvanti* (TS. V. 1. 2. 2—3): "it is a confusion of things, when they perform the same (act) with a better and a worse (instrument)."

13. In the Kāṭhakagṛhyasūtra (47. 10) we read: *sviṣṭakṛd-ājyabhāgā antareṇāvāpaḥ*, which can only mean: "the insertion takes place between the butter-portions (*ājyabhāga*) and the (libation to Agni) sviṣṭakṛt," because in practice the offering to Agni sviṣṭakṛt comes later than that of the two ājyabhāgas. To the author of this text the word *sviṣṭakṛt* was apparently trisyllabic.

14. *ūnātirikta*: "plus and minus" (lit. "minus and plus") may be regarded in the light of this rule; why, else, should the idea of "defective" precede and that of "redundant" come behind?

15—16. Subject to the same rule seem to be such compounds as *strīpumāṃsau*: "female and male" ("male and female"), *kanyākumārau*: "a girl and a boy" ("a boy and a girl").[1]

This kind of nominal composition, which is so current in Sanskrit and probably belonged to the common stock of Indo-european, is found only sporadically in the other languages belonging to the same family.

First of all some remnants are found in the Avesta; the dvanda-compounds have been collected by Justi in his Handbuch der Zendsprache, page 378, and by Bartholomae in Bezzenberger's Beiträge Vol. X, pages 267 sq. But the rule which is prevalent for the oldest Sanskrit does not hold good everywhere in the Avesta texts: side by side with *miϑra ahura* we find *ahura miϑra*; once a dvandva *zāmātara xᵛasura* occurs. But there is one striking example where

[1] There are two more dvandva-compounds to which I would draw special attention. The first is *dyāvāpṛthivī*. Does the sequence of the two members agree with their natural order, and is and was it in the oldest times: "Earth and Heaven" or "Heaven and Earth"? This seems impossible to decide. We only remark that in the Avesta and the inscriptions of Darius and Xerxes the earth regularly comes first: *antarə ząm asmanəm ca*; *auramazdā hya imām būmim adā hya avam asmānam adā*.—The second is *prāṇāpānau*. It is certain that *prāṇa* or expiration in our sources always comes first and *apāna* or inspiration occupies the second place. But could not originally the sequence in the compound have been caused by our rhythmic rule, so that we ought to take as first: inspiration and as second: expiration? It is usually accepted that *vyāna* comes between these two. The current translation: "cross-breathing" conveys no meaning. But if *vyāna* designates the vital air "which circulates or is diffused through the body" (Monier-Williams, and cp. B. R.), it is acceptable that *vyāna* is the state in which the lungs are filled: between inspiration and expiration. This explanation seems to agree with a remarkable passage in the Baudh. śrs. (X, 39 : 37, 20): *prāṇyāpāniti sa vyānaḥ*: "after having exhaled he inhales, that (viz. the state of the lungs which then follows) is vyāna."—These remarks are only suggestions.

the rhythmic law holds good: *antarə aēϑrya aēϑrapati*: "between pupil and teacher"; both nouns are accusative dual. Here apparently the sequence rests on that older law: the shorter word precedes, as is proved by the comparison of many other passages, where the words, not compounded as a dvandva, occur in their natural order: *aēϑrapatinąm aēϑryanąm*. The old system of forming compounds is replaced by means of the copulative particle, and so we find e.g. in the Avesta *strī-ca nairyas-ca* ("a female and a male") Vend. II. 41, V. 18, &c., which may be compared with Skt. *strīpumāṃsau*; when the words occur separately, they are given in their natural order, and then *nairya* is mentioned first and *strī* in the second place, as e.g. Vd. VIII. 58: "when it is a male, then ...; but when a female, then ..."—In the inscriptions of Darius (Bh. I. 30) Bardiya is said to have been *hamātā hamapitā* with Kambyses: "of the same mother (and) of the same father." Here probably the mother is mentioned first, because the word *hamātā* (though it is etymologically explained as *hamamātā*) is the shorter of the two.

If we now look out for the same rhythmic phenomenon in other languages belonging to the Indo-european family outside Indo-iranian,[1] we find that dvandva-compounds, just as in Avestan and Old-Persian, are disappearing.

In Greek we have νυχθήμερον and a few others, in Latin *suovitaurilia*, an adjective derived from a dvandva. None of these two can with certainty be cited to prove that in these languages the rule still prevailed, because in νυχθήμερον the shorter word can be said to precede, as at least the peoples belonging to the Indo-european family of languages began their reckoning with night, not with day. As for *suovitaurilia*, the sources where this rite is described as well

---

[1] This part of my subject has partly been treated (or rather mentioned) very shortly and in a nearly inaccessible paper by J. Wackernagel. See also Behaghel in Indog. Forsch. Vol. XXV, pages 100 ff. and W. Krause in Kuhn's Zeitschr. f. vergl. Sprachforschung Vol. L, pages 74 ff., especially 112. These three treatises, where languages belonging to the Indo-european family are treated, came under my eyes after I had written my paper.

as the figured monuments are at variance.[1] It is, however, probable that the biggest animal, the bull, came first, and that the boar was mentioned in the first place, because *sus* is shorter than *taurus* and *ovis*. In *Veneres cupidinesque* of Catullus we may probably see a pluralized dvandva of the type *pitarā mātarā ca* (see Indog. Forsch. Vol. XIV, page 31; XVII, page 442), but here the precedence of the shorter word is obviously due to the fact that Venus is the principal deity of the two.

From no other Indo-european languages dvandva-compounds can with certainty be cited to prove the rule: they are, as partly already in Avestan, nearly always replaced by the juxtaposition of the two words by means of the copulative particle. But it seems that here on the whole the same principle of word-arrangement prevails which in the oldest Sanskrit prose is found as a rule.

As for the classical languages, a thorough investigation of this matter would require too much time, so that I must content myself with a few remarks. At first, I could not find any case which, like the above-cited dvandvas of the oldest Sanskrit, seemed apt to prove the rule. But then it occurred to me that by a scholar of classical languages such cases would be regarded as specimens of ὕστερον πρότερον. So I appealed to my friend Dr. C. W. Vollgraff, Professor of Greek at our University (without revealing to him why I wanted instances of this word-arrangement!), and he was kind enough to search for such cases in prose texts (as poetry would not prove anything). He came across the following instances: τὴν Ἐρεχθέως τροφὴν καὶ γένεσιν Xen. Comm. VII. 5. 10; τὴν τροφόν τε καὶ τὴν μητέρα Plato, Resp. page 470. d; by the last words somebody's birth-place is designated.—Thus here the shorter word precedes, although the logical sequence would require the reverse. We hereby see that the ὕστερον-πρότερον-position is probably to be explained by this rhythmic rule.—Further, in both the classical languages the cases are

[1] In Odyssey XI. 10 the sequence of these three sacrificial animals is: ἀρνειός, ταυρός and καπρός, but no conclusion can be drawn from this, as the metre can have influenced the sequence.

numerous where the shorter word precedes. To begin with some pairs of proper names, we have Castor and Polydeukes, Harmodios and Aristogeiton, Datis and Artaphernes, Damon and Phintias, Zetes and Kalaïs, Anapos and Amphinomos, Hero and Leandros, but, on the other side, Kleobis and Biton, Amphion and Zethos. From Herodotus may be cited δόλος καὶ ἀπάτη, ξεινίη καὶ συμμαχίη, οὖρος μέγα τε καὶ οὐνομαστόν, γῆν τε καὶ ὕδωρ, βρονταί τε καὶ πρηστῆρες, γῆ τε καὶ θάλασσα, &c. From Latin prose authors many similar examples are at hand: *sine ira et studio, domi militiaeque, ius ratumque, furta atque flagitia.* Wölfflin in Arch. f. lat. Lexicogr. Vol. III, page 443, gives many examples where the shorter word precedes: *aedes aedificiaque, acre acutum, cantus et carmina, auctor adjutor.*

From modern languages a kind of proof can be adduced by Dutch *maten en gewichten*, Fr. *poids et mesures*, as against Engl. *weights and measures*; by Fr. *l'état et l'église* as against Dutch *kerk en staat*; by Dutch *vraag en aanbod* as against German *Angebot und Nachfrage.* From Dutch many phrases can be cited, such as: *bij tijd en wijle, bij nacht en ontij, ja en amen, met vlag en wimpel, kap en keuvel, hangen en verlangen, met kunst en vliegwerk, voor spek en boonen, tekst en uitleg, gewikt en gewogen, klop en klepel, zon maan en sterren* (but: *voor een appel en een ei, have en goed*). A modern Dutch writer entitled his novel: "Eer en geweten" and Mrs. Hille-Gaerthé her novel: "Kool en rozen," although, as appears from the contents, the roses come first and the cabbage afterwards. Of Cremer we have a novel: "Boer en Edelman," which title reminds us of *śūdrārya.* In geographical names the shorter one often precedes: "Spanje en Portugal," "Zweden en Noorwegen," "Napels en Sicilië" (the old kingdom), "Houtrijk en Polanen." Likewise in combination of names of persons: "Erckman-Chatrian," "Wolff en Deken." Beside the pairs where the man is named first, as "Floris ende Blancefloer," "Kobus en Agnietje," we have "Ada en Rynout" (Staring), "Urzijn en Valentijn" (Bilderdijk).—In German we have: *fix und fertig, in Bausch und Bogen, gang und gäbe, Land und Leute, Art und Weise, Grund und Boden, Wind und Wetter, Schimpf und Schande, nie und nimmer, für und wider, Kind und Kegel,* &c. —In English there is a whole literature on this subject. Whilst O. Jespersen in his "Growth and Structure of the English Language" page 233 (§ 235) adduces many examples, considering this sequence as normal, Prick van Wely in "Englische Studien" (Vol. 39 and 45) cites many cases to prove that the reverse position also occurs often.— From Russian may be cited: *Departament měr i věsov* ("department of measures and weights"); *Cerkov' i gosudarstvo* ("church and state"); *spros i predloženie* ("demand and supply"); *čest' i sověst'* ("honour and conscience"); *za straχ i sověst'* ("for fear and conscience's sake"). So it seems that for the languages of the Indo-european family we may say that, in olden times, this sequence must have been a kind of rule, but that in later times the same principle may be said to be no more than preponderant.

If we now turn to some languages outside the Indo-european family, Basque is very striking. In Indog. Forsch. Vol. XVII, pages 436 ff., C. C. Uhlenbeck has made a collection of dvandva-compounds in Basque. So far as these dvandvas contain a shorter and a longer word, the shorter word precedes: *askazi-adiskideak* (*askazi* + *adiskida*): "relations and friends"; *buru-beharriak* (*buru* + *beharri*): "head and ears"; *goiz-arratsak* (*goiz* + *arrats*): "mornings and evenings"; *oin-eskuak* (*oin* + *esku*): "feet and hands," &c. Among the compounds cited by Uhlenbeck there is only one exception: *zeru-lurrak* (*zeru* + *lur*): "heaven and earth," and this exception may have its special cause.

Now the Semitic languages. At my request my colleague Prof. Obbink looked through some Hebrew, Assyrian and Arabic texts, and the result of his investigation is that in the Ḳorān he did not meet with any exception: the shortest word always precedes: *alfukarā walmasākinā*: "paupers and poor people"; *alkuffarā walmunāfikun*: "infidels and hypocrites"; *biddabri wassalawti*: "with perseverance and prayer"; *jahudu wanasāra*: "Jews and Christians." From Hebrew the two following are striking: *šôr waḥamōr, ṣōn-wᵃʿèbed*: "oxen and asses, flocks and men servants" (Gen. 32. 5);

ṣōnē wa-alafīm: "sheep and oxen" (Ps. 8. 7); further: *hōn wa-ōšer*: "wealth and riches" (Ps. 112. 3); *ḥakim u mišpāṭīm*: "statutes and judgments" (Deut. 4. 5); *jebōšu wa jibāḥalu*: "ashamed and vexed" (Ps. 6. 11); *libbōt u kelayōt*: "hearts and reins" (Ps. 7. 9); *jiš'i u kebōdi*: "my salvation and my glory" (Ps. 62. 7); *kōṣ we-dardar*: "thorns and thistles" (Gen. 3. 18).—From Assyrian: *bušu u makuru*: "goods and possessions"; *Laḫmu u Laḫamu*: names of two Demons.

Among the languages belonging to the Finno-Ugrian group it is especially Magyar where dvandva-compounds occur. Some examples may be adduced, where the shorter word precedes: *ár-apály*: "flux and reflux"; *fel-alá*: "up and down"; *fúr-farag*: "he carves" (*fúr*: "he bores," *farag*: "he cuts"); *pör-patvar*: "quarrel" (*pör*: "strife," *patvar*: "contention"); *bús-komaly*: "melancholic" (*bús*: "sad," *komaly*: "serious").—An investigation of Vogulian, which is one of the languages belonging to the Finno-Ugrian group, might yield more examples, see the short article of M. Szilasi in Indog. Forsch. Vol. XVII, page 442.—As for Turkish, I may be allowed to cite a passage from a paper by Dr. Foy in Mitth. des Seminars f. Or. Spr. Vol. II², page 117: "Entweder sind beide Glieder von derselben Silbenzahl oder aber das erste Glied ist einsilbig und das zweite zweisilbig. Abgesehen von einigen wenigen Verbalstämmen kommt es nie vor, daß das einsilbige Glied hinter dem mehrsilbigen stünde, daher wohl *dere tepe*: ‚Thal, Hügel', aber *day dere*: ‚Berg, Thal', nicht *dere day*."—From Mongolian the following example is to hand: *yarqu oroqui* (Kovalevski, Dict. Mongol-russe-français, page 2615), lit.: "expenses and receipts," but we would say: "receipts and expenses." More examples may be found.

For the Javanese language we learn from the "Javaansche Spraakkunst" by H. N. Kiliaan (from the year 1919), § 192, that two or more connected words, which figure as members of a compound, are subject to a fixed arrangement: the monosyllabic word precedes the disyllabic word, then comes the trisyllabic word, e.g. *gagah prakosa*: "brave and mighty"; *satiti ngati-ati*: "precise and cautious"; *mas pitjis radja-brana*: "gold, money and treasures"; *sakti mandra-guna*:

"mighty and very apt"; *godegwoq simbar-dada*: "with a beard and breast-hairs"; *kumĕntus norà-pĕtjus*: "conceited and stupid." Compound proper names are treated in the same manner: *Santa-prawira, Djaja-sĕntika, Truna-mĕnggala.*

From Malay a great many examples are to be found. A few may suffice: *anak istĕri*: "woman and children"; *mara bĕhaja*: "grief and peril"; *hamba sahaja*: "servants and slaves"; *padang bĕlantara*: "plains and forests"; *derma sedekah*: "alms and charity"; *boedi bitjara*: "judgment and counsel"; *derma karoenia*: "compassion and commiseration."

From the material here collected we may with some probability infer that this rhythmic law once prevailed all over the earth, that it was, and still partly is, latent in every man. Especially the comparison of the oldest Sanskrit with Basque, Magyar, Turkish and Javanese goes far to prove that this law is a general one.

It would be interesting to study the various causes which cross the rule. Here every case must be considered by itself. For this, one example: the Syriac version of the Pañcatantra bears the name: Kalilag wa Damnag, the Arabic version is entitled: Kalīla wa Dimna. Here the longer word precedes, but, as we know, the two names rest on Sanskrit Karaṭaka and Damanaka. So the original sequence prevailed.[1]

[1] It is a pleasure to express my indebtedness for part of the cited material to my friends and colleagues J. Gonda, P. U. Harting, G. van Hoorn, A. J. de Jong, J. H. Kern, H. Th. Obbink, J. Rahder, C. C. Uhlenbeck, C. W. Vollgraff, A. J. Wensinck.

On the relative chronology of some ritualistic sūtras.

By

W. Caland, Utrecht.

It is a well known fact that the Mānavaśrautasūtra on the one side and the śrautasūtras ascribed to Apastamba and Hiraṇyakeśin on the other have so much in common that we are tempted to admit, not taking into account what is taken from the brāhmaṇas, that the one may have borrowed from the other. As yet there is no indication to decide whether Āpastamba-Hiraṇyakeśin (who nearly agree) have taken this common stock from the Mānavasūtra or, vice versa, the Mānavasūtra from Āpastamba-Hiraṇyakeśin. That the view of R. Garbe, in his introduction to the third volume of the text of Āpastamba, is not well founded and worthless, has been already pointed out by Miss Dr. H. J. van Gelder in her introduction to the Cayana-book of the Mānavasūtra, p. XIII. Miss van Gelder has herself collected material to solve the question of priority, but, as she remarks, no certain proof can be brought forward: we can only say that there are many passages where borrowing is just possible. Now however, fresh material has come to light, which enables us to get somewhat farther.

Some years ago the Vārāhaśrautasūtra (at least for the greater part) has been discovered. I was allowed to inspect the copy made from the original by Paṇḍit Sāmaśāstrī and his assistants. These Paṇḍits have even gone so far as to prepare a "press-copy." We fervently hope, for the sake of Vedic literature, that this so-called "press-copy" will never be printed, because those Paṇḍits have unknowingly and unwittingly falsified the original text, by changing it so as to bring it into harmony with Āpastamba.

Now, these Vārāhas are recorded to belong to the Maitrāyaṇīyas, and a perusal of their sūtra proves that indeed it attaches itself to the Maitrāyaṇī-saṃhitā. From this sūtra I have collected a number of passages which seem to prove, with some degree of certainty, that Āpastamba and Hiraṇyakeśin have been acquainted not only with this Vārāhasūtra, but also with the Mānavasūtra.

I begin with those passages, where Āpastamba and Hiraṇyakeśin mention the view of " some " (*eke*) ritualistic authorities.

1. The assignment of the four parts into which the Agni-cake has been divided should take place according to Āp. III. 3. 3 and Hir. VI. 9 (page 517 of the edition of the Ānandāśrama series) by the Sacrificer who should say: "This (part) for the Brahman, this for the Hotṛ, this for the Adhvaryu, this for the Agnīdh." But Āpastamba also allows that either the Āgnīdhra or the Hotṛ are first mentioned. Now Hiraṇyakeśin, who in the first place ordains the same as Āpastamba, thereupon says: "According to some the fourth part is assigned in the first place to the Āgnīdhra." It is more than possible, and perhaps it is certain, that these " some " of Hiraṇyakeśin are the Vārāha-Maitrāyaṇīyas, whose text runs: *āgneyaṃ caturdhā vyuddiśed idaṃ agnīdha idaṃ brahmaṇa idaṃ hotur idam adhvaryor iti*. The sequence of these four priests is not mentioned in any brāhmaṇa known to us.

2. Twice the vedi must be closed in by three lines drawn at the east-, the south- and the north-sides. According to the Mānavasūtra (I. 2. 4. 15 and 21) the mantras used for these acts are for the first parigrāha respectively: *vasavas tvā parigṛhṇantu, rudrās tvā parigṛhṇantu, ādityās tvā parigṛhṇantu*, and this agrees with the saṃhita (MS. I. 1. 10 : 6. 5 sqq.), where these formulas are given in the first place, apparently destined for the first parigrāha. For the second parigrāha the Mānavasūtra prescribes respectively: *satyasad asi, ṛtasad asi, gharmasad asi*, and this is in harmony with the saṃhitā, where (l. c. line 7) these three formulas are given somewhat later. Āpastamba (II. 2. 3 and II. 3. 7) and Hiraṇyakeśin (I. 21 and 22, pages 149 and 153) agree with this sequence, which is based on

their saṃhitā (TS. I. 1. 9. s and u; the wording of the mantras differs slightly). The Vārāhasūtra, on the other hand, describes the first parigrāha as follows: *satyasad asīti paścārdhād udīcīṃ lekhāṃ likhaty ṛtasad asīti dakṣiṇārdhāt prācīṃ gharmasad asīty uttarārdhāt prācīm*; the second parigrāha is described in our text as follows: *parigṛhṇāti vasavas tveti paścād rudrās tveti dakṣiṇata ādityās tvety uttarataḥ* (precisely so the Vārāhagṛhyasūtra I. 7). So in this text the mantras are reversed. But now Āpastamba remarks (II. 3. 8): "According to some (ritualistic authorities) the (mantras prescribed for the) two parigrāhas are reversed (*viparītau parigrāhāv eke samāmananti*) and Hiraṇyakeśin (page 152): *viparītam eke samāmananti mantraiḥ pūrvaṃ parigrāhaṃ yajurbhir uttaram.* Hence results that very probably the *eke* of Āp. and Hir. are here also the Vārāha-Maitrāyaṇīyas. The note found in the German translation of Āp. II. 3. 8 about the Vājasaneyins is a mistake. The mantras for the first parigrāha according to the Vājasaneyins are somewhat shorter than those of the Black Yajurveda, but in substance they are the same.—For the rest we remark that the sequence of the three lines according to the Vārāhas deviates from all the other sources; the Vārāhas: west, south, north, the usual sequence is: south, west, north.

3. According to Āpastamba (V. 22. 5) the Sacrificer should on a certain occasion (the libation of the cake to Indra and Agni) present a *vara* to the four priests; this is based on MS. I. 6. 8 : 99. 17. But thereupon Āp. remarks: "according to the tradition of some (authorities) a milchcow and a bullock must be presented to them." Now, as the Vārāhasūtra ordains: *tebhyaḥ ṣāṇḍaṃ vatsataraṃ dadāti dhenuṃ ca*, the *eke* mentioned by Āpastamba are probably again the Vāraha-Maitrāyaṇīyas.

4. Āpastamba VI. 15. 1 allows, on the ground of TBr. or MS. or Kāṭh., that for the agnihotra other substances than milk may be used; amongst these he allows grains for one who is desirous of getting might; but this last substance "according to some" is adhibited for one who desires strength (*balakāmasya*). Now, as the Vārāhasūtra has: *taṇḍulair balakāmasya*, and this prescript does not occur

anywhere else, the *eke* mentioned by Āp. could here also be the Vārāhas.

5. About the treatment of the *vasā* in the animal sacrifice Āp. (VII. 25. 4 and 5) remarks: *pārśvena vasāhomaṃ prayauti, tenaivāpidadhāti; svadhitinā vā prayauti svadhitināpidadhātīty eke.* Hir. (IV. 15, page 438) has nearly the same: *svadhitinā prayautīty ekeṣāṃ pārśvenāpidadhātīty ekeṣām.* Now, as the Vārāhasūtra has: *reḍ asīti svadhitinā vasāhomaṃ prayauti,* and the Mānavasūtra (I. 8. 5. 29): *reḍ asīti vasāhomaṃ gṛhītvā pārśvenāpidadhāti,* the *eke* mentioned by Hir. (and Āp.) in the first place are possibly the Vārāhas, the other *eke* are the Mānavas. But we must note that the prescript: *vasāhomaṁ svadhitinā prayauti* occurs already in the brāhmaṇa of the Maitrāyaṇīyas (MS. III. 10. 4 beg.).

6. The *ajyāni*-libations (based on TS. V. 7. 2. 5) are performed according to Āp. (VI. 29. 12) and Hir. (III. 22) before the sacrificial cakes of the Āgrayaṇeṣṭi are sprinkled, but Hir. adds: *purastāt sviṣṭakṛta ity eke*; Āp. equally allows this in the second place. It is more than probable that these *eke* are either the Mānavas or the Vārāhas, or both; see Mān. sūtra I. 6. 4. 21 and Vārāhasūtra: *purastāt sviṣṭakṛto 'jyānīr juhoti.*

7. Āpastamba (XVI. 6. 5) and Hiraṇyakeśin (XI. 5) remark that according to some authorities the verses addressed to Yama are (not to be chanted over the head, as TS. V. 1. 8. 2 has it, but that they are) muttered whilst the head is brought near (*āharañ japatīty eke*). This agrees with the Vārāhasūtra, where after the verses we read *ity āharati*; here the chanting is not prescribed.

8. The mantras prescribed by Āp. III. 6. 2 and Hir. II. 9 (page 215) as optional in the second place for the dipping of the prastara grass into the sacrificial ladles are those which accompany this act according to the Vārāhas: *pṛthivyām aṅkṣveti dhruvāyāṃ mulam antarikṣe 'ṅkṣvety upabhṛti madhyaṃ divy aṅkṣveti juhvām agraṃ; pratyavarohaiḥ punar aktvā,* &c. The last words mean that the dipping must be performed once more (*evaṃ punaḥ,* Āp.), but now with the mantras in reversed order.

9. In Āpastamba and Hiraṇyakeśin a twofold manner is described for the sacrifice of the three animals at the end of the Aśvamedha immediately before the lustral bath. Both (Āp. XX. 22. 14—23. 1, Hir. XIV. 5) mention in the first place the ritual of their own brāhmaṇa, and this ritual is taken over also by the Mān. sūtra. In the second place Āp. and Hir. mention the rite of "some," and with this rite the one described in the Vārāhasūtra nearly agrees. It has: *traitānāṃ prathamaḥ kalakababhrus* (reading conjectural); *taṃ madhyame viśākhayūpa āśvinam ālabhate*; *tayor* (*yo*) *dvitīyas taṃ bhaumaṃ dakṣiṇārdhe*; *yas tṛtīyas tam ūrja uttarārdhe.* Only the sequence of the last two differs. As long as we do not know the source of this *tripaśu*, we may assume that the *eke* are the Vāraha-Maitrāyaṇīyas.

10. The indication of Āp. XVI. 28. 1: *trir abhyāsam* and of Hir. XI. 21: *trir abhyāvartayan* must have been taken either from the Mānavasūtra (VI. 1. 8. 2) or from the Vārāhasūtra, as this rite is peculiar to the Maitrāyaṇīyas and this specification is not found in their brāhmaṇa (the MS.), but only in the two sūtras belonging to it.

11. Although the bricks mentioned by Āp. XVII. 7. 7 are designated in his own brāhmaṇa (TS. V. 4. 2. 3) as *adhipatnīs*, he calls them *vaiśvadevī*. This is the name given to them by the author of the Vārāhasūtra.

12. It is only Hiraṇyakeśin (XIII. 27, page 204) who, against his own brāhmaṇa (TBr. I. 8. 6. 6), mentions as fourth person for the *anumantraṇa* of the streaming water at the Sautrāmaṇī (see Āp. XIX. 3. 8–10) the Āgnīdhra, who should stand at the north side. Precisely so the Vārāhasūtra: *tvaṃ soma pracikita iti tāsāṃ tisṛbhis tisṛbhir ekaiko 'numantrayate purastād adhvaryur dakṣiṇato brahmā paścād dhotottarata āgnīdhraḥ.*

It is peculiar to Hiraṇyakeśin (and it occurs also in Āp.) that for a certain act he leaves open the choice of the mantra to accompany this act. In the first place he recommends the mantra of his own śākhā, and then optionally gives a mantra taken from an alien śākhā. For this peculiarity first a few examples out of the many may be cited. Hir. I. 5: *devabarhir mā tvānvañ mā tiryag ity asidaṃ nidadhāti mādho mopari parus ta ṛdhyāsam iti vā.* So the act may be performed either with TS. I. 1. 1. f or with Kāṭh. I. 2:1. 9 or MS. IV. 1. 1: 3. 9.—Hir. I. 17: *adrir asi ślokakṛd ity āgnīdhro 'śmānam ādatte kuṭarur asi madhujihva iti vā kukkuṭo 'si madhujihva iti vā* (cp. Āp. I. 20. 2): either with Kāṭh. I. 5: 3. 4 or MS. I. 1. 6: 3. 14 or Vāj. S. I. 16.—Hir. I. 20: *antaritaṃ rakṣa ity ulmukena triḥ paryagni karoti pari vājapatir iti vā* (cp. Āp. I. 25. 8): either with TS. I. 1. 8. 1 or with the verse prescribed by the Mānavas (MS. I. 1. 9: 5. 7) viz. TS. IV. 1. 2. t.

Now follow some passages where Hiraṇyakeśin allows a mantra in agreement with the Vārāhasūtra as optional in the second place.

13. Hir. I. 25 (page 165): *devo va iti prokṣaṇīr (utpunāti) āpo rephata piprīta madhvā samaṅktā niṣadaḥ sthā yāmann ahṛṇīyamānā iti vā.* So the act of sprinkling the water may be accompanied either by the mantra of the TS. (I. 1. 10. o) (as Āp. has it: II. 7. 2 as compared with I. 11. 9), or by a mantra which Hir. takes from another source, probably the Vārāhasūtra, where this same verse is used for the *abhimantraṇa* of the sprinkling water. Here this verse, which is known from no other source, runs: *āpo rebhata piprta madhvā samaktā niṣadaḥ sthā yāman vāhāryamānāḥ.*

14. Hir. II. 9 (page 215): *athā sapatnān indrāgnī 'ma iti ... upabhṛtam ... bahirvedi nirasyati devas taṃ savitā pranudatu yo 'smān dveṣṭi yaṃ ca vayaṃ dviṣma iti vā* (cp. Āp. III. 5. 7). So for this act may be used either TS. I. 1. 13. b.[c. d], or a formula which is prescribed for this act in the Vārāhasūtra.

15. According to Hir. I. 8 (page 92, and cp. Āp. I. 6. 9) the strainer should be *trivṛd darbhamayam avidalam.* This last word, unknown as yet from any other source, occurs likewise in the Vārāhasūtra to indicate a quality of the strainer.

16. It is striking that the faulty reading of Āp. I. 24. 5: *adbhiḥ pari prajātāḥ* occurs not only in Mānavasūtra but also in Vārāhasūtra.

17. It is only Hiraṇyakeśin (I. 23, and cp. Āp. II. 5. 2) and the Vārāhasūtra who both apply, after the girding of the patnī,

two mantras, comp. Hir.: *pūṣā te granthiṃ grathnātv ity uttarato nābher niṣṭarkyaṃ granthiṃ kṛtvā sa te māsthād iti dakṣiṇato nābheḥ parikarṣati* with Vārāha: *pūṣā te granthiṃ grathnātv iti granthiṃ karoti sa te māsthād iti dakṣiṇato granthiṃ abhyūhati.*

18. The mantra *prati tyan nāma rājyam adhāyi* (see TBr. I. 7. 4. 4 and Āp. XVIII. 12. 7) is used not only by Vārāha, but also by Hiraṇyakeśin for another occasion than that for which it is ordained by Āpastamba. Hir. (XIII. 18) and Vārāha namely apply it before the act described by Āpastamba in XVIII. 18. 5.

19. There is a remarkable, if only partly, agreement between Hir. and Vārāha. Hir. in the Aśvamedhapraśna (XIV. 11) after the *asipathakalpana* (cp. Āp. XX. 18. 7) adds: *yavapiṣṭair godhūmapiṣṭair vā pralimpanti* (viz. the parts of the horse where the incisions have been made) *lomnām avicchedāyeti vijñāyate*, the Vārāhasūtra adds: *asaṁlobhanāyā śālmīpivyapālipya*, which may be corrected as follows: *asaṁlobhanāya śalmalipiṣṭair avalipya.*

20. According to the Vārāhasūtra the sviṣṭakṛt-libations after the sacrifice of the horse are performed *gomṛgakaṇṭhenāśvaśaphena caruṇā* (cp. Āp. XX. 22. 1), Hir. (XIV. 4) has: *gomṛgakaṇṭhena ... aśvaśaphena ... ayasmayena kamaṇḍalunā caruṇā vā.* This last seems to be based on the Vārāhasūtra.

21. The last case of agreement to be dealt with in this place contains a puzzle, which may perhaps be solved satisfactorily. This puzzle concerns the word *vāhatām* in Mānavaśrautasūtra I. 1. 1. 12, where this is only a conjectural reading of Knauer: all the MSS. have *vāhanām* in the passage *śākhām acchaiti parṇaśākhāṁ śamīśākhāṁ va prācīm udīcīṁ vāhanām.* Now the Vāraha text presents the reading *śākhām āharati ... prācīm udīcīṁ vāhānam.* So the *n* is right. Hiraṇyakeśin has something similar, which he probably took either from the Mānava- or from the Vārāhasūtra. His text (I. 4, page 76) has *prācīm udīcīṃ vāhīnām.* The commentator explains as follows: *atyaktāṃ kenacit pūrvam āharaṇārthaṃ parigṛhya tyaktā hīnā tādṛśī na bhavati.* It is impossible that this is the meaning. Luckily the word occurs once more in the Vārāhasūtra in the passage

where the qualities of the tree from which the sacrificial stake must be made are enumerated: (*vṛkṣam*) *prāñcaṃ pratyañcaṃ vāhānam.* Parallel to this runs Mān. śrs. I. 8. 1. 4: *prāgudañcaṃ prahāṇaṃ prāñcaṃ pratyañcaṅ vā.* By comparing Hir. IV. 1: *yaḥ pratyaṅṅ upanatas taṃ vṛśced yaḥ prāṅ udaṅ vopanataḥ* it is clear that the word means simply "bent" and that the correct reading for the first passage (Vār. and Hir.) is *vāhānām* (i.e. *vā āhānām*), for the second (Vār.) *vāhānam.* It is very probable that Hiraṇyakeśin has taken the word from the Vārāhamaitrāyaṇīyasūtra.

To decide which of the two sūtras belonging to the Maitrāyaṇī-śākhā is the oldest, will only be possible when we possess a complete edition of the Mānavasūtra and, although the two sūtras have much in common, even then it will be a difficult point to settle.

Vedica.

By

W. Caland, Utrecht.

In the mantra in Maitr. Saṃh. IV. 1. 1 : 2. 6: *pūṣā́ vaḥ paraspā́ áditiḥ pretvarīyā́ índro vo 'dhyakṣó 'naṣṭā́ḥ púnar éta* the word *pretvarīyā* has always been a puzzle. Böhtlingk in his Sanskrit Wörterbuch in kürzerer Fassung Vol. VII, page 363 is right in qualifying it as corrupt. With the help of newly discovered material, however, this word can, according to my opinion, be set right. A few years ago a totally unknown ritualistic sūtra has been discovered, the ms. of which is now at Baroda. This sūtra, entitled Vārāhasūtra, belongs to the Maitrāyaṇīya-śākhā. A gṛhya- as well as a śrautasūtra of this caraṇa are extant. The gṛhyasūtra has been edited rather uncritically in 1921 by R. Sāmaśāstrī as No. XVIII of the Gaekwad's Oriental series at Baroda; a better edition of it is forthcoming, prepared by Dr. Raghuvīra of Lahore. In this highly interesting śrautasūtra I came across the following passage: *rudrasya hetiḥ pari vo vṛṇaktv iti vrajantīr* (viz. *gāḥ*) *anumantrayate pūṣā vaḥ paraspā aditiḥ prertvarīpā indro vo 'dhyakṣo 'naṣṭāḥ punar eteti ca.* So with these words the cows are addressed, when they are turned off to the meadows (cp. the parallel-passages Āp. I. 2. 8, and Mān. śrs. I. 1. 1. 20). I suspect that the reading handed down in the Vārāhasūtra is the original and right reading. Then we have here a proof more for my surmise that everywhere *pretvan* and *pretvarī* must be corrected to *prertvan*, *prertvarī*, see Acta Orientalia Vol. III, page 252 sq. The word *prertvarīpā́(ḥ)* must mean: " she who protects the cows that start to the meadows." If the reading given by Schröder *pretvārīya* were right, the sandhi would be irregular, as we would expect *pretvarīyéndro*. The word *prenvanīya* in a vārtika on Pāṇini VIII. 4. 2 must be a different word.

New books sent to the editor.

Albert Thumb, Handbuch des Sanskrit mit Texten und Glossar. Eine Einführung in das sprachwissenschaftliche Studium des Altindischen. I. Teil: Grammatik. Zweite Auflage. Manuldruck der ersten Auflage, verbessert und mit Nachträgen versehen von Hermann Hirt. Heidelberg 1930. Carl Winters Universitätsbuchhandlung. Indogermanische Bibliothek I, i, 1.

From the fact that Thumb's grammar, which appeared in 1905, had for some time been out of print we may safely draw the conclusion that the book was needed and has proved to be useful, in spite of its shortcomings. The announcement that a new issue was under preparation, under the care of Professor Hirt, was therefore greeted with satisfaction. It is, however, essentially the old book. The editor has only rewritten the 7th chapter, on "Stammabstufung" and "Ablaut," and given us 34 pages of additions, which the student will have to consult throughout. The bibliography has not been brought up to date, and the editor has not had the assistance of a competent Sanskrit scholar, and he has not always taken sufficient care in transliterating Sanskrit, especially in the somewhat arbitrary use of *j* side by side with *y*. Those who are not familiar with Sanskrit will be puzzled at writings such as *ajam*, *jas*, *djati*, *klāmjati* (just before *bhrājati*), side by side with *ayam*, &c., and forms such as *śvāśura* (the noun, not the derived adjective), *astōt*, &c. will cause astonishment. It would certainly have been better to wait till the whole work could have been rewritten, and revised by a competent Sanskrit scholar. But the demand for such a book is there, and Thumb's manual is the only one that could be reproduced. We must therefore be thankful for the re-issue, hoping that it will soon be possible to give us a new and quite up-to-date treatise of the important subject.

Louis Renou, Grammaire Sanscrite. Tome I. Phonétique — composition — dérivation. Paris, Librairie d'Amérique et d'Orient Adrien-Maison-neuve, 1930.

This is a very careful and useful analysis of the chief features of Sanskrit phonology and word-formation, to be followed by a similar treatise on inflexion and syntax. It is not a book for the learner, but very good for reference, and the bibliographical material is very ample.

Lakshman Sarup, Indices and Appendices to the Nirukta. With an Introduction. Lahore 1929. Published by the University of the Panjab.

This volume contains an introduction dealing with the various questions connected with the Nirukta and some extremely useful indices. Dr. Sarup began his work on the Nirukta in Oxford in the autumn of 1916. The first result was a dissertation, The Nighaṇṭu and the Nirukta, which was accepted by the Oxford University for the degree of Doctor of Philosophy in 1920. A translation of the text was published the same year. Then followed an edition of the Sanskrit text, Lahore 1927, and Fragments of the Commentaries of Skandasvāmin and Maheśvara, Lahore 1928, both published by the University of the Panjab. The whole series forms the fullest treatise of the Nirukta problems which has so far been published.

Stuart N. Wolfenden, Outlines of Tibeto-Burman Linguistic Morphology. London 1929. The Royal Asiatic Society. Prize Publication Fund Vol. XII.

After Conrady's well-known study Eine indochinesische Causativ-Denominativ-Bildung, which appeared in 1896, this is as far as

I know the first comprehensive attempt at a thorough analysis of the formation of words in Tibetan and Tibeto-Burman on the whole. It is based on much more reliable materials than Conrady's book, and the results are very interesting. The various prefixes and "infixes," which have largely become silent in Tibetan, are traced back to an ancient system of indicators, of subject, object, direction, &c., of a similar kind as what we find e.g. in Santālī, where the verb, with its various in- and suffixes, can be characterized as a résumé of the whole sentence.

Catalogue of the Indian Collections in the Museum of Fine Arts, Boston. Part VI. Mughal Painting. By Ananda K. Coomaraswamy. Cambridge, Mass. 1930.

A fine volume, with beautiful illustrations, containing no less than 317 entries, with a short, but very useful introduction, from the hand of the well-known Indian connoisseur and scholar. There are altogether 74 well-chosen and well-executed plates in black and one coloured frontispiece.

Pūjyaśrī Saṅghadāsagaṇi-vācakanirmitam Vasudevahiṇḍī-prathamakhaṇḍam. 1. aṃśaḥ (Dhammilla hiṇḍigarbhitaḥ). Sampādakau saṃśodhakau ca ... Caturavijaya-Puṇyavijayau. Bhavnagar 1930. Śrī Ātmānanda-jainagrantharatnamālā 80.

The Vasudevahiṇḍī contains altogether 28.000 "ślokas," in Jaina Māhārāṣṭrī, with numerous interspersed tales, in the well-known Jaina style. The first part contains a little more than 5600 granthas.

The Sublime Science of the Great Vehicle to Salvation,

being

a Manual of Buddhist Monism.

The Work of Ārya Maitreya with a Commentary by Āryāsanga.

Translated from the Tibetan with introduction and notes

by

E. Obermiller, Leningrad.

Introduction.

I. The 5 Treatises of Maitreya and their Subject-matter.

According to the Tibetan tradition, the foundation of all the exegetical literature connected with the Buddhist Scripture of the latest and, partly, of the intermediate period[1] is contained in the 5 treatises ascribed to the Bodhisattva Maitreya. These are:—

1) The *Sūtrālamkāra*,[2]
2) " *Madhyānta-vibhanga*,[3]
3) " *Dharma-dharmatā-vibhanga*,[4]
4) " *Abhisamayālamkāra*,[5] and
5) " *Uttaratantra*.[6]

[1] Tib. *ḥkhor-lo-tha-ma* = *antya-cakra-(pravartana)* and *ḥkhor-lo-bar-ba* = *madhya-cakra-(pravartana)*. These are regarded in general as the foundation of the two branches of the Mahāyānistic literature, viz. 1) the idealistic, maintaining the unreality of the external world (*bāhya-artha-śūnyatā*) i.e. the Yogācāra system of Āryāsanga (IV—V century A. D.) and 2) the monistic teaching of universal non-substantiality (*sarva-dharma-śūnyatā*) i.e. the Mādhyamika system founded by Nāgārjuna (II century A. D.). The ideas expressed in these 2 branches of Mahāyāna are much older than Āryāsanga and Nāgārjuna who have only established regular philosophical systems.

[2] Tib. Mdo-sde-rgyan.

[3] Tib. Dbus-mthaḥ-rnam-ḥbyed.

[4] Tib. Chos-daṅ-chos-ñid-rnam-ḥbyed.

[5] Tib. Mṅon-rtogs-rgyan.

[6] Tib. Rgyud-bla-ma.

Of these 5 treatises the original Sanskrit text of the *Sūtrālaṁkāra* has been edited by Prof. Sylvain Lévi, who has likewise given a French translation of it. The Sanskrit text of the *Abhisamayālaṁkāra* and its Tibetan translation have been recently edited by Prof. Th. Stcherbatsky and by myself in the Bibliotheca Buddhica and will be followed by an analysis of the 8 subjects and the 70 topics which form its contents. The 3 other works have not, till now, met with the full appreciation of European scholars. The reason perhaps is that we possess only their Tibetan translations in the Tangyur (MDO XLIV), the original Sanscrit texts having not, up to this time, been discovered. An investigation of this branch of Buddhist literature according to the Tibetan sources enables us to ascertain the exclusive importance of the said 3 treatises as containing, in a very pregnant form, the idealistic and monistic teachings of later Buddhism. In particular the Tibetan works draw our attention to the *Uttaratantra*, the translation and analysis of which forms the subject-matter of the present work. It is indeed the most interesting of the three, if not of all the five, being the exposition of the most developed monistic and pantheistic teachings of the later Buddhists and of the special theory of the Essence of Buddhahood,[1] the fundamental element[2] of the Absolute, as existing in all living beings. Before we commence an investigation of this theory, it is necessary to give a general summary review of the contents of all the 5 treatises. The Lamaist monasteries of Tibet and Mongolia possess separate block-print editions (independently from the Tangyur) of all of them.[3] We have moreover works of diverse Tibetan scholars containing a special analysis of them *en regard*.[4] Both these circumstances greatly facilitate a sum-

---

[1] *tathāgata-garbha = de-bžin-gśegs-paḥi-sñiṅ-po.* [2] *dhātu = khams.*

[3] In Transbaikalia we have two such editions, one issued by the Bde-chen-lhun-grub-gliṅ (Aga), and the other by the Gusinoozersky Monastery.

[4] Among these works it will be sufficient to mention two, viz. 1) The Commentary on the Abhisamayālaṁkāra by Jam-yaṅ-gā-bai-lo-ḍö (Ḥjam-dbyaṅs-dgaḥ-baḥi-blo-gros, edition of the Lo-sā-liṅ section of the Brābuṅ Monastery of Tibet), and 2) the investigation of the contents of the 3 Prajñā-pāramitā-sūtras by the celebrated Loṅ-dol (Kloṅ-rdol) Lama.

mary investigation of the works in question and of the theories contained in them. According to the earlier Tibetan writers,[1] the *Sūtrālaṁkāra*, *Uttaratantra*, *Madhyānta-vibhanga* and *Dharma-dharmatā-vibhanga* are all of them written from the standpoint of the Yogācāra-vijñānavāda school. The *Abhisamayālaṁkāra*, as an interpretation of the Prajña-pāramitā-sūtras, is regarded by the said authorities as referring to the Scripture of the intermediate period, i.e. as a Mādhyamika work. The Tibetan authors of the later period, Tsoṅ-kha-pa, &c., have another opinion as regards this subject. They admit, as their predecessors, that the *Sūtrālaṁkāra* and the two *Vibhangas* contain an exposition of the specific Yogācāra teachings. But the *Uttaratantra* is according to them not a Yogācāra, but a Mādhyamika-Prāsangika[2] work, since it expresses the extreme monistic views peculiar to that school. As to the *Abhisamayālaṁkāra*, it is regarded as belonging to that branch of the Mādhyamika school which is called Yogācāra-Mādhyamika-Svātantrika,[3] the representatives of which are the great authorities in the Prajñā-pāramitā,—Ārya-Vimuktasena, Bhadanta-Vimuktasena, and Haribhadra. As we shall see later on, this standpoint of the Tibetan writers belonging to Tsoṅ-kha-pa's school may in general be regarded as correct.

We shall now make an attempt to give a summary analysis of all the 5 treatises. We begin with the *Sūtrālaṁkāra*, which is the best known owing to the edition and translation of it by Prof. Sylvain Lévi. It is to be regarded as a systematical exposition of the teachings contained in the sūtras of the later period expressing

---

[1] Cf. Bu-ton's Index of the Tangyur in his "History of Buddhism" 180 a. 3. —Bu-ton has even the tendency of viewing all the 5 treatises of Maitreya as forming one separate branch of literature belonging to the Yogācāra school. He says that this literature consists altogether of 20 treatises viz. the 5 works of Maitreya, the 5 divisions of Āryāsanga's Yogacaryā-bhūmi, the Abhidharma-samuccaya and Mahāyāna-saṁgraha and the 8 treatises of Vasubandhu. Cf. Prof. Stcherbatsky's article in the Muséon "La littérature Yogācāra d'après Bou-ston" and my translation of Bu-ton's History p. 57.

[2] Tib. Dbu-ma-thal-ḥgyur-ba.

[3] Tib. Rnal-ḥbyor-spyod-paḥi-dbu-ma-raṅ-rgyud-pa.

the Yogācāra views.[1] The whole work is characterized as a detailed exposition of the methods by means of which the Bodhisattva has to act on his Path toward Enlightenment.[2] The division of the subjects and chapters is as follows:—

First comes the exposition of the basis on which the Bodhisattva has to act.[3] Accordingly we have:—

Chapter I.[4]—A vindication of the Mahāyānistic Scripture and an attempt to prove it to be the true Teaching of Buddha.—

Chapter II.[5] The search of a refuge in the 3 Jewels, Buddha, the Doctrine, and the Congregation.—The individual who has obtained faith in the Mahāyānistic Teaching and in the 3 Jewels becomes able to enter the Path toward Salvation.[6]—

Chapter III.[7] The Germ of Enlightenment or the element of the saintly lineage[8] which is the source of all the virtuous qualities of a living being.—It must be first awakened to life in order to become the foundation of spiritual progress on the Path.[9]—

Chapter IV.[10] The Creative Mental Effort for Enlightenment,[11] the production of a special state of the mind connected with the desire of attaining Buddhahood in order to lead others to Salvation.—The person in whom the Germ of Enlightenment is aroused to life and who has made the Creative Effort can now begin his course of training.[12]

---

[1] According to the Siddhānta (Grub-mtḫaḫ) of Jam-yaṅ-źad-pa, the sūtras which are regarded as the foundation of the Yogācāra system, are:—a) the Saṁdhinirmocana (tib. Dgoṅs-pa-ṅes-par-ḫgrel-pa), b) the Lankāvatāra, c) the Ghana-vyūha.

[2] Jam-yaṅ-gā-bᵉi-lo-ḍō, 8 a. 2.

[3] Jam-yaṅ-gā-bᵉi-lo-ḍō, 8 b. 2.

[4] Mahāyāna-siddhy-adhikāra. In the later Tibetan editions this chapter is divided into two parts viz. a general introduction (verses 1—6) and the vindication of Mahāyāna (v. 7—21).

[5] Śaraṇa-gamana-adhikāra.

[6] Jam. 8 b. 3.

[7] Gotra-adhikāra.

[8] *gotra* = *rigs.*

[9] *pratipatter ādhāraḥ* = *sgrub-paḥi-rten.*

[10] Citta-utpāda-adhikāra.

[11] *bodhi-citta-utpāda* = *byaṅ-chub-tu-sems-bskyed.*

[12] Jam. 8 b. 4.

Next comes the exposition of the topics in which the Bodhisattva must become instructed. Accordingly we have:—

Chapter V.[1]—The activity of the Bodhisattva in pursuit of one's own weal and of that of others.[2] The causes of this activity are exposed in:—

Chapter VI.[3]—On the Absolute Truth and its cognition by the Saint. The teaching of the Absolute is given here from the standpoint of the Yogācāra system, i.e. as the negation of the imaginary[4] external world opposed to the relative[5] reality of the individual ideas and the unique, undifferentiated Absolute Reality.[6]—

Chapter VII.[7]—On the attainment of exclusive power by the Bodhisattva.—

Chapter VIII.[8]—The methods of attaining complete maturity oneself and of conveying the same to others.[9]—

Chapter IX.[10]—The teaching about Supreme Enlightenment and the 3 Bodies of the Buddha.—

Then follows the teaching about the way, how the Bodhisattva must undergo his course of training:—[11]

Chapter X.[12]—Faith in the Mahāyānistic Doctrine and adherence to it.—

Chapter XI.[13]—A search for the full knowledge of this Doctrine. Here we again meet with the typical Yogācāra theories concerning the 3 aspects of reality, &c.—[14]

Chapter XII.[15]—The preaching of the Doctrine by the Bodhisattva.—

Chapter XIII.[16]—Action according to the Doctrine.—

---

[1] Pratipatty-adhikāra (1).

[2] Jam. 8 b. 5.

[3] Tattva-adhikāra.

[4] *parikalpita* = *kun-btags.*

[5] *paratantra* = *gźan-dbaṅ.*

[6] *pariniṣpanna* = *yoṅs-grub.*

[7] Prabhāva-adhikāra.

[8] Paripāka-adhikāra.

[9] Jam. 8 b. 5.

[10] Bodhy-adhikāra.

[11] Jam. 8 b. 7.

[12] Adhimukty-adhikāra.

[13] Dharma-paryeṣṭy-adhikāra.

[14] XI. 13 sqq., 38—41.

[15] Deśanā-adhikāra.

[16] Pratipatty-adhikāra (2).

Chapter XIV.[1]—The precepts and instructions received by the Bodhisattva at the time of his abiding on the Path. The different stages of the latter, as the 4 degrees of the Path of Training,[2] &c.

Chapter XV.[3]—The skilful acts of the Bodhisattva. Thereafter we have an exposition of these acts in detail:—

Chapter XVI.[4]—The 6 highest transcendental virtues and the four methods of obtaining adherents.[5]

Chapter XVII.[6]—On the worship of the Buddha and the limitless noble feelings.[7]

Chapter XVIII.[8]—The characteristic properties harmonizing with Enlightenment.[9] The Accumulations of Virtue and Wisdom,[10] &c.

Chapter XIX[11].—The different virtuous properties of the Bodhisattva.

Chapter XX–XXI.[12]—The termination of the Bodhisattva's activity at the time of final Enlightenment.—

The *Sūtrālaṁkāra* is thus, as we have just seen, an exposition of Yogācāra theories in connexion with the religious practice and conduct of the Bodhisattva. In the next two works, viz. the *Madhyānta-vibhanga* and *Dharma-dharmatā-vibhanga*, the philosophical part predominates. These treatises are regarded as special interpretations of that part of Scripture which contains the Yogācāra Doctrine in its purest and most pregnant form, such as the *Saṁdhinirmocana-sūtra.*[13] A special characteristic feature of this doctrine is, besides its idealistic character, the discrimination between the 3 aspects of reality which we have slightly mentioned above. The *Madhyānta-vibhanga* exposes the Yogācāra theories from the stand-

---

[1] Avavāda-anuśāsanī-adhikāra. [2] *nirvedha-bhāgīya,* XIV. 23–27.

[3] Upāya-sahita-karma-adhikāra. [4] Pāramitā-adhikāra.

[5] *catvāri saṁgraha-vastūni* = *bsdu-baḥi-dṅos-po-bži.*

[6] Pūjā-sevā-apramāṇa-adhikāra. [7] *apramāṇa* = *tshad-med-pa.*

[8] Bodhipakṣa-adhikāra.

[9] *bodhipakṣika-dharma* = *byaṅ-chub-kyi-phyogs-daṅ-mthun-paḥi-chos.*

[10] *puṇya-jñāna-saṁbhāra.* [11] Guṇa-adhikāra. [12] Caryā-pratiṣṭhā-adhikāra.

[13] Tib. Dgoṅs-pa-ṅes-par-ḥgrel-pa, otherwise called Mdo-sde-dgoṅs-ḥgrel, Kg. MDO. V.

point of their being the middle way,[1] the negation of the two extremities of Eternalism[2] and Materialism,[3] or otherwise, of Realism and Nihilism.[4] As the external world is regarded as unreal and allowed only an imaginary, fancied[5] existence, the extremity of Realism becomes rejected. But, on the other hand, there is neither any room for nihilistic views, since the relative[6] reality of the individual ideas from the empirical standpoint[7] and their ultimate Absolute Reality[8] are both admitted.

The subject-matter of the *Madhyānta-vibhanga* is divided into 7 topics which are as follows:—

1) The 3 aspects of reality,—Chapter I.
2) The various forms of obscurations which are to be removed,—Chapter II.
3) The Absolute Truth according to the Yogācāra theory,—Chapter III.—It is defined as "that which, being cognized, makes impossible the origination of views maintaining the reality of the separate elements or of the personality[9] as a whole, of subject and object[10] and of ens and non-ens.—
4) The antidotes against the defiling elements, and
5) The concentration of mind upon these antidotes,—Chapter IV.
6) The basis for this concentration and
7) The activity on the Mahāyānistic Path,—Chapter V.

In the *Dharma-dharmatā-vibhanga* the theory of the 3 aspects of reality is the basis on which the elements (*dharma*) of the Phenomenal World and their ultimate Absolute Essence (*dharmatā*)

---

[1] *madhyama-pratipad* = *dbu-maḥi-lam.*

[2] *śāśvata-anta* = *rtag-mthaḥ.*

[3] *uccheda-anta* = *chad-mthaḥ.*

[4] Tib. *yod-mthaḥ* and *med-mthaḥ* (= *sad-anta* and *asad-anta*). Cf. my translation of Bu-ton's History p. 54.

[5] *parikalpita* = *kun-btags.*

[6] *paratantra* = *gźan-dbaṅ.*

[7] Cf. Bu-ton, Lhasa block-print, 79 a. 6.—*gźan-dbaṅ kun-rdzob-tu yod* = *paratantram asti saṁvṛtyā.*

[8] *pariniṣpanna* = *yoṅs-grub.*

[9] *pudgala* = *gaṅ-zag.*

[10] *grāhya-grāhaka* = *gzuṅ-ḥdzin.*

are investigated.[1]—The relative[2] entities, as modifications of one conscious principle, are the elements which call forth the illusion of an independently existing external world; they are thus the factors by which the seeming existence in the Saṁsāra is conditioned. These elements, being separated from their imputed nature, disclose their true Absolute Essence (*dharmatā*). In the aspect of the latter they appear as unique and undifferentiated, as merged for ever in Nirvāṇa.[3] Thus from another standpoint, being viewed correctly, the same relative individual ideas are represented as that from which the true essence of all things, Nirvāṇa, may be conjectured.[4] Accordingly the *Dharma-dharmatā-vibhanga* is a treatise demonstrating the Phenomenal World and the Absolute, Saṁsāra and Nirvāṇa in regard of each other.[5] It is said that the aim of such an exposition is to bring about the cognition and rejection of the false, imputed, and defiled[6] character of the elements as constituting the Phenomenal World on one side, and to lead to the realization of Nirvāṇa through the cognition of the true, pure,[7] and absolute nature of the same elements, on the other.[8]

The contents of the *Abhisamayālaṁkāra* forms the subject of a special investigation,—the analysis of its 8 subjects and 70 topics which is now in the press. It is here only necessary to point to some characteristic features of this work owing to which the Tibetan authors maintain it to be a Mādhyamika and not a Yogācāra treatise. In fact, we do not find in it anywhere the discrimination between

---

[1] Cf. Bu-ton, translation p. 54.

[2] *paratantra = gźan-dbaṅ.*

[3] *prakṛti-parinirvṛtta = raṅ-bźin-gyis-yoṅs-su-mya-ṅan-las-ḥdas-pa.*

[4] Jam. 7 b. 2—3.

[5] Ibid.

[6] *sāṁkleśika = kun-nas-ṅon-moṅs-pa.*

[7] *vaiyavadānika = rnam-par-byaṅ-ba.*

[8] Jam. 7 b. 3—4.—As the plurality of the elements influenced by defiling agencies is declared to be an illusion which in reality does not exist and has never existed before, we see that the Yogācāras likewise maintain the absence of a real difference between Saṁsāra and Nirvāṇa and that they consider the transition from the former into the latter to consist only in a change of the point of view, acc. to Abhisamayālaṁkāra V. 21.—*nā'paneyam ataḥ kimcit*, &c.

the 3 aspects of reality with the view of the imputed as being unreal and of the relative and absolute as having an independent reality. There is likewise nothing about the "store-consciousness,"[1] this characteristic tenet of the elder branch of the Yogācāra school. The main standpoint of the *Abhisamayālaṁkāra* is that of universal Non-substantiality and Relativity, i.e. the Mādhyamika view. Moreover, in respect of the fundamental element or Germ of Enlightenment,[2] the *Abhisamayālaṁkāra* likewise adheres to the Mādhyamika standpoint. The fundamental element is regarded as identical with the Absolute,[3] unique and undifferentiated,[4] and not as a special force, though derived from the Absolute, but nevertheless differing from it, as the Yogācāras admit.

[The Uttaratantra and its Sources.]

Finally, we have the *Uttaratantra* to which the present investigation is devoted. The principal subject-matter of this treatise is the special theory of the fundamental element[5] of the Absolute, otherwise called the Essence of the Buddha[6] or the element of his lineage.[7] In the *Abhisamayālaṁkāra* we have only a brief indication of this subject, as being the foundation for the activity on the Path toward Salvation. Here, on the contrary, we have it as the main, the central topic. All the other subjects are represented in their relation to it as the causes and the result of its development. The whole contents of the work is divided into 7 subjects:—

Buddha (1), the Doctrine (2), and the Congregation (3),—the 3 Jewels.

---

[1] *ālaya-vijñāna = kun-gži-rnam-par-śes-pa.*

[2] *dhātu = gotra.*

[3] Cf. Abhisamayālaṁkāra. I. 5. *ādhāraḥ pratipatteś ca dharma-dhātu-svabhāvakaḥ.*

[4] Ibid. I. 39—*dharma-dhātor asaṁbhedād gotra-bhedo na yujyate.*

[5] *dhātu = khams.*

[6] *tathāgata-garbha = de-bžin-gšegs-paḥi-sñiṅ-po.*

[7] *gotra = rigs.*

The fundamental element of the Absolute, the Essence of the Buddha as it exists in every living being, obscured by the accidental[1] defiling elements (4).[2]

The state of Supreme Enlightenment, that of the same element as delivered from all the Obscurations (5).

The properties of the Buddha possessed by him after the attainment of this state of complete Illumination (6).

The acts performed by the Buddha in pursuit of the welfare of all living beings (7).

The first four subjects are included in Chapter I,—"On the Essence of Buddhahood" (165 verses). The latter 3 are treated separately. So we have Chapter II—"On Supreme Enlightenment" (72 verses), Chapter III—"The Properties of the Buddha" (38 verses), and Chapter IV—"The Buddha's Acts" (101 verses).

The fifth and last chapter 28 verses has for its subject-matter the advantages and the merit of studying the Doctrine concerning the Essence of Buddhahood.

We possess a Commentary on the *Uttaratantra* by Āryāsanga called *Uttaratantra-vyākhyā* (Tangyur, MDO. XLIV), a separate block-print edition of which has been issued by the Aga (Bde-chen-lhun-grub-glin̄) Monastery. It is known in the Tibetan tradition by the abriged title *Thogs-ḥgrel* (i.e. *Thogs-med-kyi-ḥgrel-pa* = *Asanga-vṛtti*). Among the detailed Tibetan Commentaries, the best known is that of Tson̄-kha-pa's pupil Gyal-tshab-dar-ma-rin-chen (*Dar-ṭīk*).[3] We give below a translation of the main text with the whole of Āryāsanga's Commentary, supplying it with explanations from Gyal-tshab's work when necessary.

---

[1] *āgantuka-mala* = *glo-bur-gyi-dri-ma.*

[2] Jam. 4 b. 4—5. — The Uttaratantra proves the existence of the unique undifferentiated Absolute Essence of all relative entities, the negation of all separate illusionary reality as existing from the outset and representing the essential nature of a living being.

[3] Vol. III of the full collection of his works (*gsun̄-ḥbum*), Labran̄ edition.

The title *Uttaratantra* has been interpreted in two ways:— 1) as the highest or 2) as the latest of the Mahāyānistic teachings.[1] The work is regarded as the interpretation of 5 Sūtras relating to the Scripture of the later period. These are:—1) The *Tathāgata-mahā-karuṇā-nirdeśa-sūtra* alias *Dhāraṇīśvara-rāja-paripṛcchā*,[2] 2) the *Śrī-mālā-devī-siṁhanāda-sūtra*,[3] 3) the *Tathāgata-garbha-sūtra*[4] containing the 9 examples which illustrate the Essence of the Buddha, as it exists in all living beings, 4) the *Sarva-buddha-viṣaya-avatāra-jñāna-āloka-alaṁkāra-sūtra*,[5] illustrating the inconceivable character of the Buddha's acts, and 5) the *Ratna-dārikā-paripṛcchā* on the 64 properties of the Buddha. The *Uttaratantra-vyākhyā*[6] contains numerous quotations from all these Sūtras, mostly without mentioning their titles. Sometimes even the quotation looks like an ordinary passage of Āryāsanga's Commentary without any allusion whatever to the Sūtra quoted.[7] The identification of such passages with their sources is of course exceedingly difficult.

Besides the Sūtras just mentioned, we have in the *Uttaratantra-vyākhyā* likewise quotations from other canonical works, such as the *Sāgaramati-paripṛcchā*,[8] the *Gaganagañja-sūtra*,[9] the *Mahāparinirvāṇa-sūtra*, &c. All these can be identified with their sources.

---

[1] Cf. Bu-ton, translation p. 54.

[2] Tib. Gzuṅs-kyi-dbaṅ-phyug-rgyal-pos-źus-paḥi-mdo. Kg. MDO. XV. Translated into Chinese by Ku-fa-hu (Dharmarakṣa) 265—316 A.D. (Nanjio's Catalogue No. 79).

[3] Tib. Dpal-phreṅ-gi-mdo. Kg. DKON. VI. Chinese translation by Guṇabhadra 420—479 A.D. and Bodhiruci 618—907 A.D. (Nanjio No. 23, 59).

[4] Tib. De-bźin-gśegs-paḥi-sñiṅ-poḥi-mdo. Kg. MDO. XXII. Chinese translations by Buddhabhadra 317—420 A.D. and by an unknown translator 350—431 A.D. (Nanjio No. 384, 443).

[5] Tib. Saṅs-rgyas-kyi-yul-thams-cad-la-ḥjug-pa-ye-śes-snaṅ-ba-rgyan-gyi-mdo. Kg. MDO. III. Chinese translations by Fa-hu (1004—1058) and others (960—1127, Nanjio No. 1013).

[6] The Uttaratantra itself has been translated into Chinese by Ratna-mati 508 A.D. (Nanjio, 1236).

[7] Cf. Vyākhyā, f. 9 b. 6. sqq.

[8] Tib. Blo-gros-rgya-mtshos-źus-paḥi-mdo. Kg. MDO. XIV.

[9] Tib. Nam-mkhaḥi-mdzod-kyi-mdo. Kg. MDO. XIII.

In several places the main text of the *Uttaratantra* itself represents nothing but a summary of different passages of the Sūtras, as for instance in Chapter I, on the 9 examples illustrating the Essence of the Buddha according to the *Tathāgata-garbha-sūtra*.

II. The Authorship of the Treatises of Maitreya.

It is here that we meet again with the problem of the authorship of the 5 Treatises of Maitreya. Prof. Ui in his article expresses the opinion that Maitreya was a historical person, the teacher of Āryāsanga and the founder of the Yogācāra school. Now, as regards this last point, we have an interesting statement in the *Siddhānta* (Grub-mthaḥ) of Jam-yaṅ-żad-pa, where it is said:[1]— The teacher Nāgārjuna, having been inspired by the Bodhisattva Mañjuśrī, has laid the foundation to the Mādhyamika system in accordance with the *Akṣayamati-nirdeśa-sūtra*. The same has been done by the teacher Āryāsanga in regard of the Yogācāra system through the inspiration of Maitreya and on the basis of the *Saṁdhi-nirmocana-sūtra*.—A similar statement is to be found in Bu-ton's Commentary on the Abhisamayālaṁkāra called *Luṅ-gi-sñe-ma*.[2]—From this we may draw the conclusion that both the systems were evidently considered to have had each their own divine, legendary inspirer, from whom the Doctrine was said to have been obtained through revelation. In Bu-ton's History of Buddhism[3] it is moreover said that Āryāsanga has written down the 5 treatises after having heard them from Maitreya in the Tuṣita heavens. This might be simply interpreted in the sense that Āryāsaṇga and no other was the actual author of the 5 works. As the latter represent the foundation of the exegetical literature connected with the new conceptions of Buddhism, it is

---

[1] I quote the passage of the Grub-mthaḥ-rtsa-baḥi-tshig-ṭik-śel-dkar-me-loṅ, a short Commentary on the work of Jam-yaṅ-żad-pa by the Lama Blo-bzaṅ-dkon-mchog; Labraṅ edition 24 b. 3—5.

[2] Aga Monastery edition 114 b. 6 and 115 b. 2.

[3] Lhasa edition, 116 b. 3—*byams-chos-sde-lṅa yi-ger-bkod-do*.

quite natural that the adherents of these conceptions ascribed to the 5 treatises a divine, supermundane origin.—

Now, as a matter of fact, the 5 treatises show a great resemblance with each other as regards style. This resemblance may be noticed even in the Tibetan translations. We meet with many verses which have nearly the same contents,[1] and one which is exactly the same in both the *Abhisamayālaṁkāra* and the *Uttaratantra*.[2] As concerns the relation of the latter to its Commentary, there are some points which can prove that both must have been composed by the same author. In Chapter I the fundamental element, the Essence of Buddhahood is investigated from 10 points of view viz. the essence, the cause of purification, the result of the latter, &c. The main text does not contain a direct indication of everyone of these points as forming a new paragraph, and this we have only in the Commentary. Some verses are quite incomprehensible by themselves and only the Commentary makes clear their meaning and relation. Moreover, we must point to an interesting feature of the Commentary itself. It is only the first chapter which is commented in detail, forming almost 3 quarters of the whole work. The other four chapters contain almost exclusively the verses of the main text with a very few indications mostly like "the meaning of this verse is rendered clear by the following eight," &c. This fact may be understood in the sense that the author considered the text of the verses to be sufficiently clear by itself without needing an exposition in detail. If the Commentary had been composed by a writer other than the author of the main work, one could hardly understand the sense of his having merely copied the verses of the *Uttaratantra* in 4 chapters,

---

[1] We give here a few examples:—

a) Sūtrālaṁkāra IX. 60. *svābhāviko'tha sāṁbhogyaḥ kāyo nairmāṇiko' paraḥ kāya-bhedā hi buddhānāṁ prathamas tu dvayāśrayaḥ* and Abhisamayālaṁkāra VIII. 17. *svābhāvikaḥ sasaṁbhogo nairmāṇiko' paras tathā*, &c. b) Sūtrālaṁkāra IV. 11 and Uttaratantra I. 33., c) Sūtrālaṁkāra IX. 37 and Uttaratantra I. 27.

[2] Abhisamayālaṁkāra V. 21 and Uttaratantra I. 152.—

nā' paneyam ataḥ kiṁcit prakṣeptavyaṁ na kiṁ ca na &c.

after having given a detailed and brilliant exposition of the first. We may affirm that the principal aim of Āryāsanga in his Commentary was to enlarge upon the teaching of the Essence of Buddhahood and to put it forth as a special and quite new theory. This he has done in the first chapter of the work.

Now, if all the 5 treatises have been composed by one author, how can we explain the fact that they have been written from different points of view. It is said in the Commentary of Gyal-tshab [1] that the first 3 works (i.e. the *Sūtrālaṁkāra*, *Madhyānta-vibhanga*, and *Dharma-dharmatā-vibhanga*) contain an exposition of the teaching of the Absolute Truth as modified in accordance with the understanding of some of the converts, and not in its complete form, i.e. as the theory of the Relativity and Non-substantiality of all elements of existence. On the foundation of the said 3 treatises and in accordance with the discrimination between the conventional [2] and the direct [3] meaning in the *Saṁdhinirmocana-sūtra*, the teacher (Āryāsanga) has composed the 5 divisions of the *Yogacaryā-bhūmi* and the two summary works,[4] in which he has laid the foundation to the Yogācāra-vijñānavāda system.[5] The *Abhisamayālaṁkāra* in its turn exposes repeatedly the theory of universal Relativity and Non-substantiality; the main subject-matter is here however the process of Illumination [6] of the Saint, the Path toward Enlightenment, as being the hidden meaning of the *Prajñā-pāramitā-sūtras*. As to the *Uttaratantra*, it is said that it is to be subsequently exposed to those who have first attained maturity on the foundation of the Vijñānavāda Doctrine and to those members of the Mahāyānistic family who are endowed with the most acute intellectual faculty. It demonstrates the teaching of the Absolute as the unique undifferentiated principle, being the negation of the separate reality of

---

[1] 4 a. 5. sqq. [2] *neyārtha* = *draṅ-don.* [3] *nītārtha* = *ṅes-don.*

[4] The Mahāyāna-saṁgraha and Abhidharma-samuccaya. Cf. Bu-ton, translation p. 56.

[5] Lit. "has opened the passage for the Vehicle of Vijñānavāda".

[6] *abhisamaya* = *mṅon-rtogs.*

all the elements in their plurality, in accordance with the *Prajñā-pāramitā* and the *Tathāgata-garbha-sūtra*. This teaching is the principal subject-matter of the work and represents the real point of view of the teacher.

All this may perhaps be taken as an allusion to the fact that there might have been a gradual evolution in the conceptions of Āryāsanga.[1] It is probable that he started from the main Yogācāra standpoint with its extreme idealism and its theory of a store-consciousness,[2] and of the 3 aspects of reality. Then, on the foundation of the *Prajñā-pāramitā*, he has composed the *Abhisamayālaṁkāra*, giving up his extreme Yogācāra views and drawing near to the monistic conception of the Mādhyamikas. Indeed, as we have mentioned above, the *Abhisamayālaṁkāra* contains nothing about the store-consciousness or the other typical tenets of the Yogācāra school. It may be that at that time Āryāsanga was not quite certain in regard of his main standpoint, since we possess in Tsoṅ-kha-pa's Gser-phreṅ[3] an indication that his Commentary on the *Abhisamayālaṁkāra* and the *Pañca-viṁśati-sāhasrikā* was written from the Yogācāra point of view. Finally, in the *Uttaratantra* he may be considered to have attained the highest point of development in adopting a theory of purest, extreme monism. It is owing to this circumstance that the later Tibetan authors consider the *Uttaratantra* to be a Mādhyamika-Prāsangika work. At the same time we find Āryāsanga attempting to give a substitution for the idea of an individual soul. The conception of a store-consciousness containing the seeds of all the elements was replaced by him by the idea of the Essence of Buddhahood, the fundamental element of the Absolute as existing in every living being. This element which had before been regarded by Āryāsanga[4] as an active force,[5] was now viewed

---

[1] Cf. Prof. Th. Stcherbatsky, Conception of Buddhist Nirvāṇa, p. 34.

[2] *ālaya-vijñāna = kun-gži-rnam-par-śes-pa.*

[3] Aga edition, I. 19 a. 1—5.

[4] In the Sūtrālaṁkāra, Śrāvaka-bhūmi, Bodhisattva-bhūmi, &c.

[5] *bīja = sāmarthya.*

es eternal, quiescent, and unalterable, as the true essence of every living being and the source of all the virtuous qualities. Once, in his Commentary,[1] Āryāsanga returns to his old conception of the element of the lineage of Buddhahood[2] as a force, governing the 6 internal bases of cognition.[3] This however refers only to the fundamental element taken in the aspect of Empirical Reality,[4] as the Germ of Enlightenment which becomes developed.[5]

We do not, however, exclude the possibility that Āryāsanga could have written different works from different points of view, without changing his main standpoint. We know that such a practice was familiar to the Indian scholars belonging to diverse philosophical systems, as for instance Vācaspatimiśra who has written works from the Nāyāyika, Yoga, and Vedānta standpoint. The great Tibetan writers, as Tsoṅ-kha-pa, &c., have likewise composed their Commentaries in accordance with the texts explained by them; so we have works expressing the Mādhyamika-Prāsangika, Mādhyamika-Svātantrika, Yogacāra, Sautrāntika and Vaibhāṣika (on the Abhidharmakośa) standpoint, all having been written by one author.

III. The different Theories regarding the Fundamental Element or Germ of Enlightenment.

Thus, as we see, the main subject-matter of the Uttaratantra and the Commentary thereon is the teaching of the fundamental element[6] of the Absolute, otherwise called the Essence of the Buddha or the element of his lineage (*gotra*). Before we begin an investigation of this subject in accordance with the most developed Mādhyamika conception of it, we must give a brief account of the theories of other Buddhist schools concerning it likewise. In the celebrated Commentary of Tsoṅ-kha-pa on the *Abhisamayālaṁkāra*, called Gser-phreṅ, as well as in the manual[7] on the same work by the Grand

---

[1] Cf. p. 206. [2] *gotra* = *rigs*. [3] *ṣaḍ-āyatana* = *skye-mched-drug*.
[4] *saṁvṛtyā* = *kun-rdzob-tu*. [5] *paripuṣṭa* or *samudānīta-gotra*.
[6] *dhātu* = *khams*. [7] *yig-cha*.

Lama Jam-yaṅ-źad-pa[1] we possess a thorough analysis of the teaching about *dhātu* or *gotra* from the standpoint of the 4 principal Buddhist schools. It is on the basis of these 2 Tibetan works that we now make an attempt to give a systematical review of the different theories concerning the element of the saintly lineage. We shall strictly follow the order in which the subject is investigated by the Tibetan Commentaries. First comes the standpoint of the Hīnayānistic schools, the Vaibhāṣikas and Sautrāntikas, then that of the Yogācāras, and, finally, the theory of the Mādhyamikas, or that which is contained in the *Uttaratantra* and *Abhisamayālaṁkāra*.

a) The Term *gotra* and its Interpretation in Hīnayāna.

In the Vinaya and Abhidharma the term *gotra* is to be found in the sense of a special element which is regarded as the principal factor for the attainment of Arhatship, or otherwise, as that element which forms, so to say, the essential nature or character of a Saint.[2] Among the psychical elements,[3] there are 3, viz. absence of desire,[4] absence of enmity,[5] and absence of infatuation[6] which are called the 3 principal roots of virtue.[7] Of these three, the element of absence of desire is that which represents the essential character of the Saint and the element conducive to Salvation.[8] This element manifests itself in the contentment with every kind of clothing, food, dwelling, and couch, however poor and bad they might be,[9] and in a feeling of satisfaction with the practice of profound meditation and the removal of the defiling elements,[10] which likewise shows the Saint's aversion to all worldly matters. The first three characteristics

[1] Phar-phyin-skabs-brgyad-ka, Chilūtai (Dgaḥ-ldan-dar-rgyas-gliṅ) Monastery block-print edition.

[2] *ārya-pudgala.*

[3] *caitta* = *sems-byuṅ.*

[4] *alobha* = *chags-med-pa.*

[5] *adveṣa* = *źe-sdaṅ-med-pa.*

[6] *amoha* = *gti-mug-med-pa.*

[7] *trīṇi kuśala-mūlāni* = *dge-rtsa-gsum.*

[8] Cf. Bu-ton's Luṅ-gi-sñe-ma, Aga edition 203. a. 4.

[9] Gser-phreṅ I. 242 b. 2. (as a quotation from the Vinaya) and Skabs-brgyad-ka I. 232 b. 5.

[10] Gser. I. 242 b. 3. and Skabs. I. 232 b. 5–6.

refer to the nature of the Saint as securing the Path toward Salvation, whereas the fourth represents the essence of the Saint's activity on the Path.[1] Moreover, the element of absence of desire, as manifesting itself in the contentment with every kind of clothing, food, &c. is to be viewed as an antidote against every kind of attachment regarding one's property; being taken in the aspect of the satisfaction with the removal of defilement it is that which puts an end to every kind of consideration of "Ego" and "Mine."[2] Consequently, as the element of absence of desire represents such an important, predominant factor for the attainment of Salvation and the annihilation[3] of all worldly elements, it is the *gotra*, the fundamental element of the saintly lineage.[4]

Such is the conception of the *gotra* according to the Vaibhāṣika school. The standpoint of the other branch of the Hīnayānists, that of the Sautrāntikas is quite different. This school admits the existence of a special force[5] governing the element of consciousness. It belongs to the so-called "pure forces"[6] and gives origination to the pure transcendental wisdom[7] of the Saint at the time of final Enlightenment. This force represents the fundamental element, the *gotra* of the Saint,[8] and is regarded as existing from the outset in every living being. According to the Sautrāntikas this force can be annihilated and the attainment of Enlightenment made impossible, this being the case with an individual in whom the roots of virtue are prevented to grow.[9] As we shall see further on, this point of view forms a link between the Hīnayānistic and the Mahāyānistic conceptions

---

[1] Gser. I. 242 b. 3—4.

[2] Gser. I. 242 b. 4—5. Both these aspects of the element of saintly lineage are mentioned in the Abhidharmakośa VI. 7, 8, Tsugol Monastery edition 85 b. 6—86a. 2.

[3] *nirodha* = *ḥgog-pa*.

[4] Abhidharmakośa-bhāṣya, Aga edition.

[5] *bīja* = *sāmarthya*.

[6] *viprayukta-saṁskāra* = *ldan-min-ḥdu-byed*.

[7] *anāsrava-jñāna* = *zag-med-ye-śes*.

[8] Skabs-brgyad-ka I. 233 a. 1. and 238 b. 1, as a quotation from Yaśomitra's Abhidharmakośa-vyākhyā.

[9] *samucchinna-kuśala-mūla* = *dge-baḥi-rtsa-ba-kun-tu-chad-pa*.

of the *gotra*, since the theory of the Yogācāras which is to be discussed presently, represents only a more developed form of the Sautrāntika standpoint.

b) The Yogācāra Theories concerning *dhātu* or *gotra*.

Before we begin an investigation of the *gotra* as viewed by the Yogācāras it is necesssary, in short, to point to the principal subdivisions of this school. The elder branch are the Yogācāras or Vijñānavādins basing upon Scripture,[1] the school of Āryāsanga and Vasubandhu. They maintain the theory of the store-consciousness[2] containing, so to say, the seeds of all the elements constituting a personality.[3] The other subdivision is that of the Logician Vijñānavādins,[4] the younger school founded by Dignāga. This branch of the Yogācāras does not admit the existence of the store-consciousness, the functions of which are according to this school divided among the six internal bases of cognition.

In accordance with these 2 varieties of the Yogācāras the conception of the *gotra* differs in some points, being, in regard of the main one, essentially the same. Those who maintain the theory of the store-consciousness define the "gotra" as a force which governs[5] this store-consciousness and which brings about the origination of pure transcendental knowledge, the removal of the defiling agencies and the transformation[6] of all the elements constituting a personality into component parts of the 3 Bodies of the Buddha. With the logicians it is respectively a force governing the internal bases of cognition, its functions being exactly the same as those maintained

---

[1] Tib. luṅ-gi-rjes-ḫbraṅs-sems-tsam-pa = āgama-anusāriṇo vijñānavādinaḥ.

[2] *ālaya-vijñāna* = *kun-gži-rnam-par-śes-pa*.

[3] It is interesting to note that in the Lamaist schools it is maintained that the Yogācāras hold the store-consciousness to be *gaṅ-zag-rdzas-yod-pa* = *dravya-sat-pudgala* i.e. "the real personality" (!).

[4] rigs-paḫi-rjes-ḫbraṅs-sems-tsam-pa = nyāya-anusāriṇo vijñānavādinaḥ.

[5] Lit. "stands above" (*kun-gžiḫi-steṅ-du* = *ālayasya upari*).

[6] *parāvṛtti* = *yoṅs-su-gyur-pa*.

by the elder school. The *gotra* is regarded by both the subdivisions of the Yogācāra school as manifesting itself in 2 aspects, viz. the fundamental, existing in every living being from the outset, and that which undergoes the process of development.[1] Thus, the standpoint of the Yogācāras regarding the very essence of the *gotra* itself agrees with that of the Sautrāntikas. It is held to be a pure force and an active[2] mutable element. This active character is very pregnantly expressed in the *Gūḍhārtha*[3] where it is said that the Absolute Reality[4] manifests itself in 2 forms, viz. the active and the immutable.[5] The first of these forms has again 2 varieties,—the pure Transcendental Wisdom of the Buddha[6] and the seed, the germ of this Transcendental Wisdom.[7] This seed is the *gotra*, the fundamental element and the original cause[8] of Enlightenment. It is, as has been mentioned before, of 2 kinds, viz. the primordial and that which becomes developed. Remarkable is the theory of the Yogācāras regarding the metamorphose[9] of the elements constituting the personality of an ordinary individual into component parts of the 3 Bodies of the Buddha at the time of final Enlightenment. This metamorphose is produced by the agency of the *gotra*, which is accordingly viewed as the force bringing about the transformation of the internal bases of cognition (and of the store-consciousness with the elder school) into the elements of Buddhahood. The process of transformation is viewed differently by the Yogācāra authorities. In general, the 3 Bodies of the Buddha are put in correspondence with the 8 or the 6 kinds of consciousness which are: 1) the store-consciousness,[10] 2) the intellect as the substratum of defiling forces,[11]

---

[1] *prakṛtistha* and *paripuṣṭa-gotra* = *raṅ-bžin-gnas-rigs* and *rgyas-ḥgyur-gyi-rigs*.

[2] *saṁskṛta* = *ḥdus-byas*.

[3] Tib. Doṅ-gsaṅ, a commentary on the first chapter of the Mahāyāna-saṁgraha Tg. MDO. XVI. Quoted in Gser. I. 243 a. 3.

[4] *pariniṣpanna* = *yoṅs-grub*.

[5] *nitya* = *rtag-pa*.

[6] A synonym of the Buddha's Body of Absolute Wisdom (*jñāna-dharma-kāya*).

[7] Gser. I. 243 a. 4.

[8] *upādāna-kāraṇa* = *ñer-len-gyi-rgyu*.

[9] *parāvṛtti*.

[10] *ālaya-vijñāna*.

[11] *kliṣṭa-manas* = *ñon-yid*. Is a synonym of *mana-āyatana* (No. 6).

and the 6 forms corresponding to the 6 internal bases of cognition,—the 5 forms of sensious consciousness and the mental.[1] Candragomin[2] says that some are of the opinion that the store-consciousness becomes transformed into the Cosmical Body[3] of the Buddha, the intellect as the substratum of defiling forces—into the Body of Bliss,[4] and the 5 forms of sensuous consciousness[5]—into the Apparitional Body.[6] Otherwise, in correspondence with the 5 forms of the Divine Transcendental Wisdom of the Buddha, the transformation is to be viewed as follows:—

The store-consciousness	Becomes transformed into	The Cosmical Body as the perfectly pure Absolute[7] and the Transcendental Wisdom resembling a mirror.[8]
The intellect as the substratum of defiling forces	Becomes transformed into	The Body of Bliss i.e. the Altruistic[9] and the Discriminative Wisdom.[10]
The 5 forms of sensuous consciousness	Become transformed into	The active Wisdom[11] pursuing the welfare of living beings i.e. the Apparitional Body.

According to those Yogācāras who do not accept the theory of the store-consciousness,—the 5 varieties of sensuous consciousness

---

[1] *mano-vijñāna* = *yid-kyi rnam-par-śes-pa*. [2] Quoted in Skabs I. 239b. 1–4.

[3] *dharma-kāya* = *chos-sku*.

[4] *saṁbhoga-kāya* = *loṅs-spyod-rdzogs-paḥi-sku* (*loṅs-sku*).

[5] *pañca-dvāra-vijñāna* = *sgo-lṅaḥi-rnam-śes*.

[6] *nirmāṇa-kāya* = *sprul-sku*.

[7] *dharma-dhātu-viśuddhi* = *chos-dbyiṅs-rnam-par-dag-pa*.

[8] *ādarśa-jñāna* = *me-loṅ-lta-buḥi-ye-śes*.

[9] *samatā-jñāna* = *mñam-ñid-ye-śes*.

[10] *pratyavekṣaṇa-jñāna* = *so-sor-rtog-paḥi-ye-śes*.

[11] *kṛtya-anuṣṭhāna-jñāna* = *bya-ba-sgrub paḥi-ye-śes*.

become transformed into the Body of Bliss, and the mental consciousness—into the Apparitional Body.[1] Thus we see the tendency of viewing the *gotra* as a special element, an active, transforming principle. It cannot be regarded as identical with the store-consciousness or as included in the internal bases of cognition. It is a force "standing above" the store-consciousness, dominating it and bringing about the transformation of it into the pure Transcendental Wisdom of the Buddha. According to Āryāsanga's Mahāyāna-saṁgraha it is the seed of the Cosmical Body in a living being which can be of a high, intermediate, and low degree. It is, so to say, a counteragent[2] of the store-consciousness, inasmuch as it brings about its transformation.[3]—It would be likewise incorrect to view the *gotra* as quite identical with all the 6 internal bases of cognition, as do some of the Tibetan authorities.[4] The *gotra* is a force governing these bases of cognition, and in such an aspect cannot be considered as equal to them, because its function, that of bringing about the transformation of the elements and the attainment of Buddhahood, is other than the functions of the sense-organs and the intellect. On the other hand it is not something totally different from the internal elements.[5] Here we see that the standpoint of the Yogācāras is indefinite, resembling that of the Vātsiputrīyas in regard of the *pudgala*,—the individual viewed as a separate reality. It is clear that if the Germ of Enlightenment, at the same time the fundamental essence of a personality, were viewed as a separate element, essentially differing from the internal bases of cognition, the Yogācāras would run the danger of admitting the existence of a special substance which, though mutable, could be viewed as the Ego, as something resembling an individual soul. This they try to avoid by stating that the internal elements which represent a substratum and the

---

[1] Skabs-brgyad-ka, I. 239 a. 6—b 1.

[2] *pratipakṣa* = *gñen-po*.

[3] Gser. I. 243 b. 1—2.

[4] Skabs-brgyad-ka, I. 234 a. 5. sqq.

[5] Gser. I. 244 b. 3—4, as a quotation from the Śrāvaka-bhūmi and ibid. 244 b. 6—245 a. 1, as a quotation from Sāgaramegha's Bodhisattva-bhūmi-vyākhyā (Tg. MDO. LV).

gotra which governs them are not to be viewed as quite different from each other. The 6 bases of cognition are not the *gotra* itself, but they are neither something quite apart from it.

In Haribhadra's *Abhisamayālaṁkārāloka*[1] it is stated that the *gotra* as existing in every individual is beginningless and an outflow of the Absolute. The Yogācāras have the same opinion, but they do not admit the *gotra* to be the Absolute itself, as Haribhadra does.[2] Tsoṅ-kha-pa and Jam-yaṅ-źad-pa[3] rightly remark that if the *gotra* is taken to be an active element, it is quite impossible to regard it as identical with the Absolute, which is immutable. Moreover, as the Yogācāras maintain the annihilation of the force of the *gotra* with the Hīnayānist at the time of final Nirvāṇa[3] and with one in whom all the roots of virtue have perished, the *gotra* cannot be viewed as the Absolute, which is eternal and indestructible. That the *gotra* is derived from the Absolute means according to the Yogācāras that it exists from the outset, forming an inherent property of the stream of elements[4] constituting a personality. Neither in its fundamental, nor in its thriving state, it ever loses the character of a force, an active element.

As regards the principal varieties of the *gotra* as viewed by the Yogācāras, these are held to be three in correspondence with the 3 Vehicles,—of the Śrāvakas, Pratyekabuddhas and Bodhisattvas,[5] with the activity of these 3 different kinds of Saints and the forms of Enlightenment attained by them.[6] These 3 forms are held to be

---

[1] MS. Minaev, 59 a. 4—*anādi-kāla-āyāta-dharmatā-pratilabdham.*

[2] Ibid. 59 b. 2.—*dharma-dhātur gotram.*

[3] Gser. I. 234 b. 5—6 and Skabs I. 234 b. 5.

[4] *saṁtāna* = *rgyud.*—This concerns the majority of the Yogācāras. There are however followers of this system who agree with the Mādhyamikas in the opinion that the gotra is identical with the Absolute. Such is the standpoint of Ratnākaraśānti, the author of the Commentary on the Abhisamayālaṁkāra *en regard* Pañcaviṁśatisāhasrikā called Śuddhimatī (Tg. MDO. IX).

[5] Cf. Vasubandhu on Sūtrālaṁkāra III. 2.—*asti yāna-traye gotra-bhedaḥ.*

[6] Ibid.—*phala-bhedaś co' palabhyate hīna-madhya-viśiṣṭā bodhayaḥ so' ntareṇa gotra-bhedaṁ na syāt; bīja-anurūpatvāt phalasya.*

essentially different and not, as with the Mādhyamikas who maintain the theory of the Unique Vehicle,[1] as having one ultimate result which is the Supreme Enlightenment of the Buddha.

IV.

c) The Standpoint of the Mādhyamikas. The Teaching of the Element of Buddhahood according to the Uttaratantra.

The central point of this most developed theory is the teaching that the fundamental element of Buddhahood, the Essence of the Buddha[2] in a living being represents an eternal, immutable[3] element, which is identical with the monistic Absolute and is unique and undifferentiated in everything that lives. This is the main standpoint of the Uttaratantra. It is expressed likewise in the *Abhisamayālaṁkāra*,[4] in Haribhadra's Commentary thereon and in numerous other works. The definition of the Germ or the Essence of the Buddha given by Jam-yaṅ-źad-pa in his manual[5] is as follows:—It is the Absolute[6] (as the true essence of every living being) which at the time of final Enlightenment becomes the Body of Absolute Existence[7] of the Buddha. In the Commentary of Tsoṅ-kha-pa we have numerous quotations which especially point to the eternal immutable nature of the fundamental element. The most pregnant of these is that of the *Ratnakūṭa*:[8]—That in which there is absolutely nothing caused and conditioned[9] is (the element) which is eternal and immutable. This element is that of the saintly lineage;[10] it has a resemblance with space, being unique and undifferentiated. It is the true essence[11] of all the elements, is uniform[12] and eternal.[13]—As we have frequently stated above, it is considered to exist in all the living beings without

[1] *eka-yāna*. Cf. below.

[2] *tathāgata-garbha* = *de-bźin-gśegs-paḥi-sñiṅ-po*.

[3] *asaṁskṛta* = *ḥdus-ma-byas*.

[4] I. 39.

[5] Skabs-brgyad-ka I. 240 a. 1.

[6] *dharma-dhātu* = *chos-kyi-dbyiṅs*.

[7] *svabhāva-kāya* = *ṅo-bo-ñid-sku*.

[8] Quoted Gser-phreṅ, I. 246 b. 4—5.

[9] *saṁskṛta* = *ḥdus-byas*.

[10] *gotra* = *rigs*.

[11] *tathatā* = *de-bźin-ñid*.

[12] Lit. "of one taste" (*eka-rasa* = *ro-gcig-pa*).

[13] *nitya* = *rtag-pa*.

exception and forms the true essence, the background of all the elements constituting a personality.[1] At the same time it is considered to be of a pure spiritual nature[2] and as the element of the spirit of the Buddha. Only it, and nothing else, is real and persistent in an individual; it is beginningless and knows no end. In its essence it does not differ from the Cosmical Body of the Buddha, which is accordingly characterized as pervading everything that exists.[3] All the other elements constituting a personality as classified into the 5 groups,[4] the 12 bases of cognition,[5] and the 18 component elements of an individual[6] as well as the defiling agencies[7] and the Biotic Force[8] which produce them are regarded as totally unreal by themselves, and called forth by the force of illusion.[9] They are always spoken of as the occasional, the accidental defiling elements[10] which cannot affect or alter the element of the Absolute. The latter, as we have it with every individual, excepting the Buddha, is represented as concealed under the coverings of this accidental defilement, but by no means damaged by it. The whole process of the liberation of the Absolute Essence from the worldly elements which ends with the attainment of Buddhahood, that is to say the Path of a Saint, is to be viewed as an uninterrupted practice of mind-concentration upon the non-substantiality of the elements. Through this concentration, the illusion of the reality of the separate entities disappears, the desires, &c. in regard of the worldly objects cease to exist, and the Biotic Force called forth by these desires can no more exercise its activity. Consequently, the origination of new

---

[1] Skabs. I. 238 a. 4.

[2] *citta-svabhāva* = *sems-kyi-raṅ-bźin.*

[3] Cf. the quotation of Jñānagarbha's Satya-dvaya-vibhanga and Commentary in Skabs. VIII. 22 b. 2.—*chos thams-cad-kyi lus-ni ḥgro-ba-thams-cad de-bźin-gśegs-paḥi ṅo-bo-las mi-ḥdaḥ-baḥi-phyir* = *sarva-dharmāṇāṁ kāyaḥ, sarva-jagatas tathāgata-svabhāva-anatikramāt.* Cf. also Sūtrālaṁkāra IX. 15.—*yathāmbaraṁ sarvagataṁ* . . .

[4] *skandha* = *phuṅ-po.*

[5] *āyatana* = *skye-mched.*

[6] *dhātu* = *khams.*

[7] *kleśa* = *ñon-moṅs.*

[8] *karma* = *las.*

[9] *avidyā-vāsanā* = *ma-rig-paḥi-bag-chags.*

[10] *āgantuka-mala* = *glo-bur-gyi-dri-ma.*

groups of elements is made impossible, the remaining are gradually annihilated and the element of Buddhahood is delivered. This represents the attainment of the real, the true Nirvāṇa. Now, in the process of purification the element of Buddhahood remains essentially the same; its final metamorphose represents nothing but the removal of the occasional defiling elements. We see that Āryāsanga in his last work has come to a fully monistic and pantheistic conception. The statement that "the fundamental element of a living being and the Cosmical Body of the Buddha are the same, there being a difference only in the names," is a very pregnant expression of his standpoint. Another remarkable passage concerns the properties of the Buddha. It is said that these properties represent the attributes of the Absolute Essence as it is with the Buddha. But, as we read immediately after, this Essence is unique and indivisible with everything that lives. The difference is thus caused only by the presence of the defiling elements. But these have only an Empirical, a surface reality; they are not something which is to be really rejected. Absolutely real, eternal, and unalterable is only the element of Buddhahood.

This pantheist theory of the Uttaratantra and its development in the Kāla-cakra Doctrine were adopted by the famous Tibetan Lama Dolbopa-śeirab-gyal-tshan (1292–1391), the founder of the Jo-naṅ-pa sect, who interpreted them in a still more extreme way. Tsoṅ-kha-pa and his school rightly saw in this Doctrine a contradiction with the main principles of Buddhism. We find, accordingly, in their works an attempt to modify it. They accuse the Jo-naṅ-pa with having wrongly interpreted the Uttaratantra and say:[1] — There are such who (like the Jo-naṅ-pa) maintain that the Supreme Buddha, endowed with the powers and all the other attributes, exists in every living being from the outset. These do not in the least differ from the Brahmanists,[2] who adhere to the conception of a

---

[1] Dar. 12 b. 6 – 13 a. 1.

[2] *tīrthika* = *mu-stegs-pa*.

Supreme God[1] existing eternally.—In Gyal-tshab's Commentary[2] we find a discussion on the subject that the element of Buddhahood in a living being and the Cosmical Body of the Buddha cannot be regarded as completely identical. We have likewise many other passages in which the student is warned from confounding the teaching of the Uttaratantra with the Brahmanical systems.—In spite of all this it is quite clear that the *Uttaratantra* contains a full-blown pantheistic theory, the teaching of an eternal Buddha whose miraculous activity free from effort[3] manifests itself in everything that exists, and of the unique eternal element of Buddhahood or of the saintly lineage.

It has been stated above that, according to the Yogācāra point of view, the element of the lineage appears in two varieties, viz. as the primordial[4] and as that which becomes developed.[5] In the *Uttaratantra* we have likewise these 2 varieties, with the difference that the primordial represents, as we know, the eternal and immutable element of the Absolute. The Germ of Enlightenment which becomes developed is in its turn regarded as the reflection, the counterpart of the main aspect in the Phenomenal World. Accordingly, in the *Tathāgata-garbha-sūtra*, containing the 9 examples on the Essence of Buddhahood, the primordial element is characterized as resembling gold which always remains unalterable, and the Germ which becomes developed is compared with a real seed which brings fruit.

We must now mention another characteristic feature of the teaching about the element of the lineage as we have it in the *Uttaratantra*. This is the standpoint that, owing to the eternal character of this element, it can never be annihilated in a living being. This means that every living being has the chance of attaining Salvation. Moreover as the fundamental element is unique and undifferentiated

---

1 *īśvara* = *dbaṅ-phyug.*

2 Dar. 12 b. 2. sqq.

3 *anābhoga* = *lhun-gyis-grub-pa.*

4 *prakṛti-stha-gotra* = *raṅ-bźin-gnas-rigs.*

5 *paripuṣṭa-gotra* = *rgyas-ḥgyur-gyi-rigs.*

in everything that lives, and as it is the Essence of the Buddha,[1] the ultimate result of its purification from defilement can be only one,—the attainment of Buddhahood. In accordance with this point of view it is maintained that the true Nirvāṇa is only that of the Buddha.[2] As concerns the Nirvāṇa of the Hīnayānist Saints,—the Śrāvakas and Pratyekabuddhas, it is considered to be a state of temporary pacification after the removal of the Obscuration of Moral Defilement.[3] The Hīnayānist Saint may abide for many æons in a state of perpetual trance in the so-called Unaffected Sphere,[4] having a spiritual, non-physical existence.[5] He is however at length aroused from this state by the grace of a Buddha, whereupon he enters the Mahāyānistic Path that ends with his attainment of Buddhahood.[6] Thus the varieties of the element of saintly lineage and the different results of its purification are to be viewed as conventional and temporary.

In close connexion with the theory of the Essence of the Buddha, the Uttaratantra gives us the teaching about the Cosmical Body[7] of the Buddha, the attainment of which is the result of the saintly Path. At the time of the termination of the latter, all the defiling elements which had hitherto obscured the Essence of the Absolute are completely removed, the illusion of the Empirical World vanishes and there remains the full and uninterrupted intuition of the unique Absolute with which the mind completely coalesces, there being no more a differentiation of subject and object and of separate entities. It is in such a sense that we have to understand the quotation from Scripture in the *Vyākhyā* that "the cessation, the negation of Phenomenal Existence[8] is the Cosmical Body of the Buddha." The

[1] *tathāgata-garbha.*

[2] Uttaratantra, I, verse 83.

[3] *kleśa-āvaraṇa* = *ñon-moṅs-kyi-sgrib-pa (ñon-sgrib).*

[4] *anāsrava-dhātu* = *zag-med-kyi-dbyiṅs.*

[5] *manomaya-kāya* = *yid-kyi-raṅ-bźin-gyi-lus.*

[6] This is the theory of the "Unique Vehicle" (*eka-yāna*).

[7] *dharma-kāya* = *chos-sku.*

[8] *nirodha-satya* = *ḥgog-bden.*

Ultimate Substance now viewed as the true Essence of the Buddha and his properties is called the Cosmical Body, or more precisely, the Body of Absolute Existence.[1]

The unique undifferentiated character of Buddhahood from the standpoint of Ultimate Reality is very pregnantly expressed in the works of Maitreya-Asanga and elsewhere. So we have in the Sūtrālaṁkāra IX. 4. the statement that all the elements of existence are identical with Buddhahood, since the Absolute is one undifferentiated whole; there exists no element whatever as a separate, differentiated reality.[2] In the same work (IX. 62 and Comm.) it is said that the Body of Absolute Existence is one and the same with all the Buddhas, being an undifferentiated whole.[3] And IX. 77. we have:—The Buddhas cannot be viewed as a unity from the standpoint of their previous bodily existence, their accumulations of merit, &c. But in the immaculate plane of Absolute existence they do not represent a plurality since the Cosmical Body is unique and undifferentiated.[4] In the *Jñāna-āloka-alaṁkāra-sūtra*[5] it is said that the Supreme Buddha represents the Ultimate Limit in the aspect of which all the elements are equal and uniform and do not appear (as separate entities).[6] He is always the same, free from constructive thought[7] and differentiation. Here in the Uttaratantra this Ultimate Cosmical Body of the Buddha is spoken of as endowed with the four absolute transcendental properties of Purity, Bliss, Eternity, and of being the Ultimate Essence of all the elements (*paramātman*).[8]

---

[1] *svabhāva-kāya* = *ṅo-bo-ñid-sku*. The active reflex of it is the Body of Absolute Wisdom (*jñāna-kāya*).

[2] *sarvadharmāś ca buddhatvaṁ tathatāyā abhinnatvāt tadviśuddhi-prabhāvitatvāc ca buddhatvasya, na ca kaścid dharmo'sti parikalpitena dharma-svabhāvena.*

[3] *svābhāvikaḥ (kāyaḥ) sarva-buddhānāṁ samo nirviśiṣṭatayā.*

[4] *bahutvam api ne'ṣyate buddhānāṁ dharma-kāyasya abhedād anāsrave dhātau.*

[5] Kg. MDO. III. 289 b. 6—7.

[6] This refers evidently to the teaching that all elements are for ever merged in Nirvāṇa (*prakṛti-parinirvṛtta*).

[7] *vikalpa* = *rnam-par-rtog-pa.*

[8] Tib. *dam-paḥi-bdag.*

Such is the Buddha in the aspect of the Absolute, called the true Ultimate Refuge. But, as we read in the *Sūtrālaṁkāra*, the accumulation of merit of the Buddha in the Empirical World cannot remain fruitless. This his activity is the moral Biotic Force[1] which must produce ultimately the highest and most blissful mundane existence. Moreover the Buddha has a double outlook facing both the Absolute[2] and the Empirical Reality[3] and has for his chief aim the salvation of other living beings. It is owing to these motives that the Buddha manifests himself in the Empirical World in his corporeal forms,[4] viz. the Body of Bliss,[5] eternally abiding in the region Akaniṣṭha and in the numerous Apparitional Bodies[6] which are its emanations, and are working for the weal of all living beings as long as the world exists. But in the aspect of the Absolute these corporeal forms are mere reflections and have no real essence of their own.

These are, in short, the main ideas expressed in the *Uttaratantra*. Their detailed exposition is contained in the translation which is now to follow. The paragraphs in the Commentaries of Tsoṅ-kha-pa and Jam-yaṅ-żad-pa concerning the teaching of *gotra* or *dhātu* with the different Buddhist schools will be translated separately and form an appendix to the present work. In the translation the greatest care has been bestowed on a faithful rendering of all technical terms of which the work is full. This has been made in accordance with the method adopted by Prof. Stcherbatsky. Not a single term is left without translation, but in order to facilitate control, the original term (Sanscrit and Tibetan) is always given in the note.

It now remains for me to express my gratitude to my revered teacher Prof. Th. Stcherbatsky at whose instigation and with whose help this work has been carried out and has assumed its present form, and to Prof. Sten Konow owing to whose kind attention it is now published. My deepest thanks are likewise due to the Khambo

---

[1] *karma = las.*

[2] *paramārtha = don-dam-pa.*

[3] *saṁvṛti = kun-rdzob.*

[4] *rūpa-kāya = gzugs-sku.*

[5] *saṁbhoga-kāya.*

[6] *nirmāṇa-kāya.*

(Mkhan-po) Lama Agvan (Ṅag-dbaṅ) Dorjeev who took such a keen interest in my Buddhist studies in Transbaikalia and has greatly furthered them, to the Abbot of the Chilūtai[1] Monastery, Lha-ram-pa[2] Donḍub Buddhayin with whom I undertook a systematical study of the *Uttaratantra* and *Vyākhyā* (July–August 1929), and to my friends the Lamas Galdan Jamsaranu and Gyamtsho Gomboyin who have supplied me with many valuable instructions.

The Sublime Science of the Great Vehicle to Salvation.

I. The Contents of the Work.

1. The Buddha, the Doctrine, the Congregation,
The Germ (of Buddhahood), Supreme Enlightenment,
The attributes of the Buddha and last of all his acts,—
These are the seven adamantine topics,
In which the compass of this treatise can be summarized.[3]

---

[1] Dgaḥ-ldan-dar-rgyas-gliṅ.

[2] The highest degree of learning in the Monasteries of Lhasa.

[3] Cf. Dar. 6a. 3—6b. 3. These 7 points appear in 2 aspects, namely from the standpoint of the Absolute (*paramārtha = don-dam-pa*) and from that of Empirical Reality (*saṁvṛti = kun-rdzob*). The Buddha in the aspect of the Absolute is the Cosmical Body (*dharma-kāya = chos-sku*),—the complement of purity and wisdom (*prahāṇa-jñāna-saṁpatti = spaṅs-pa daṅ ye-śes phun-sum-tshogs-pa*). The Buddha from the Empirical Standpoint is the corporeal form (*rūpa-kāya = gzugs-sku*). The Doctrine from the standpoint of the Absolute represents the Extinction (of Phenomenal Life *nirodha = ḥgog-pa*) and the Path (*mārga = lam*) of the Mahāyānist Saint. As to the Doctrine viewed empirically, it will be the collection of sermons (*pravacana = gsuṅ-rab*). The Congregation from the Ultimate Standpoint represents the elements of Wisdom and final Deliverance with the Mahāyānist Saint. The Congregation viewed empirically is the assembly of the Saints of the Great Vehicle.

The fundamental element (or Germ,—*dhātu = khams*) from the point of view of Ultimate Reality is the Absolute Essence (*tathatā = de-bźin-ñid*) forming the background of the consciousness of the living beings, the Absolute itself, only obscured by defiling elements (*āvaraṇa = sgrib-pa*). The same element viewed empirically is a force which governs the spirit of the living beings and makes possible the origination of the saintly (*lokottara = ḥjig-rten-las-ḥdas-pa*) elements.

The Explanation of the Verse by Aryāsanga.

The subject that is to be cognized[1] has a resemblance with a diamond, and the (words that demonstrate it)[2] may be compared with diamond-mines, since they represent the receptacles (of this subject). The subject which is accessible (only) to the inward conviction (or introspection) of the Saint and is of an inexpressible, unutterable character, resembles a diamond (that is hard and unpenetrable), since it cannot be "pierced" by the (ordinary) knowledge, which is a result of study and investigation.[3] [2 a.] The words which express this subject and afford a means for its cognition are spoken of as the (diamond)-mines, since they represent a foundation for this (cognition). Thus the unpenetrable character (of the subject) and the nature of the words, as being a support of it, let us know the former as a diamond and the latter as its repository. Now, of what kind is the subject and of what kind are the words (expressing it)? (Answer):—The subject consists of the 7 points that are to be cognized. These are as follows:—1) the Buddha, 2) the Doctrine,

---

Enlightenment (*bodhi* = *byaṅ-chub*) viewed sub specie aeternitatis is the Cosmical Body, and, taken empirically, represents the corporeal forms of the Buddha (the Body of Bliss—*saṁbhoga-kāya* = *loṅs-sku* and the Apparitional Body—*nirmāṇa-kāya* = *sprul-sku*). The difference between this subject and the first which is Buddhahood, is that here Enlightenment is viewed as something to be attained (by the person proceeding) on the Path himself, whereas before it has been taken from the standpoint of the element already attained by another personality. The attributes of the Buddha in the aspect of the Absolute are the 10 Powers (*daśa-bala* = *stobs-bcu*) and the other distinctive features which are the result of the removal of the Obscurations. The attributes, being viewed empirically, are the 32 corporeal marks. The acts of the Buddha from the standpoint of Ultimate Reality represent the Wisdom acting in behalf of others (*kṛtya-anuṣṭhāna-jñāna* = *bya-ba-sgrub-paḥi-ye-śes*). Empirically they are contained in the collection of the Buddha's sermons.

[1] Dar. 9 a. 3. The sevenfold subject that is to be intuited, that is to say, revealed by introspection (*pratyātma-vedya* = *so-so-raṅ-gis-rig-par-bya-ba*) to the Saint.

[2] Ibid.

[3] *śrutimayī prajñā* = *thos-pa-las-byuṅ-baḥi-śes-rab* and *cintāmayī prajñā* = *bsam-pa-las-byuṅ-baḥi-śes-rab*.

3) the Congregation, 4) the Fundamental Germ (of Buddhahood),[1] 5) Enlightenment, 6) the attributes, and 7) the acts (of the Buddha). [2 b.] The words are those by means of which these 7 topics are demonstrated and made clear.

A detailed exposition of the (7) adamantine subjects is contained in the Sūtras.[2] It is said there as follows:—O Ānanda, the (real)[3] Buddha is indemonstrable. He cannot be seen by the eye. O Ānanda, the (true) Doctrine[4] is unutterable.[5] It cannot be heard by the ear. O Ānanda, the (true) Congregation is of an immutable character. It cannot be worshipped, neither by body nor mind. Such are the (first) 3 adamantine topics as we have them in the *Adhyāśaya-parivarta.*[6]

It is said further on:—O Śāriputra, this topic[7] is the object[8] that is the sphere[9] of the Buddha (alone). O Śāriputra, all the

---

[1] Cf. Dar. 6b. 6—7a. 4. If there were no fundamental Germ perfectly pure by itself, the purification from the casual (*āgantuka* = *glo-bur-ba*) defiling forces would be impossible. Thus this Germ is put forth as the necessary condition for the attainment of Enlightenment, and is metaphorically spoken of as the natural cause (*upādāna-kāraṇa* = *ñer-len-gyi-rgyu*) of the latter. It is not however a real producing cause, since it is an eternal, immutable element (*asaṁskṛta* = *ḥdus-ma-byas*). (The Germ) which becomes developped (*paripuṣṭa* = *rgyas-ḥgyur* or *samudānīta* = *yaṅ-dag-par-bsgrub-pa*) is to be regarded as the actual producing cause. As concerns the cooperating causes and conditions, these are Enlightenment as attained by another individual with the corresponding attributes and acts. On the basis of the teaching delivered by another who has attained Supreme Enlightenment, it is possible to purify one's own stream of elements (*saṁtāna* = *rgyud*) from defilement.

[2] Sthira-adhyāśaya-parivarta, Kg. MDO. XIX 172b. 2—3.

[3] Dar. 10b. 4. The Buddha in the aspect of the Absolute, unreal as a separate entity (differing from the unique Essence of the Cosmos) and free from all the additional defiling elements. He is inaccessible to empirical (*vaiyavahārika* = *tha-sñad-pa*) knowledge.

[4] The Doctrine viewed as Extinction and the Path. Cf. above.

[5] Dar. 10b. 5. It is unutterable in the sense of its not being an object of thought-construction (*kalpanā* = *rtog-pa*) connected with speech.

[6] Tib. *lhag-paḥi-bsam-pa-brtan-paḥi-leḥu.*

[7] That is the Absolute as forming the fundamental germ of the living beings and mingled with defiling elements. Dar. 11a. 6.

[8] *viṣaya* = *yul.* [9] *gocara* = *spyod-yul.*

Śrāvakas as well as the Pratyekabuddhas are now unable to cognize, perceive, and investigate this subject by means of their own analytic wisdom, independently. If this be so, what is there to say of the ordinary, worldly beings.[1] This however does not concern the cognition which is inspired by the faith in the Buddha. O Śāriputra, the Absolute Truth may be perceived (by the Śrāvaka and Pratyekabuddha Saints)[2] as a result of their faith. O Śāriputra, the Absolute (in its defiled form)[3] is a name[4] of the fundamental element of the living beings. O Śāriputra, this fundamental element of the living beings (partly purified)[5] is a name for the essence, the pith of Buddhahood.[6] O Śāriputra, this pith of Buddhahood (being completely free from all defilement)[7] is a name of the Cosmical Body.[8] Such do we know to be the fourth adamantine topic which is not subjected to augmentation and decrease as it is demonstrated in Scripture.

(It is said further on):—O Lord, the perfect Supreme Enlightenment[9] is a name for the essence of Nirvāṇa.[10] O Lord, the essence of Nirvāṇa is a name for the Cosmical Body of the Buddha. Such is the 5th adamantine subject according to the *Śrī-mālā-siṁhanāda-sūtra.*[11] (It is said):—O Śāriputra, of what kind is the Cosmical

---

[1] *bāla* = *byis-pa* and *pṛthagjana* = *so-soḥi-skye-bo.*

[2] Dar. 12 a. 3.—*ñan-thos daṅ raṅ-saṅs-rgyas ḥphags-pa-rnams-kyis* &c.

[3] Ibid. 12 a. 6.—The Absolute mingled with defilement, when it is not in the least purified from the defiling elements.

[4] *adhivacana* = *tshig-bla-dvags.*

[5] Dar. 12 a. 6—b. 1.—When it is to some extent purified from the defiling forces, but nevertheless still connected with some of them.

[6] *tathāgata-garbha* = *de-bźin-gśegs-paḥi-sñiṅ-po.*

[7] Dar. 12 b. 1. *dri-ma mthaḥ-dag-gis-dben-pa-na* = *sakala-mala-vivikta.*

[8] Ibid. 12 b. 2. Thus the Absolute when it is in a defiled state is termed the fundamental element of the living beings and the Essence of Buddhahood. On the other hand, when it is completely free from all defilement, it is called the Cosmical Body.

[9] *anuttarā samyaksaṁbodhiḥ* = *yaṅ-dag-par-rdzogs-paḥi-byaṅ-chub.*

[10] *nirvāṇa-dhātu* = *mya-ṅan-las-ḥdas-paḥi-dbyiṅs.*

[11] Kg. DKON. VI. 274 b. 5—6.

Body of the Buddha? It is endowed with the attributes of the Buddha which are greater in number than the sands of the Ganges, the attributes which are inseparable (from the Essence of the Buddha),[1] the distinctive features peculiar to the Wisdom (of the Buddha) who never becomes destitute of any of them. The 6th diamond subject is thus demonstrated as something which can neither increase, nor become diminished. (We have further on):[2]—O Manjuśrī, the Buddha does not search, nor does he reflect (about the character of the work to be done). However, he does act, and this his activity free from search and reflection manifests itself miraculously and without effort.[3] Thus we have the 7th point as the manifestation of the Buddha's attributes and of his Transcendental Wisdom [3 b.], directed toward the objects that are inaccessible to ordinary human knowledge. Thus, in short, these 7 adamantine topics are to be regarded as forming the contents, the "body" of the whole of this work, since, to speak briefly, their elucidation has been the motive for the composition (of this treatise).

The 7 Subjects according to the Dhāraṇīśvara-rāja-paripṛcchā.[4]

2. Their essential character and mutual connexion
Is, in gradual order, (shown) in the *Dharaṇīśvara-rāja-sūtra*.
(The first) 3 topics are to be known from (its) introduction,[5]

---

[1] Dar. 13 a. 6. The attributes of the Buddha, the 10 forces &c. are the qualities which are inseparable (from the Cosmical Body) as the colour and shine of a precious stone are inseparable from the latter itself.

[2] Cf. below.

[3] *anābhogam* = *lhun-gyis-grub-par*. Dar. 13 b. 1—2. As every kind of exertion is, with the Buddha, pacified, he, in acting for the sake of other living beings, has no thought-construction as regards the essence of the work to be done, the agent and the object. Neither does he enter upon a close examination of the details.

[4] Tib. *gzuṅs-kyi-dbaṅ-phyug-rgyal-pos-žus-paḥi-mdo*. Kg. MDO. XV. In the Kg. it is called the Tathāgata-Mahākaruṇā-nirdeśa-sūtra. I have found out this sūtra with the help of Bu-ton's index to the Kangyur, f. 166 b. 3, where we have both names.

[5] *nidāna-parivarta* = *gleṅ-gžiḥi-leḥu*.

And the (remaining) 4—from the analysis of the Buddha's[1] and the Bodhisattva's[2] attributes.

The elucidation of the particular essence[3] of these 7 subjects and their interconnexion is demonstrated in the *Dhāraṇīśvara-rāja-sūtra* in the order (in which the subjects have just been described). From the introductory chapter we come to know the first 3 subjects; then come the remaining 4 which are contained in the description of the various attributes peculiar to the Buddhas and the Bodhisattvas. We read as follows:[4]—

"The Lord has attained the Perfect Supreme Enlightenment,—(the intuition) of all the elements in their unity."[5] "He has duly demonstrated his Doctrine."[6] "He has obtained the illimited power of converting the multitude of disciples."—These 3 main aphorisms show us in gradual order the 3 Jewels[7] and the process of their origination.[8] The remaining 4 subjects are demonstrated as having the character of causes and conditions conformable with this origination. On the 8th Stage of the Bodhisattva the controlling power over all the elements[9] is attained. [4 a.] Through this one comes to the highest essence of Enlightenment[10] and the full Illumination, that is to say

---

[1] *rgyal-ba* = *jina*.

[2] *blo-ldan* = *dhīmat*—(the Wise).

[3] *svalakṣaṇa* = *raṅ-gi-mtshan-ñid*.

[4] Kg. MDO. XV. 142 a. 4—5.

[5] Dar. 14 b. 3—4. "as devoid of the character of real plurality."

[6] Lit. "has duly swung the Wheel of the Doctrine."

[7] *ratna-traya* = *dkon-mchog-gsum*.

[8] According to the following passage and Dar. 8 a. 3 sqq. and 14 b. 6 sqq. the 3 last Stages of the Bodhisattva (*acalā* = *mi-gyo-ba*, *sādhumatī* = *legs-paḥi-blo-gros* and *dharma-meghā* = *chos-kyi-sprin*) contain the most proximate causes of the 3 Jewels. The Bodhisattva on the 8th Stage is called "the Buddha in the conventional sense—*aupacāriko buddhaḥ* = *saṅs-rgyas-btags-pa-pa*," inasmuch as he has obtained the controlling power over the elements. The 9th and 10th Stages, respectively, contain the proximate causes of the Jewel of the Doctrine and that of the Congregation.

[9] The 10 controlling powers—*daśa-vaśitāḥ* = *dbaṅ-bcu*. Cf. M. V. § 27.

[10] *bodhi-maṇḍa* = *byaṅ-chub-kyi-sñiṅ-po*. According to Dar. 15 a. 4 *bodhi-maṇḍa* means here the Bodhi tree.

the intuition of the ultimate unity[1] of all the elements. He who abides on the 9th Stage of the Bodhisattva becomes endowed with the faculty of preaching the Highest of Doctrines.[2] He comes to know the intellectual faculties of all the living beings,[3] brings to the highest development all the faculties (that of faith and the rest), and becomes skilful as regards the annihilation of the continuance of the defiling forces[4] in every living being. On account of this he who has attained Supreme Enlightenment can duly expound the Doctrine. (The Bodhisattva abiding) on the 10th Stage becomes consecrated[5] as the successor to (the Buddha's) religious kingdom and, immediately after, begins to perform the acts of the Buddha without effort and uninterruptedly. As a consequence, he who duly expounds the Doctrine has the illimited power of converting the circle of his disciples (who become members of the Congregation). It is said further on:[6]—"he who has the unlimited power of converting the assembly of disciples abides (after having brought about this conversion) in the company of the great Congregation of ascetics," and so on up to—"and in the company of an unmeasurable multitude of Bodhisattvas.[7] Being endowed with such merits"... &c. The indication (of the assembly of the ascetics and Bodhisattvas)[8] respectively refers to the (power of) completely converting [4 b.] to the Enlighten-

---

[1] *sarva-dharma-samatā* = *chos-thams-cad-mñam-pa-ñid.*

[2] Dar. 15 b. 1.—Through the attainment of the 4 methods of Intense Penetration (*pratisaṁvid* = *so-so-yaṅ-dag-par-rig-pa.* M. V. § 13).

[3] Ibid.—The spiritual lineage of the living beings, their religious fervour, and different intellectual faculties.

[4] *vāsanā* = *bag-chags.*

[5] *abhiṣikta* = *dbaṅ-bskur-ba.* Cf. Nāgārjuna's Ratnāvalī Tg. MDO. XCIV. 150 a. 8—b. 1. *bcu-pa chos-kyi-sprin yin-te. dam-pa chos-kyi char ḥbebs-phyir. byaṅ-chub-sems-dpaḥ saṅs-rgyas-kyi. ḥod-zer-dag-gis dbaṅ-bskur-phyir.* The 10th Stage is that of the Clouds of the Truth (*dharma-meghā*). It is (called) so, because the rain of the Highest Truth descends upon the saints, and the Bodhisattvas are consecrated with the light of the Buddha.

[6] Kg. MDO. XV. 142 a. 6.

[7] Ibid. 142 b. 1—2—143 a. 1.

[8] Dar. 15 b. 6—16 a. 1.

ment of the Śrāvaka and that of the Mahāyānist Saint, which (power) forms an attribute of the Buddha. Then comes a glorification of the virtues of the Śrāvakas and the Bodhisattvas. After that the Sūtra[1] relates how the Buddha, on the basis of the highest forms of trance[2] peculiar to him, has constructed a circular court-yard adorned with precious jewels, how the adherents of the Buddha assembled,[3] how the Gods offered various sacrifices, and how the rain of glory descended (upon the Buddha). Here we have an indication of all the virtues of the Jewel of the Buddha in their variety. Then it is described how the great throne[4] (for preaching) was erected, how streams of light (ejected from the head of the Buddha) and how the various names of the divisions of the Doctrine[5] and their qualities were made known. (This passage represents) a description of the virtues of the Jewel of the Doctrine. Next we have an indication of the sphere of the Bodhisattva's trance and of its power, and the praise of the Bodhisattva's merits in various forms, the whole passage containing, accordingly, a description of the various attributes peculiar to the Jewel of the Congregation. Thereafter we have 1) a glorification[6] of the highest absolute virtues of the Buddha (by Dhāraṇīśvara-rāja), after the latter had received the consecration of the light of the Buddha and had through this attained the intrepidity[7] and intelligence[8] peculiar to the eldest heirs to the Kingdom of the Highest Doctrine; this is followed by 2) an ascertainment [5 a. 1.] of the Highest Mahāyānistic Doctrine and 3) the demonstration of the result of apprehending this Doctrine, namely the power of governing the elements.[9] (These 3 points) respectively show us the varieties

---

[1] Acc. to the Dar. the following passages render the contents of the Sūtra condensed. The passage concerning the Buddha—Kg. MDO. XV. 143 a. 6.

[2] Tib. *tiṅ-ṅe-ḥdzin-khyu-mchog* = *samādhi-ṛṣabha*.

[3] Sic according to Āryāsanga's Commentary (*ḥdus-pa*); the Dar. has *bsdus-pa*.

[4] Dar. 18 a. 1. the throne supported by lions—*siṁhāsana* = *seṅ-geḥi-khri*.

[5] *dharma-paryāya* = *chos-kyi-rnam-graṅs*. [6] Dar. 19 a. 2.

[7] *vaiśāradya* = *mi-ḥjigs-pa*. [8] *pratibhāna* = *spobs-pa*.

[9] *chos-kyi-dbaṅ-phyug-dam-pa*. Dar. 19 b. 4—5.—*chos-kyi-dbaṅ-phyug-ni chos thams-cad-la dbaṅ thob-paḥo*.

of the highest virtues peculiar to each of the 3 Jewels. This forms the conclusion of the introductory chapter.

The Germ of Buddhahood and the other 3 Subjects according to the Dhāraṇīśvara-rāja-paripṛcchā.

Directly after we have a description of the 60 appliances[1] (for the purification of the Germ of Buddhahood), the factors purifying (the essence of the Absolute mingled with defilement). Through this the character of the Germ of Buddhahood itself[2] is made clear, for (the existence of) purifying factors is admissible, (only) if there exists an object which is in need of purification. Having in view this object,[3] (the *Daśabhūmaka-sūtra*[4]) illustrates (the process of purification of the Germ) on the 10 Stages of the Bodhisattva by the comparison with the process of purifying grains of gold found in the sand. In this Sūtra[5] the subject is discussed immediately after the description of the Buddha's acts, (the Germ of Buddhahood) being compared with an impure stone of lapis-lazuli. (It is said as follows):[6]—O noble youth, take for instance a skilful jeweller who knows well the methods of polishing precious stones. He gets from a jewel-mine a stone, completely impure,[7] and, having washed it with acrid salt water, polishes it by wiping with a cloth made of hair. But he does not give up his task after having merely accomplished this. He then washes the stone with an acrid fluid of vitriol[8] and cleanses it with

---

[1] *parikarman* = *yoṅs-su-sbyoṅ-ba.*

[2] Dar. 20 a. 2—3. The Germ of Buddhahood in the aspect of Empirical Reality and in its character of the Absolute as mingled with defiling elements.

[3] Dar. 21 b. 5—6. Having in view this object, that is the mind of the living beings and its essence—the Absolute mingled with defilement and in the beginning completely impure, which through the contemplation of the antidotes of defilement gradually becomes purified.

[4] Dar. 21 b. 5.

[5] The Dhāraṇīśvara-rāja-paripṛcchā. [6] Kg. MDO. XV. 215 b. 1—7.

[7] Dar. 22 a. 3. "through mud and dust."

[8] Tib. *zaṅs-kyi-khu-ba.* In the Dar. (22 a. 4.) we have *zas-kyi-khu-ba* which is explained as *ña-khu*—a fluid from boiled fish.(?)

a woollen cloth. But even here his efforts do not cease. Having washed again (the stone) with a medicinal fluid,[1] the jeweller completely purifies it with a very fine cloth [5 b.]. That which is thus purified and made completely free from all the stains is the precious essence of lapis-lazuli. O noble youth, in the same way the Buddha, having perceived the fundamental element of the living beings obscured by defilement, arouses aversion in those who love this worldly existence, by speaking so as to present before their minds the evanescence,[2] suffering, impersonality,[3] and impurity (of the Phenomenal World).[4] In such a way he induces them to embrace the Doctrine and submit to the discipline of the (Hīnayānist) Saint. But the Buddha does not give up his task with merely accomplishing this. He then speaks of Non-substantiality, Non-differentiation and Absence of Desire[5] and through this causes to apprehend the true essence[6] of the Buddha. But the energy of the Buddha does not cease here. After that he expounds the Doctrine of the Irretrievable State[7] and speaks of the perfect purity (that is the separate unreality) of subject, object and act,[8] and through this induces the different living beings to penetrate into the sphere of the Buddha.[9] It is said that those who have

---

[1] *dṅul-chu*—quicksilver.

[2] *anityatā* = *mi-rtag-pa-ñid.*

[3] *nairātmya* = *bdag-med-pa.*

[4] Acc. to Dar. 22 a. 6 sqq. this refers to the Hīnayānists. The Buddha speaks of evanescence, that is of the momentary change peculiar to Phenomenal Existence, of the uneasiness accompanying perpetual origination, of the unreality of the individual and of the Phenomenal World as a whole being like an impure pit.

[5] *śūnyatā* = *stoṅ-pa-ñid, animitta* = *mtshan-ma-med-pa* and *apraṇihita* = *smon-pa-med-pa.* These are called the 3 Gates of Deliverance and represent the unreality of the elements from the standpoint of their essence, cause, and result.

[6] Dar. 23 a. 3. "The nature, the essential character of the Buddha which is the Absolute."

[7] *avaivartika-dharma-cakra* = *phyir-mi-ldog-paḥi-chos-kyi-ḥkhor-lo.* Dar. 24 b. 1. "which prevents the origination of egoistic thoughts, that is the desire of attaining Salvation merely for oneself without caring for other living beings."

[8] *trimaṇḍala-pariśuddhi* (or *viśuddhi*) = *ḥkhor-gsum-yoṅs-su-dag-pa.*

[9] Dar. 24 b. 3.—"the cognition of Non-substantiality" (*śūnyatā* = *stoṅ-pa-ñid*).

entered (the Great Vehicle)[1] and cognized the true essence of Buddhahood become possessed of the highest merits. In regard of this Germ of the Buddha, the substance (of the living beings) which becomes purified, it has moreover been said:—

Just as fine grains of gold, invisible among stones and sand,
Come to be seen if they are duly purified,
In the same way, in the world of living beings
(The manifestation of) the Buddha (is perceived).

Now, what are the 60 appliances, [6 a. 1.] the factors for purifying the Germ of the Buddha? They are as follows:—The 4 Ornaments of the Bodhisattva,[2] the 8 kinds of lustre[3] illuminating his (Path), the 16 forms of the Bodhisattva's Great Commiseration[4] and his 32 acts.[5]

After this comes a description of the 16 forms of Great Commiseration,[6] the distinctive features of Supreme Enlightenment,

---

[1] Sic according to Dar. 24 b. 3—4.—*theg-pa-chen-po-la żugs-par-gyur ciṅ* &c.

[2] Dar. 26 b. 3—4. "the 3 Disciplines (*adhiśīla-śikṣā* = *tshul-khrims-kyi-bslab-pa*, *adhicitta-śikṣā* = *sems-kyi-bslab-pa* and *adhiprajñā-śikṣā* = *śes-rab-kyi-bslab-pa*) and power of memory (*dhāraṇī* = *gzuṅs*) by which the activity of the Bodhisattva is "decorated."

[3] Dar. 26 b. 4—5. The 8 kinds of lustre which, being devoid of the darkness of ignorance, make clear the way (for the apprehension) of the Doctrine. They are:—1) the Lustre of Memory, 2) that of Discrimination, 3) Intuition, 4) the Doctrine, 5) the Knowledge (of it), 6) the Truth, 7) Supernatural Perception, and 8) Highest Activity.

[4] Ibid. 26 b. 5—27 a. 1. "consisting in the desire of removing the suffering of the living beings, with a view to the various false views, the 4 kinds of error, the consideration of Ego and Mine, the 5 Obscurations, attachment to the objects of the senses, the 5 kinds of pride, deviation from the Path of the Saint, dependence on others, wrath and sinful deeds, absence of the wisdom peculiar to a Saint, ignorance with regard to the profound doctrine of Causality, continuance of the force of Transcendental Illusion, non-deliverance from the burden of suffering, craft and deceit, and forfeiture of a blissful existence and Salvation."

[5] Cf. Appendix.

[6] Dar. 27 b. 4—28 a. 2. Manifesting itself with a view to the living beings who do not understand the essence of the Great Enlightenment and its 16 distinctive features, which are:—the Absence of foundation, Absence of a definite place,

which elucidates the nature of the latter as the Illumination of the Buddha.[1] Then the 10 Powers,[2] the 4 kinds of Intrepidity,[3] and the 18 Exclusive Attributes of the Buddha[4] are demonstrated, all his distinctive features being thus described. Thereupon[5] (the Sūtra) speaks of the highest forms of the Buddha's activity and thus makes clear the character of his 32 acts. In such a way the essential character of all the 7 adamantine subjects is made known by the Sūtra in detail.

The Connexion between the 7 Subjects.

Now, what is the connexion between them?

3. From the Buddha comes the Doctrine, from the Doctrine—the Congregation of the Saints,
From the Congregation—the (desire of purifying) the Germ till the attainment of the quintessence of Wisdom.
This Wisdom being attained, one comes to Supreme Enlightenment,
Becomes endowed with it and the other attributes, through which one acts for the sake of all living beings.[6]

Finished the explanation of the connexion between (the parts of) the treatise.—

Quiescence, perfect Pacification, immaculate (radiant) nature, absence of increase and loss, absence of distinctive marks, impossibility of being an object of cognition, unity in the present, past and future, the incorporeal and immutable character, absence of differentiation and substratum, the fact of not being an object of corporeal or mental (receptive faculty), imperceptibility, absence of a definite aspect, non-substantiality, analogy to space, the fact of being the real substratum (of all things), absence of form, absence of defilement and of the causes of Phenomenal Life, purity, absence of every kind of Obscuration and of Passion.

[1] Ibid. 27 b. 3—4.—as pure by nature and devoid of every kind of additional defilement.

[2] *daśa-bala* = *stobs-bcu* M. V. § 7.

[3] *catvāri vaiśāradyāni.* Ibid. § 8.

[4] *aṣṭādaśa āveṇika-dharmāḥ.* Cf. M. V. § 9.

[5] Kg. MDO. XV. 185 a. 6—215 a. 2.

[6] Dar. 28 b. 1—29 a. 6.

The Jewel of the Buddha. [6 b. 1.]

Now we have to explain the meaning of the following verses. The living beings who are converted by the Buddha seek their refuge in him. Being full of that faith which is a natural outflow of their belief in the Cosmical Body of the Buddha,[1] they likewise seek their refuge in the Doctrine and the Congregation. Therefore, as the Buddha is the first (and principal refuge), we begin with the verse referring to him.—

4. I bow before him, who has neither beginning, middle, nor end,[2]
Who is quiescent[3] and fully enlighted, (perceiving) his own (Cosmical) Essence of Buddhahood,[4]
Who, himself illuminated, shows to the ignorant
The Path sure and free from danger, in order that they might know (the Truth),[5]
Who, raising high the sword and the thunder-bolt of Mercy and Wisdom
Cuts down the sprout of Phenomenal Life,
And breaks the wall of Doubt surrounded

---

[1] Ibid. 29 b. 6. *chos-ñid-kyi-ste saṅs-rgyas-kyi chos-kyi-sku-la daṅ-baḥi dad-paḥi rgyu-mthun-paḥi-ḥbras-bu* (*niṣyanda-phala*) *yin-paḥi-phyir-ro.* This passage is an extract from the Śrī-mālā-devī-siṁhanāda-sūtra. Kg. DKON. VI. 275 b. 3—4.

[2] Dar. 30 a. 4—5. The original purity of the Buddha. He represents the Absolute (*paramārtha-satya* = *don-dam-bden-pa*), devoid of all plurality (*sarva-prapañca-anta-vinirmukta* = *spros-paḥi-mthaḥ-thams-cad-daṅ-bral-ba*) and has no beginning, middle and end.

[3] The additional purity. The Buddha has brought to pacification all the defiling forces by means of their antidotes. Through this he exercises his activity without any effort.

[4] Dar. 30 a. 6. The Buddha is fully enlightened as regards his own Essence, the Unity of the Cosmos devoid of all plurality.

[5] Dar. 30 b. 2—3. The Commiseration of the Buddha. He shows the Path to the converts in order that the living beings, ignorant of the absolute and empirical character of the things cognizable, might come to know such. The Path is free from danger through its transcendental (*lokottara* = *ḥjig-rten-las-ḥdas-pa*) character and through the fact of its referring to the Irretrievable State.

By the dense thickets of the different heresies.[1]—
Now, what is shown here?

5. Immutable,[2] free from effort,[3]
Incognizable from without,[4]
Endowed with Wisdom, Love, and Power,[5]
And pursuing a twofold aim—such is Buddhahood.

This passage, in short, speaks of the Essence of Buddhahood, as possessed of 8 distinctive features. What are these 8? (They are as follows):—1) Immutability, 2) Action without effort, 3) The fact of being incognizable from without, 4) Wisdom, 5) Commiseration, 6) Power, 7) The complement of the Buddha's own aim, and 8) The complement of the aim of others.[6]

6. Having by nature no beginning,
Middle, nor end, (the Buddha) is immutable.[7]

---

[1] Ibid. 30 b. 3—5. The power of the Buddha. Having raised the sword of Commiseration and Wisdom he cuts down the sprout of Phenomenal Existence as it is contained in the 12-membered Causal Chain and, particularly, in its fourth member—that of the physical and mental elements (*nāma-rūpa = miṅ-daṅ-gzugs*). Raising high the thunder-bolt of Mercy and Wisdom, he breaks down the wall of doubt which is surrounded by the dense thickets of the various false doctrines.

[2] The character of the Cosmical Body as the primary substance in its original purity,—the immutable Absolute.

[3] *anābhoga = lhun-gyis-grub-pa.* Dar. 31 a. 1. The additional purity of the Cosmical Body. It acts without effort through the perfect pacification of every kind of exertion.

[4] The Absolute Transcendental Wisdom. The Buddha cannot be cognized from without (*para-pratyaya-agamya = gźan-gyi-rkyen-gyis-rtogs-min-pa*), being an object of the inward cognition of the Buddha himself.

[5] Dar. 31 a. 2. The other attributes of the Buddha, his Wisdom in regard of the Empirical World, his Commiseration and Power relate to the corporeal form (*rūpa-kāya = gzugs-sku*) of the Buddha, through which he acts for the sake of others.

[6] *svārtha-saṁpatti = raṅ-gi-don-phun-sum-tshogs-pa.* the Cosmical Body and *parārtha-saṁpatti = gźan-gyi-don-phun-sum-tshogs-pa.* the corporeal forms of the Buddha.

[7] *asaṁskṛta = ḥdus-ma-byas.* Dar. 31 b. 1—2. The original purity of the Buddha's Cosmical Body. As it, essentially, has neither beginning, middle, nor end, that is to say, is not liable to origination (*jāti = skye-ba*), stability (*sthiti = gnas-pa*), and destruction (*vināśa = ḥjig-pa*), we call it an immutable element.

Being, in his Cosmical Essence, quiescent,
He is spoken of as acting without effort.[1]
7. Being perceived through inward conviction[2]
He is incognizable from without,
[7 a. 1.] He is (the personified) Wisdom as he knows himself in these 3 forms,[3]
Commiseration,—as he shows the Path,[4]
8. And Power, since through Wisdom and Love
He puts an end to Phenomenal Life and Defilement.
In the first 3 (attributes) lies the aim of oneself,
And in the latter 3—the aim of others.

Āryāsanga on the Jewel of the Buddha.

"Immutable"[5] we know to be the reverse of that which is caused or conditioned.[6] Now, caused (or conditioned) is that with which origination, stability, and destruction are experienced.[7] The Buddha,[8] being devoid of these (3 distinctive features) is eternal,

---

[1] Ibid. 31 b. 2—3. He is free from every kind of effort in its activity for the sake of others, as he represents the Cosmical Body, the perfect pacification of every kind of exertion.

[2] Ibid. 31 b. 3. As it can be cognized only by the Introspective, Concentrated Transcendental Wisdom, he is inaccessible to the cognition from without by means of words, thought-construction, and the like.

[3] Dar. 31 b. 3—4. As he cognizes (objectively) the original purity, the additional purity, and the Absolute Transcendental Wisdom (as his own distinctive features).

[4] Ibid. 31 b. 6—32 a. 1. By showing the Path that leads to the intuition of this unthinkable object to those who are ignorant of it.

[5] *asaṁskṛta* = *ḥdus-ma-byas.*

[6] *saṁskṛta* = *ḥdus-byas.*

[7] Acc. to Dar. 32 a. 4. "The beginning," "the middle," and "the end" are synonyms of Origination, Stability, and Destruction (*jāti, sthiti, vināśa*). Cf. Conception of Buddhist Nirvāṇa, Index 7.

[8] Dar. 32 a. 5.—*don-dam-bden-pas-bsdus-paḥi-saṅs-rgyas-ñid* = *paramārthena saṁgṛhītam buddhatvam*—Buddhahood as representing the Absolute.

immutable, that which has neither beginning, middle, nor end. As such he represents the Unity of the Cosmos.[1]

Through the perfect Quiescence of all Plurality[2] and the Extinction of all thought-construction,[3] (this Cosmical Body) is motionless and without effort. As it can be cognized only by means of the Introspective Transcendental Wisdom, it is not accessible to the cognition from without. Here the word "*udaya*" is to be understood in the sense of "thorough cognition," but not in that of "origination." The Buddha, having such an immutable and motionless character, nevertheless exercises his activity as long as the world exists, without effort, unhindered and uninterruptedly.[4]

The Buddha has thus come to the full Supreme Enlightenment, (the intuition) of this marvellous, unthinkable sphere of Buddhahood, this by means of his introspective Transcendental Wisdom, himself, without hearing from others and without the help of a teacher, and has cognized it in its unutterable nature.[5] After that, in order that the other living beings who, being deprived of this knowledge, are like born blind,[6] [7 b. 1.] may likewise perceive the Truth, he has demonstrated the Path leading to this perception. On account of this we know him to be possessed of the Highest Wisdom and Commiseration. The Path (shown by him) is free from danger, as it leads out of this world and (is peculiar to one who attains) the Irretrievable State.[7] The examples of a sword and a thunder-bolt

---

[1] Ibid. 32 a. 5. *chos-kyi-sku-yaṅ-dag-paḥi-mthas-rab-tu-phye-ba* = *dharma-kāya-bhūta-koṭi-prabhāvita*—representing the Cosmical Body, the Ultimate Essence of Existence.

[2] Dar. 32 b. 2. Plurality as the differentiation into subject and object (*grāhya-grāhaka* = *gzuṅ-ḥdzin*).

[3] Cf. "Conception of Buddhist Nirvāṇa," page 190—*sarva-kalpanā-kṣaya*.

[4] Dar. 32 b. 6.—through the efficiency of his previous vows (*pūrva-praṇidhāna* = *sṅon-gyi-smon-lam*). Cf. Abhisamayālaṁkāra VIII. 34.

[5] Dar. 33 a. 5.—has come to full Enlightenment in regard of the Absolute the essence of which is inexpressible by words.

[6] Tib. *mus-loṅ-du-gyur-pa* = *jātāndha-bhūta*.

[7] Dar. 33 b. 1—A characteristic of the Path that is demonstrated. It is free from danger, that is to say, from the 5 kinds of fear(?) The Buddha shows the Transcendental Path of the Saint as it begins with the first Stage of the Bodhisattva

illustrate both the Wisdom and the Commiseration of the Buddha as having the power of, respectively, annihilating the source of Phenomenal Life and that of Moral Defilement.[1] Now, the root of Phenomenal Existence are the physical and the mental elements,[2] as they become originated[3] in the (3) spheres of this world.[4] The root of Moral Defilement are the false doctrines and doubt which are preceeded by the views maintaining the existence of a real individuality.[5] Here the Phenomenal Life, as consisting of the physical and mental elements, has the character of growth and can through this be compared with a sprout. The power of the Buddha's Wisdom and Commiseration cuts down this sprout; it may accordingly be illustrated by the example of a sword. (The Obscuration of) Moral Defilement which is to be removed by means of intuition[6] and which consists in doubt and incorrect views, cannot be pierced, that is to say cognized by the ordinary worldly knowledge.[7] It is therefore like a wall surrounded by dense thickets, and the Buddha's Wisdom and Commiseration which break down this wall have here the resemblance with a thunder-bolt. [8 a. 1.]

Reference to the Jñāna-āloka-alaṁkāra-sūtra.

A detailed exposition of the 6 distinctive characteristics of the Buddha, in the order given above, is contained in the *Sarva-buddha-*

(*pramuditā* = *rab-tu-dgaḥ-ba*). He who ventures on this Path never becomes devoid of the mind directed toward Enlightenment (*bodhicitta* = *byaṅ-chub-kyi-sems*) and has attained the Irretrievable State through the annihilation of the seed of imputed Realism.

[1] *kleśa-āvaraṇa* = *ñon-moṅs-kyi-sgrib-pa*.

[2] *nāma-rūpa* = *miṅ-daṅ-gzugs*. [3] *abhinirvṛtta* = *mṅon-par-grub-pa*.

[4] Dar. 34 a. 5.—An individual existing at present in the Immaterial Sphere (*arūpa-dhātu* = *gzugs-med-khams*) may be reborn in the world of Carnal Desire (*kāma-dhātu* = *ḥdod-khams*) or in that of Pure Matter (*rūpa-dhātu* = *gzugs-khams*). Accordingly, although the material elements do not exist with such an individual now, still the latter possesses the seed of them for a future existence.

[5] *satkāya-dṛṣṭi* = *ḥjig-tshogs-la-lta-ba*. [6] *dṛṣṭi-heya* = *mthoṅ-bas-spaṅs-pa*.

[7] Dar. 35 a. 1—2.—The ordinary worldly knowledge cannot directly cognize the true character of defilement and is incapable of annihilating it.

viṣaya-avatāra-jñāna-āloka-alaṁkāra-sūtra,[1] as follows:—O Mañjuśrī, "he with whom there can be neither origination nor destruction,"[2]— is an epithet[3] of the Tathāgata, the Arhat, the Perfect, Supreme Buddha.—This passage demonstrates the immutable essence of the Buddha. Then come the 9 examples (illustrating the miraculous character of the Buddha's deeds), beginning with the reflection of the immaculate form of Indra on a surface of lapis-lazuli.[4] With regard to the meaning of these examples it is said:—O Mañjuśrī, in a like way the Tathāgata, the Arhat, the Perfect Supreme Buddha is motionless, he does not reflect, nor does he speak, nor search, nor investigate.[5] He neither searches, nor investigates (the past),[6] nor does he reflect (about the present), nor has he any thoughts (and desires regarding the future). He is perfectly calm,[7] he knows no origination (anew), nor can he disappear. He cannot be seen, nor heard, nor smelt, nor tasted, nor touched. He has no characteristic marks (by which he may be cognized by ordinary wordlings),[8] he is not an absolute cognizing principle,[9] nor is he something cognizable.[10] [8 b. 1.] This and the following passage show the various (meanings) of

---

[1] Tib. *saṅs-rgyas-thams-cad-kyi-yul-la-ḥjug-pa-ye-śes-snaṅ-ba-rgyan-gyi-mdo*. Kg. MDO. III. 287 b. 6 sqq.

[2] Dar. 35 a. 6.—The Cosmical Body of the Buddha which represents the Absolute and neither becomes originated nor disappears.

[3] *adhivacana* = *tshig-bla-dvags*.

[4] Cf. below, the Acts of the Buddha.

[5] "Conception of Buddhist Nirvāṇa," page 210, quotation from the Tathāgata-guhya.

[6] Sic acc. to Dar. 35 b. 6—36 a. 1. Kg. MDO. III. 280 a. 4—6.

[7] Lit. "cool" *śīti-bhūta* = *bsil-bar-gyur-pa*. Cf. Lalita-Vistara, ed. Lefman, 405. 21.

[8] Dar. 36 a. 2—3.—*so-so-skye-bo raṅ-dgaḥ-baḥi-rtags-kyis dpag-par-bya-ba-ma-yin-pa*.

[9] Ibid. 36 a. 3. *śes-paḥi-ṅo-bor raṅ-bžin-gyis-ma-grub-pa rnam-par-rig-pa-med-pa* —he cannot be defined as having the essence of pure consciousness from the standpoint of the Absolute.

[10] Ibid. *śes-byaḥi-ṅo-bor raṅ-bžin-gyis-ma-grub-pa rnam-par-rig-par-bya-ba-ma-yin-pa*—he is not something cognizable, that is to say he is unreal as a separate object of cognition.

the words "perfectly quiescent." They likewise show the Buddha as free from effort while exercising his activity, inasmuch as he represents the Quiescence of all Plurality and Differentiation. Thereafter, the remaining text (of the Sūtra) demonstrates, by means of examples, the fact of the Buddha's being inaccessible to cognition from without. Indeed, the Absolute Essence of all the elements (which is identical with the Buddha who is constantly merged in it) is the only medium for Supreme Enlightenment. Then comes a description of the 16 aspects of the latter, as peculiar to the Buddha. At the end it is said:[1]—O Mañjuśrī, having attained Supreme Enlightenment, (the intuition of) all the elements in this their true essence, the Buddha has perceived in the living beings the Germ of the Absolute, completely impure (with some), not fully purified (with others), and (partly) defective (with still others).[2] He has become full of compassion[3] and has manifested the power of his Great Commiseration.—This passage demonstrates the Buddha as possessed of Wisdom and Love. "All the elements in this their true essence" means "in their character of Non-substantiality." "Having attained Supreme Enlightenment" signifies—"after having cognized (the elements) in their true state by means of the Transcendental Wisdom free from thought-construction, which is peculiar to the Buddha." "In the living beings" means "in those who definitely belong (to one of the 3 spiritual families[4] [9 a. 1.], those of an indefinite character, and those definitely rooted in error."[5] "The Germ of the Absolute"

---

[1] Kg. MDO. III. 298 a. 6—7.

[2] Cf. below.

[3] Tib. *rnam-par-brtse-ba*. Acc. to Dar. 36 b. 4.—*rnam-par-brtson-pa*—"manifests his energy." It is said that "some texts" (*kha-cig-tu*) have the reading *rnam-par-brtse-ba* "since the energy mentioned here is another name for Commiseration."

[4] Cf. M. V. § 61.

[5] Dar. 36 b. 6 sqq. Those rooted in error are the individuals whose Germ is for a time prevented to grow. This does not however mean that it is alltogether annihilated and that such living beings are incapable of attaining Enlightenment. Acc. to the Mādhyamikas, all living beings are sure of attaining Enlightenment, and their Germ cannot perish, since it is an immutable element, identical with the Absolute.

means the pith of the Buddha which, essentially, does not differ from his own true nature. "Has perceived" means that he has seen by means of the eyes which are peculiar to the Buddha[1] and to which nothing is obscure. (The Germ of the Absolute) is completely impure with the ordinary worldlings, since they are obscured by Moral Defilement.[2] It is not fully purified with the Śrāvakas and Pratyekabuddhas, who are possessed of the Obscuration of Ignorance. It is (partly) defective with the Bodhisattvas, in whom the residues of both (the Obscurations) still exist.[3] (The Buddha) is full of compassion[4] since he starts an activity for the realization of the means (of purifying the stream of elements) with the converts. He manifests himself in the living beings, since it has been his intention to attain Enlightenment, and, consequently, the intuition of his own essential nature, in order that other living beings (might attain a position) equal to that of his own.[5] Thereafter, having manifested his highest Wisdom and Commiseration, he has uninterruptedly exercised his activity in swinging the incomparable Wheel of the Doctrine. This is to be regarded as (the manifestation of) the power of both (Wisdom and Mercy) pursuing the welfare of other living beings.[6]—Now, of these 6 virtues of the Buddha, taken respectively, the first 3, beginning with the immutable character, represent the complement of (the Buddha's) own aim, and

---

[1] *buddha-cakṣuḥ = saṅs-rgyas-kyi-spyan.*

[2] *kleśa-āvaraṇa = ñon-moṅs-kyi-sgrib-pa.* Acc. to the Mādhyamika-Prāsangika School—Realism (*bden-ḥdzin*) relates to the Obscuration of Moral Defilement. The Obscuration of Ignorance (*jñeya-āvaraṇa = śes-sgrib*) consists in the differentiation into subject and object and the views maintaining a difference between Saṁsāra and Nirvāṇa. Cf. Grub-mthaḥ-rin-chen-phreṅ-ba of Ḥjigs-med-dbaṅ-po, 24 b. 6–25 a. 1 (Aga).

[3] Acc. to the Prāsangikas the Obscuration of Moral Defilement is removed on the first 7 Stages (of the Bodhisattva), and that of Ignorance—on the last 3 (Dar. 36 b. 6.).

[4] Acc. to Dar. 37 a. 6. as before *rnam-par-brtson-pa*—"Great energy."

[5] Dar. 37 b. 1.—*sems-can thams-cad-kyis raṅ-gi-go-ḥphaṅ-brñes-paḥi rgyu-mtshan-du mṅon-par-rdzogs-par-byaṅ-chub-pas-na.*

[6] Dar. 37 b. 4.—If he were deprived of Great Commiseration, he would, after the attainment of Nirvāṇa, have remained merged in the plane of complete Quiescence and would not have swung the Wheel of the Doctrine.

the latter 3, beginning with Transcendental Wisdom—the complement of the aim of other living beings. [9 b. 1.] Otherwise, Divine Transcendental Wisdom may represent the complement of one's own aim, inasmuch as it is the foundation for the eternal and quiescent character which both depend on one's own Enlightenment. The Buddha's Commiseration and Power are the complement of the aim of others, since they manifest themselves in teaching the Highest Doctrine.—

The Jewel of the Doctrine.

From the Jewel of the Buddha comes the Jewel of the Doctrine.[1] Accordingly, next we have a verse concerning the latter.—

9. I bow before that which cannot be investigated
Neither as a non-ens, nor an ens,
Nor both ens and non-ens together, nor neither of both,[2]
Which has no name, is revealed by introspection,[3] and perfectly quiescent;
And before the sun of the Highest Doctrine,[4] immaculate,
Shining with the lustre of Divine Wisdom,
And vanquishing the darkness of Ignorance, Hatred,
And the Attachment toward all (worldly) objects.—

Now, what is shown here?—

10. Unthinkable, free from both (the causes of Phenomenal Life)[5] and from Differentiation,
Pure, illuminating, and the Antidote[6] (of defilement),
The deliverance from passions and that which leads to such,
Contained in the 2 (last) Truths—such is the Doctrine.—

---

[1] Dar. 38 a. 6.—The Doctrine in its absolute form as Extinction (*nirodha* = *ḥgog-pa*) and the Path (*mārga* = *lam*).

[2] Cf. Sūtrālaṁkāra VI. 1.—*na san na cāsan na tathā* &c.

[3] Dar. 39 a. 6. It is revealed by introspection to the Saint in the state of intense concentration in its undifferentiated, monistic character.

[4] The comparison with the sun refers only to the Doctrine viewed as the Path (Dar. 38 b. 2.).

[5] The Biotic Force (*karma* = *las*) and the passions (*kleśa* = *ñon-moṅs*).

[6] *pratipakṣa* = *gñen-poḥi-phyogs*.

This passage, in short, speaks of the Jewel of the Doctrine, as endowed with 8 dinstinctive attributes. What are these 8?—1) Inaccessibility to discursive thought, 2) absence of the 2 (chief causes of Phenomenal Existence), 3) absence of differentiation, 4) purity, 5) illumination, 6) the fact of being an antidote (against defilement),[1] 7) the liberation from passions, and 8) the cause of the latter. [10 a. 1.]

11. The freedom from passions consists
In the Truths of Extinction and of the Path;
These 2, taken respectively,
Are each known by 3 distinctive features.—

Of 6 distinctive attributes, the unaccessibility to discursive thought, the absence of the 2 (factors of Phenomenal Life) and that of differentiation characterize the Truth of Extinction and are therefore included in the idea of deliverance from passion. The remaining 3 attributes, purity, illumination and the fact of being an antidote against defilement refer to the Path and, consequently, to the cause of liberation (from passion). That which represents this liberation is the Extinction (of Phenomenal Existence). That by means of which this liberation from the passions is attained, is the Path. It is thus said that these 2, combined together, represent the Doctrine delivering from passion[2] which thus bears the character of the 2 purifying[3] Truths of the Saint.

12. It is unthinkable, since it cannot be analysed,[4]
Is unutterable and revealed (only) to the Saint,
It is quiescent by being devoid of the two (causes of Phenomenal Existence);

[1] *pratipakṣa* = *gñen-poḥi-phyogs.*

[2] Cf. M. V. § 267. 2. *dharmaṁ śaraṇaṁ gacchāmi virāgāṇām agryam.*

[3] *vaiyavadānika* = *rnam-par-byaṅ-ba.* Dar. 40 a. 2.—of the 4 Truths of the Saint—the first 2 (*duḥkha* and *samudaya*) contain the defiling (*sāṁkleśika* = *kun-nas-ñon-moṅs-pa*), and the latter two (*nirodha* and *mārga*)—the purifying elements. The 2 "purifying" Truths thus form the essence of the Doctrine.

[4] Dar. 40 b. 2.—analysed within the compass of the 4 limitations.

The other 3 attributes, purity and the rest
(Suggest) a resemblance with the sun.

In shorth, we know the Truth of Extinction to be inaccessible to our thought for 3 motives. What are these 3? (Answer):—1) (The Truth of Extinction) cannot be an object of discursive thought[1] which could be viewed in the compass of the 4 limitations which are: a) non-ens, b) ens, c) both ens and non-ens together, and d) neither ens, nor non-ens; 2) It cannot be expressed by means of words,[2] through such and such language [10 b. 1],[3] as a murmur of the mind,[4] in a sentence, by means of a name with a special etymology,[5] by a word having a conventional meaning,[6] as an object of conversation,[7] or in a special figurative form; 3) It can (only) be revealed by introspection to the Saint.[8]

Reference to Scripture concerning Extinction.

Now, for what reason do we know the Truth of Extinction to be the absence of both (the Biotic Force and Desire) and of all differentiation. It has been said by the Lord as follows:—O Śāriputra, that which we call the Extinction (of Phenomenal Existence)[9] is the Cosmical Body. It has the character of being devoid of the 2 (causes of Phenomenal Life) and of every kind of differentiation.—Here "the 2 (causes)" mean the Biotic Force and Desire, and "differentiation" is used in the sense of the wrong appreciation (of objects by the mind)[10] which puts in motion both the Biotic Force and Desire. The

---

[1] Tib. *rtog-geḥi-yul-ma-yin-pa* = *na tarkasya viṣayaḥ*. Cf. Sūtrālaṁkāra I. 12.

[2] The bearers of such and such an idea (*vācaka-śabda* = *rjod-byed-kyi-sgra*).

[3] Dar. 40 b. 6—41 a. 1. *yul-mi-so-soḥi-skad.*

[4] Ibid. 41 a. 1. *yid-kyi-brjod-pa* = *mano-jalpa.*

[5] *nirukti* = *ńes-tshig.* [6] *saṁketa* = *brda.* [7] *vyavahāra* = *tha-sñad.*

[8] Dar. 41 a. 2.—It is to be cognized in its monistic character as not differentiated into subject and object.

[9] Dar. 41 a. 4.—*glo-bur-gyi dri-ma mthaḥ-dag zad-paḥi ḥgog-pa*—Extinction as the annihilation of all the casual defiling elements.

[10] *ayoniśo manasikāraḥ* = *tshul-bźin-ma-yin-puḥi-yid-la-byed-pa.*

Saint has an introspective intuition that (the causes of Phenomenal Existence, are by their nature, essentially, annihilated. Therefore, the Truth of Extinction appears to him as that which is the complete absence of any new origination of Phenomenal Life. Indeed, at that time there are no constructions of the thought, no forces creating Phenomenal Existence, and no desires. But nowhere is this Extinction spoken of as the destruction of some of the elements of existence. It is said:[1]—O Mañjuśrī, there cannot be any activity of the mind,[2] the intellect,[3] and consciousness[4] regarding that which is neither originated, nor disappears.[5] That in regard of which there can be no activity of the mind, the intellect, and consciousness, is devoid of every kind of differentiation, that is to say, wrong appreciation.[6] On the contrary, the mind being directed upon the right point, it is impossible for ignorance[7] to arise. The non-origination of ignorance means the same in regard of the (whole) 12-membered chain of Phenomenal Life [11 a.]. There will be thus no (repeated) origination (in the Saṁsāra any more). This and more has been said (in Scripture). (We have next):[8]—O Lord, the destruction of the elements does not mean the Extinction of Phenomenal Existence.[9] O Lord, that which

---

[1] Jñāna-āloka-alaṁkāra-sūtra, Kg. MDO. III. 297 a. 7—b. 2.

[2] *citta* = *sems*. [3] *manas* = *yid*.

[4] *vijñāna* = *rnam-par-śes-pa* = (*rnam-śes*). Dar. 42 a. 1—2. The mind is that over which the different active forces (*vāsanā* = *bag-chags*) exercise their activity, the intellect is taken in the sense of a support or substratum (*āśraya* = *rten*—of the different faculties), and consciousness is to be understood as that which is founded on the said substratum. Otherwise the 3 are viewed as synonymous. Cf. Prof. Th. Stcherbatsky, Conception of Buddhist Nirvāṇa, p. 31.

[5] I.e. the Absolute. Dar. 41 b. 6. *skye-ba-med-ciṅ ḥgag-pa-med-pa don-dam-paḥi bden-pa-la.*

[6] Cf. p. 133 note 10.

[7] *avidyā* = *ma-rig-pa*. Dar. 42 a. 4. *bden-par-ḥdzin-paḥi ñon-moṅs-can-gyi-ma-rig-pa*—Ignorance connected with defilement and consisting in realistic views. Cf. Conception of Buddhist Nirvāṇa, Index 7. s. v. *avidyā*.

[8] Śrī-mālā-siṁhanāda-sūtra. Kg. DKON. VI. 278 a. 6—b. 2.

[9] This passage very pregnantly expresses the Mahāyānistic idea that the Extinction of Phenomenal Life, that is to say the attainment of Nirvāṇa, does not mean an actual annihilation of the elements constituting a personality, but that it

is called the Extinction of Phenomenal Existence manifests itself as the Cosmical Body of the Buddha which is beginningless, is neither created,[1] nor born (by itself),[2] nor has it an origination (from both self and not-self).[3] It cannot be destroyed (by anything else), nor can it disappear (by itself). It is eternal, persistent, quiescent, indestructible, perfectly pure by nature,[4] delivered from all the bonds of the passions, and endowed with the attributes of the Buddha which are inseparable (from it), inconceivable and greater in number than the sands of the Ganges.—O Lord, this very Cosmical Body of the Buddha, when it is not delivered from the bonds of the passions, is called the Germ of the Buddha.[5]—All this is to be regarded as a detailed characteristic of the Truth of Extinction as we have it in Scripture.

The Path as the Cause of Extinction.

The cause for the realization of this Cosmical Body of the Buddha which is called the Extinction of Phenomenal Life, is the direct Transcendental Intuition which represents the Paths of Illumination[6] and Contemplation.[7] The Path (as a whole) may be compared with the sun, since it has 3 points of resemblance with it. 1) (First of all) it is akin to the disc of the sun which is perfectly pure, inasmuch as it (the Path) is completely free from the stains of passion. 2) Just as the sun casts its light on all the visible objects, in the same way the Path makes clear everything cognizable in all the different aspects. 3) Finally, it has a resemblance with the sun by being a counterpart of darkness [11 b.], since it appears as the antidote of all the impediments to the perception of the Absolute Truth.

---

means only a change of the point of view with regard to the Universe, which is intuited in the monistic sense.

[1] Dar. 42 b. 1. *rkyen gźan-gyis-ma-byas-pa* = *para-pratyayair akṛta.*

[2] Ibid. *raṅ-ñid ma-skyes-pa* = *svato'nutpanna.*

[3] Ibid. *gñis-ka-la-brten-nas-ma-byuṅ-ba* = *ubhaya-āśritatvena-anutpanna.*

[4] *raṅ-bźin-gyis-dag-pa* = *svabhāva-śuddha.*

[5] Dar. 42 b. 4.—The Absolute mingled with defilement, which is the Essence of the Buddha.

[6] *darśana-mārga* = *mthoṅ-lam.* [7] *bhāvanā-mārga* = *sgom-lam.*

The impediments are (caused) by the rise of passion,[1] hatred,[2] and infatuation,[3] since (all living beings) are possessed of these defiling forces in a dreaming,[4] or developped state. The origination of passion &c. is preceeded by an activity of the mind directed toward the illusionary objects which are a cause (for the origination of realistic views). As the dreaming defiling forces produce in the ordinary living beings desire, hatred and infatuation, inasmuch as (the objects) appear (respectively) in an attractive, repulsive, and utterly false aspect, these (forces) are the cause (of wrong appreciation).[5] The illusionary views which are the cause of passion, hatred, and infatuation, being directed toward such and such objects (give rise) to the wrong appreciation which completely takes possession of the mind. In the latter, which thus abides in a state of error, the different forms of defilement, be it desire, hatred or infatuation, begin to exercise their influence. On this foundation are done the deeds of body, speech, and mind, which have their origin in the 3 sources of evil. From the deeds, in its turn, comes the succession of births (in the Phenomenal World). Thus the ordinary wordly beings, possessed of the residues and seeds of the defiling forces and clinging to the reality of separate entities,[6] are directed toward the (illusionary wordly) objects. Accordingly this gives rise to the wrong appreciation which is the origin of the passions. [12 a.] The latter in their turn call forth the deeds and these are the cause of (repeated) births. All these different forms of defilement peculiar to the worldlings, those of passions, deeds and repeated birth,[7] manifest themselves in this world owing to the ignorance of the unique Germ (of Buddhahood) in its true character.

---

[1] *rāga* = *ḥdod-chags.* [2] *dveṣa* = *źe-sdaṅ.*

[3] *moha* = *gti-mug.* [4] *anuśaya* = *bag-la-ñal.*

[5] Dar. 43 b. 4. *tshul-min-yid-byed-kyi rgyu-mtshan-du bag-la-ñal de ḥgyur-ro.*

[6] *mtshan-mar-ḥdzin-pa-can* = *nimitta-grāhiṇaḥ.*

[7] *kleśa-saṁkleśa* = *ñon-moṅs-paḥi-kun-nas-ñon-moṅs-pa*, *karma-saṁkleśa* = *las-kyi-kun-nas-ñon-moṅs-pa*, and *jāti-saṁkleśa* = *skye-baḥi-kun-nas-ñon-moṅs-pa.* Cf. my translation of Bu-ton's "History of Buddhism," note 56.

Now, how are we to search (for the Absolute Truth)? (Answer):—It is to be perceived through the complete negation (of the separate reality) of every object and characteristic feature. As soon as we cease to perceive the (separate unreality) of the objects or their characteristic marks, we come to perceive the Absolute Truth.[1] In such a way the Lord has viewed all the elements and has come to Supreme Enlightenment, (the intuition of) their unity. Through the non-perception of the separate elements on account of their unreality, and through the intuition of the Absolute as the true reality (—the essence of everything cognizable), comes the Transcendental Wisdom perceiving the unity of the elements. For this wisdom both (the imputed reality of the separate elements and their ultimate Non-substantiality) are not something to be, respectively, rejected or established anew. Through this one comes to Supreme Enlightenment, the full intuition of the monistic essence of the elements. Here the Transcendental Wisdom which, thus arising, cognizes the points to be shunned as completely annihilated and (essentially) unreal, is to be viewed as the antidote against all the impediments to the perception of the Absolute Truth.[2] This Transcendental Wisdom which represents the Paths of Illumination and Contemplation, is the cause for the attainment of the Cosmical Body. It is to be known in detail from the Prajñāpāramitā-Sūtras.—

The Jewel of the Congregation.

From the precious jewel of the Mahāyānistic Doctrine comes the precious Congregation of the Bodhisattvas who have attained the Irretrievable State. [12 b.] Accordingly, immediately after we have a verse referring to the Jewel of the Congregation:—

13. I bow before those who perceive the pure, radiant essence of
 the Spirit and the nullity of all defilement,

---

[1] Dar. 45 a. 1. At the time when we no more perceive a differentiation into subject and object, we come to the intuition of the Absolute Truth (*yaṅ-dag-pa-don-dam-paḥi-bden-pa*).

[2] Correct *de-kho-na-mthoṅ-baḥi-gegs* for *kho-na-mthoṅ* &c. (12 a. 5.)

Who, knowing the background of the unreality of all that exists, (the Absolute in its) quiescent nature,[1]
Perceive in all living beings the reflex of the Supreme Buddha,[2]
The powerful minds free from Obscuration and endowed with the sight of Divine Wisdom,
The object of which is the immaculate and infinite essence of all that lives.

Now, what is shown here?—

14. Through the perfect purity of their insight,
The Absolute and the Empirical, both being Introspective,[3]
The Congregation of the Sages abiding in the Irretrievable State
Is endowed with the highest merits.—

This verse, in short, shows us the Jewel of the Congregation,—the Bodhisattvas who have attained the Irretreivable State as possessed of merits higher than which there are none. Indeed, they have a pure transcendental intuition of existence in its Absolute and Empirical character.

The Saint's Knowledge of the Absolute Truth.

15. As they know the quiescent nature of all that exists,[4]
They have the intuition of the Absolute Truth,
This owing to (their knowledge) of the pure nature (of the Spirit),
And of the essential nullity of the defiling forces.[5]

---

[1] The saint's intuition of the Absolute. Dar. 46 a. 5.—The background of the unreality of the Individual (*pudgala-nairātmya* = *gaṅ-zag-gi-bdag-med*) and of the separate elements (*dharma-nairātmya* = *chos-kyi-bdag-med*) is the Absolute quiescent by nature (in the aspect of which all separate entities are) unreal.

[2] The empirical knowledge of the Saint. He perceives in all living beings the reflex of the Buddha (which is the fundamental Germ). Cf. Bu-ton, Commentary on the Abhisamayālaṁkāra (*Luṅ-gi-sñe-ma*) 150 b. 3—4.—"perceives in all living beings the Essence of the Buddha."

[3] Lit. the "internal" (*naṅ-gi*). Dar. 46 b. 6—*naṅ-gi-ni-ste de gñis so-so-raṅ-gis-rig-paḥi ye-śes-kyi-gzigs-pa.*

[4] Dar. 47 a. 3—4. As they have a direct intuition of all that exists,—the personality and the separate elements,—in its quiescent character, that is to say, in the aspect of Universal Relativity and Non-Substantiality.

[5] Lit. "of the defiling forces as essentially annihilated."

Here the (intuition of the) Absolute Truth is to be understood as the knowledge of the background of the unreality of all that exists,[1] that is to say the separate elements and the individualities. This knowledge[2] of the (ultimate) imperishable nature of the individuality and the separate elements which is for ever quiescent[3] from the outset, has 2 causes for its origination. These are:—1) The perception of the mind in its pure, radiant character, and [13a. 1.] 2) the intuition of the defiling elements as essentially annihilated and unreal from the outset. Now, these 2 points, namely the mind as perfectly pure and brilliant by nature, and the defiling elements which affect it, are very hard to be correctly cognized in the aspect of the Absolute which is uninfluenced by defilement.[4] Indeed, when one of the 2 forms of the Spirit, either the defiled or the undefiled, manifests itself, it has no (real) contact with the other (its counterpart).[5] Accordingly, it has been said:[6]—O Lord, the undefiled Spirit represents one single moment. It cannot be affected by the defiling forces. The defiled spirit is also one single moment; the passions cannot really take possession of it. O Lord, if the passions do not really influence the spirit, and the latter does not (really) become defiled, how then, O Lord, does the spirit, which is uninfluenced, still become obscured

---

[1] Cf. above.

[2] Dar. 47 b. 3. *theg-chen-ḥphags-pas mṅon-sum-du-rtogs-pa*—the direct intuition of the Mahāyānist Saint.

[3] *ādi-śānta* = *gzod-ma-nas-ži-ba.*

[4] *anāsrava-dhātu* = *zag-pa-med-paḥi-dbyiṅs.*

[5] Dar. 48 a. 4—6. If it is supposed that the spirit arises in an undefiled form and is then influenced by the passions, the subsequent form of the spirit which is influenced will represent a result, and the influencing defiling agencies will be the cause (of it). Now, if both the influenced and the influencing are essentially unreal, it will be very difficult to put them forth as object and agent. If on the contrary they are viewed as real, they have to appear simultaneously and ought to be in contact with each other. Therefore it is very difficult to understand the state of things here, namely the fact that, when one form of the two manifests itself, it has at that very time no contact with the other; the idea of a cause and effect and of object and agent is therefore inadmissible.

[6] In the Śrī-mālā-siṁhanāda-sūtra. Kg. DKON. VI. 282 a. 1—5.

by the passions? The passions, O Lord, exist, and the spirit which becomes affected by them, likewise exists.[1] O Lord, although this[2] be so, it is still very hard to cognize the meaning of the perfectly pure spirit, which nevertheless becomes obscured by defilement.— The whole of this passage, beginning with the cognition of the Absolute and ending with the difficulty of cognizing (the spirit as unaffected by defilement), is demonstrated by the Sūtra[3] in detail.

The Empirical Knowledge of the Saints.

16. Through the Wisdom which penetrates into the background of everything cognizable,
They perceive the Essence of the Omniscient [13 b. 1.]
As it exists in all living beings.
This is their knowledge of the Empirical Reality.

Here the (perception of)[4] the Empirical Reality (with the Mahāyānist Saint) is known to (have the following character):—On the basis of the cognition of the Ultimate Essence of all things, (the Saint), by his Transcendental Wisdom, perceives the existence of the Germ of Buddhahood in all the living beings without exception, even in those who are born in the form of beasts. The origination of this intuition of the Bodhisattvas dates from the first Stage,[5] since there they (first) perceive the all-pervading character of the Absolute.[6]

---

[1] Sic acc. to Dar. 49 b. 2. The Aga ed. of the Comm. has *ñe-bar-ñon-moṅs-par-ḥgyur-baḥi-sems-ni ma-mchis-so*—the spirit which becomes influenced by defilement does not exist.

[2] Dar. 49 b. 2.—that is the unreality of the influencing and the influenced (from the standpoint) of the Absolute and their reality from the Empirical standpoint.

[3] The Śrīmālā-devī-siṁhanāda.

[4] Dar. 49 b. 6—*ji-sñed-pa-yod-pa-ñid-gzigs-pa-ni.*

[5] *pramuditā* = *rab-tu-dgaḥ-ba.* Is identical with the Path of Illumination (*darśana-mārga* = *mthoṅ-lam*).

[6] Dar. 50 a. 4—5.—Because there (on the first Stage) they for the first time have an intuition of the Absolute Essence of everything cognizable which had not been perceived by them before. They have thus an intuition of the Absolute as pervading all the objects of cognition. This intuition coincides with the first moment

The Perception of the Saints is Introspective Knowledge.

17. Thus, the intuition (of the Bodhisattvas)
Is their direct Transcendental Introspection.
It is perfectly pure, being free from attachment
Within the plane of the Immaculate Absolute,
And completely free from all impediments.—

That which thus represents the Transcendental Intuition, the Path (of the Saints) is to be viewed as the Divine, superhuman, introspective perception, peculiar to the (Mahāyānistic) Saints which has nothing in common with (the knowledge) of other people. In short, this introspection, being compared with other (ordinary) [1] and incomprehensive [2] knowledge, is spoken of as being perfectly pure out of 2 motives. What are these 2? (Answer:)—1) It is free from attachment [3] and 2) it (penetrates into the essence of everything cognizable) [4] through being unimpeded. Now (the knowledge of the Bodhisattva) is free from attachment since it has for its object the Germ of the living beings in its perfectly pure nature, this through the intuition of the Absolute. (At the same time) [14 a. 1.] as (the Saint) possesses the complete knowledge of Empirical Reality he has for his object everything cognizable without any limits. On account of this, his cognition is completely free from impediments.

18. Through their immaculate Transcendental Intuition,
They (are near) to the Divine Wisdom of the Buddha.[5]

---

of the Path of Illumination (*darśana-mārga*). Cf. Vasubandhu on Sūtrālaṁkāra VI. 7—*dharma-dhātoḥ pratyakṣato gamane dvaya-lakṣaṇena viyukto grāhya-grāhaka-lakṣaṇena. iyaṁ darśana-mārga-avasthā.*

[1] Dar. 50 b. 3—4.—that which does not perceive the Non-substantiality of existence.

[2] *ñi-tshe-ba* = *prādeśika*. Ibid.—that which does not penetrate into the essence of everything cognizable.

[3] Dar. 50 b. 4—5. As they possess an intuition of the Absolute and through this have for their object the Germ of the living beings in its perfectly pure nature, they are free from attachment caused by realistic views.

[4] Sic acc. to Dar. 50 b. 5.

[5] Cf. Abhisamayālaṁkāra III. 2 b.

Therefore the Saints that have attained the Irretrievable State
Are the refuge of all living beings.—

The Transcendental Intuition of the Bodhisattva who abides on the Irretrievable State[1] stands near to the perfectly pure Divine Perception of the Buddha, higher than which there is none. Moreover, the Bodhisattva, being possessed of such a knowledge, is a refuge for all living beings. For this reason the said intuition is to be regarded as superior to all the other virtues of the Bodhisattva, as morality and the rest.

The Hīnayānistic Congregation is not worthy of being worshipped.

After the Congregation of the Bodhisattvas, that of the Śrāvakas has not been mentioned, since it is not worthy of being worshipped. As concerns the difference between the merits of the Bodhisattvas and those of the Śrāvakas, we know that the latter do not care for (the Path of) the Bodhisattva, which is like that of the ascending moon, and appear like stars that cast light only on their own form. Therefore they ought not to be worshipped, since they are not completely pure as regards the intention of helping other living beings. [14 b. 1.] On the contrary the Bodhisattvas bring to accomplishment the great Accumulations for the attainment of Supreme Enlightenment, they are possessed of the lustre of Wisdom and Commiseration, bring about Illumination regarding the essence of all the innumerable living beings and venture on the Path for the attainment of the state of a Buddha, which resembles that of the full moon. (Such are they) in comparison with the Hīnayānists, who possess only a limited[2] ultimate knowledge, and (having no desire of removing the suffering of all living beings), only further the Illumination of their own stream of elements. Even the Bodhisattva who, on a correct foundation, makes his first Creative Effort, beats the highest form of pure morality

---

[1] Dar. 51 a. 3. The Bodhisattva abiding on the 3 highest Stages, beginning with the 8th (*acalā*).

[2] *ñi-tshe-ba* = *prādeśika*. Cf. Abhisamayālaṁkāra. V. 11.

peculiar to the Hīnayānist Saint, who has no compassion (with others) and is not possessed of a wide (mind caring for all living beings). If this be so, what is there to say of the other (Bodhisattvas who are possessed of) such virtues as the 10 Controlling Powers[1] and the rest. Indeed it has been said:—

He who becomes great in morals for the sake of his own Salvation,
Who has no compassion with the living beings whose morals are impure,
Is possessed of the treasure of that morality (which only leads to) self-magnification.
Such a Saint cannot be called pure in his morals.
He in whom the Highest Commiseration toward others is aroused,
Who, having embraced the true Morality,
Is of help to others like fire, air, earth, and water,—
This one is really virtuous, whereas the other has only a resemblance of morality.—

The 3 Jewels in their Character of a Refuge.

Now, what aim did the Lord pursue when he established the 3 Refuges?[2]

19. In order to make known the virtues[3]
Of the Teacher, the Teaching, and the Disciples,
For the sake of (the adherents of) the 3 Vehicles
And those devoted to the 3 forms of religious observance,[4]—
The 3 Refuges have been proclaimed (by the Lord). [15 a. 1.]

The Motives for the Establishment of the 3 Refuges from the Empirical Standpoint as explained by Āryāsanga.

In order to show the virtues of the Teacher, with a view to those individuals who adhere to the Vehicle of the Bodhisattvas and

[1] *daśa vaśitāḥ = dbaṅ-bcu.*

[2] *trīṇi śaraṇāni = skyabs-gsum.* [3] Sic acc. to Comm. below.

[4] Dar. 56 b. 1—2.—for the sake of those who, though they have not entered the Path, are still devoted to the performance of the acts of religious observance, worship, &c., in regard of each of the 3 Jewels respectively.

wish to attain the character of a Buddha, as well as those who, (though they have not entered the Path), are devoted to the performance of religious observances which have the Buddha for their object, it has been spoken and ascertained:—the Buddha is the refuge, since he is the Highest of Men.[1]

In order to make known the virtues of the Doctrine, for the sake of those who belong to the Pratyekabuddha Vehicle and start an activity for an independent apprehension of the profound Doctrine of Causality,[2] as well as those whose religious fervour is directed toward the Doctrine (exclusively), it has been declared:—The Doctrine is the Refuge, since it is the highest for those who become dispassionate.[3]

In order to show the virtues of the Disciples,[4] who have embraced the Doctrine of the Teacher, with regard to the individuals who adhere to the Vehicle of the Śrāvakas and proceed on the Path in order to attain (the fruit of Arhatship) on the basis of the instructions heard of others, as well as those who are devoted to the worship of the Congregation, it has been proclaimed:—The Congregation is a refuge, since it is the highest of communities.[5]—Thus, in short, for 3 motives, and having in view 6 kinds of individuals, the Lord has proclaimed the 3 Refuges and shown them in their variety. This has been done in order to promote the living beings to the 3 Vehicles respectively, the matter being viewed from the Empirical standpoint.[6]

The Doctrine and the Congregation are not Refuges in the Ultimate Sense.

20. The Doctrine in its two forms and the Congregation of the Saints
Are not by themselves the highest, absolute Refuge.[7]

---

[1] Cf. M. V. § 267. 1. *buddhaṁ śaraṇaṁ gacchāmi dvipadānām agryam.*

[2] *pratītya-samutpāda-dharma* = *rten-ḥbrel-gyi-chos.*

[3] M. V. § 267. 2. *dharmaṁ śaraṇaṁ gacchāmi virāgāṇām agryam.*

[4] The Arhats and Bodhisattvas.

[5] M. V. § 267. 3. *saṁghaṁ śaraṇaṁ gacchāmi gaṇānām agryam.*

[6] *saṁvṛti* = *kun-rdzob.*

[7] Dar. 56 a. 3.—*mthar-thug-paḥi chos daṅ dge-ḥdun-gyi-tshogs mñaḥ-ba saṅs-rgyas-dkon-mchog-tu bsdus*—as the Doctrine and the Congregation in their Ultimate form are included in the idea of the Buddha.

Indeed, (the former) is (ultimately) given up, is illusionary and
of a negative character,
(And the latter) is not devoid of fear (and error).—

Now, the Doctrine appears in 2 forms:—1) as the Teaching,[1] and 2) as the practical part.[2] The Doctrine as the Teaching (of Buddha) we call the aphorisms and the other (parts of Scripture)[3] which are included in the complex of letters, words, and sentences. This form is spoken of as resembling a ship (which is left) when the shore of the full apprehension (of the Truth) on the Path is reached. As regards the practical side of the Doctrine, it appears in 2 varieties, namely as the Extinction (of Phenomenal Existence) and the Path,—that which is practically attained and the means of attainment. Now, the Path is to be viewed as having the character of being caused (or conditioned).[4] That which is viewed as having the character of being caused, is false and illusionary. That which is false and illusionary is not true, that which is not true is—evanescent, and that which is evanescent cannot be a refuge.

The Extinction (of Phenomenal Life) which is attained by means of this Path, represents, according to the Hīnayānistic standpoint, the mere absence of Phenomenal Existence and of the defiling forces, being compared with a light that is extinguished. But, a Non-ens can neither be a refuge, nor its reverse.

"The Congregation" is a name for the assembly (of the Saints belonging to) the 3 Vehicles. These, being constantly possessed of fear, seek their refuge in the Buddha [16 a. 1.], search for a means of deliverance, have still (different) subjects to apprehend[5] and have not yet attained the Perfect, Supreme Enlightenment. Why are they possessed of fear? (Answer):—"Even the Arhats, though they are

---

[1] *deśanā-dharma* = *bstan-paḥi-chos*. Is the same as *āgama-dharma* = *luṅ-gi-chos*.

[2] *adhigama-dharma* = *rtogs-paḥi-chos*.

[3] The 12 classes of Sacred Texts (*dvādaśānga-dharma-pravacana*).

[4] *saṁskṛta* = *ḥdus-byas*. The whole passage is an extract from the Śrī-mālā-devī-siṁhanāda-sūtra. Kg. DKON. VI. 279 a. 3—4.

[5] Dar. 62 a. 2.—to attain by means of the Path.

rid of Phenomenal Existence, cannot remove the force (of Transcendental Illusion).[1] Therefore they perpetually abide in a state of mighty fear (caused by) the active forces[2] (of existence), just as a man over whom the executioner has raised his sword. For this reason even they cannot attain that deliverance which is fully blissful. That which is itself an Absolute Refuge[3] has no need to seek refuge (in others). Just as those living beings who have no refuge and, being full of fear with regard to this or that object, seek a means of deliverance, in the same way the Arhats are also possessed of fear. As they are thus afraid (of this or that object arousing their) fear, they seek their refuge in the Buddha. Now, one who being thus full of fear, seeks his refuge (in others), necessarily seeks (a means of) deliverance (from his fear). As he seeks deliverance, he undergoes a course of training in order to get rid of the sources of fear.[4] Through this training he proceeds (on the Path) for the attainment of the highest position of one who is completely free from fear. This means that he proceeds toward the perfect Supreme Enlightenment. [16 b. 1.] For this reason the Congregation of the Saints, as it represents only a partly refuge, cannot be such in the absolute sense." —Thus it is said that these 2 refuges (the Doctrine and the Congregation) are no more such at the time of final (Enlightenment).[5]

The Buddha is the Unique Absolute Refuge.

21. In the absolute sense, the refuge
Of all living beings is only the Buddha.
Indeed, the Lord is possessed of the Cosmical Body,[6]
And the multitudes of Saints, too, have their issue in the latter.

---

[1] *vāsanā* = *bag-chags*. Has here the meaning of *avidyā-vāsanā* = *ma-rig-paḥi bag-chags*.

[2] *saṁskāra* = *ḥdu-byed*.

[3] Dar. 62 a. 5.—*don-dam-paḥi-skyabs*.

[4] Dar. 62 b. 2.—the sources of fear, that is to say the subtle dreaming forces which give origination to sinful deeds.

[5] The whole passage is a reproduction of the sermon in the Śrī-mālā-devī-siṁhanāda-sūtra. Kg. DKON. VI. 268 b. 2—8. and 275 a. 7—b. 3.

[6] As the true Essence of Existence.

This (has the following meaning):—The Buddha, as has been said before, is characterized as neither becoming originated, nor disappearing, and is endowed with the Cosmical Body which represents the deliverance from passions and bears the character of the 2 purifying Truths (of the Saint).[1] The Congregation of the Saints belonging to the 3 Vehicles, too, attains its final goal, when it has coalesced with the ultimate, pure Cosmical Body. Therefore, for the living beings who have no other protection and refuge, the Imperishable Refuge that is like a last instance,[2] the Eternal Refuge,[3] the Undestructible Refuge,[4] and the Absolute Refuge[5] is only one.—It is the Tathāgata, the Arhat, the Perfect Supreme Buddha. This unique, indestructible, quiescent, and persistent refuge is to be known in detail from the *Ārya-śrī-mālā-sūtra.*[6]

The Meaning of "The 3 Jewels."

22. They appear rarely, they are immaculate,
Are powerful, are an ornament of this world,
Are the highest (point of excellence), and cannot change,—
Therefore they have the character of jewels.

In short, the 3 highest and most precious subjects which are the Buddha, the Doctrine and the Congregation, are spoken of as being like jewels, since they have 6 points of resemblance (with such). [17 a.] These are as follows:—

1) (They are like jewels) since they appear very rarely. Indeed, those beings who have not fostered the roots of virtue,[7] do not come in contact with them, even during a long succession of æons.

---

[1] *nirodha* and *mārga*. Cf. above.

[2] Dar. 68 b. 1. He is like a last instance, beause he assists the living beings as long as the world exists.

[3] Ibid. 68 b. 2. He is an Eternal Refuge, since his stream of elements never ceases.

[4] Tib. *gyuṅ-druṅ* = *svastika*—here the symbol of all that is indestructible.

[5] *pāramārthikaṁ śaraṇam* = *don-dam-paḥi-skyabs.*

[6] Kg. DKON. VI. 275 a. 5—6.

[7] Cf. Abhisamayālaṁkāra IV. 6. *kṛtādhikārā buddheṣu teṣū'pta-śubha-mūlakāḥ.* The Tib. as here *dge-baḥi-rtsa-ba bskrun-pa.*

2) They (resemble jewels) by their purity, since they are completely free from every kind of defilement.

3) They are powerful (like the wish-fulfilling gem),[1] since they are possessed of the power of the 6 Supernatural Faculties[2] and other inconceivable virtues.

4) They (have the character of jewels, being) the ornament of this world, as they are the cause of the virtuous thoughts of all living beings.[3]

5) Just as real jewels are greatly superior to the artificial, (the Buddha, the Doctrine and the Congregation) are superior (to everything that exists), since they are of a transcendental character.

6) As the wish-fulfilling gem never changes (in its faculty of bringing forth the desired objects), whether praised or reviled, so are (the 3 Refuges), since they are bearers of an eternal, immutable essence.—

The Germ, Enlightenment, the Attributes and the Acts of the Buddha in their inconceivable Nature.

After the description of the 3 Jewels we have a verse concerning those (elements) the existence of which conditions the origination of the said Jewels, since they represent the source of all the purifying qualities, the mundane,[4] and the transcendental.[5]

23. The Absolute mingled with defilement,
The Absolute free from all the stains,
The immaculate attributes and the acts of the Buddha,

---

[1] *cintāmaṇi* = *yid-bźin-nor-bu*. Sic acc. to Dar. 64 a. 3.

[2] *abhijñā* = *mṅon-par-śes-pa*.

[3] Dar. 64 a. 4—5.—The desire of a blissful existence (*abhyudaya* = *mṅon-mtho*) and of the superbliss of Salvation (*niḥśreyasa* = *ṅes-legs*). Acc. to the Mahāyānists all the virtuous thoughts of the living beings are produced by the grace of the Buddha. Cf. Bodhicaryāvatāra I. 5. *rātrau yathā megha-ghanāndhakāre vidyut kṣaṇaṁ darśayati prakāśam, buddhānubhāvena tathā kadācil lokasya puṇyeṣu matiḥ kṣaṇaṁ syāt.*

[4] *laukika* = *ḥjig-rten-pa*.

[5] *lokottara* = *ḥjig-rten-las-ḥdas-pa*.

(These elements) from which the 3 illustrious Jewels arise,
(These 4 items) are only accessible to him who perceives the Absolute Truth.

Now, what is elucidated here?

24. The source of these 3 Jewels [1] [17 b.]
Is accessible only to the Omniscient;
It has four varieties
And is inconceivable for four motives, respectively.

The Absolute mingled with defilement is the fundamental element which is not delivered from the bonds of the passions and is called the Essence of Buddhahood (as it exists in all the living beings). The Immaculate Absolute is the same thing as the exclusive property of the Buddha and consisting in a total metamorphose [2] (of all the elements of existence). As such it is called the Cosmical Body of the Buddha.[3] The immaculate attributes of the Buddha, which, essentially, are likewise nothing but a metamorphose of the elements, are the distinctive features of the Cosmical Body. Such are the 10 Powers and the other qualities which are all of a transcendental nature. The deeds of the Buddha are the sublime forms of his activity, (the manifestations) of the 10 Powers and the other attributes. These acts never cease and have no break in their continuance. Therefore the prophecies [4] (delivered by the Buddha and) concerning the Bodhisattvas (who are to attain Enlightenment by the grace of the Buddha in future times) have no end.[5] These 4 subjects, taken respectively, are inconceivable for 4 motives. Therefore it is said that they are

---

[1] Dar. 65 a. 2. *rigs-rgyu-rkyen-ma-lus-pa yoṅs-su-rdzogs-pa*—the full complex of causes (*hetu*) and conditions (*pratyaya*).

[2] *parāvṛtti* = *yoṅs-su-gyur-pa*.

[3] Cf. Abhisamayālaṁkāra VIII. 1. *sarvākārāṁ viśuddhim ye dharmā prāptā nirāsravāḥ, svābhāviko muneḥ kāyas teṣāṁ prakṛtilakṣaṇaḥ*.

[4] *vyākaraṇa* = *luṅ-bstan-pa*.

[5] Since all the run of the world's moral progress i.e. the attainment of Saintliness is nothing but a manifestation of the Buddha's Cosmical Body.

accessible only to the Divine Wisdom of the Omniscient. What are the 4 motives?

25. Because—

(The Absolute as the Germ) is pure, but nevertheless in contact with the defiling (worldly) elements, (1)
(The Absolute as the Cosmical Body) is on the other hand quite free from every defilement, (2)
The attributes of the Buddha are essentially identical with the Absolute as contained even in every ordinary being, (3)
(And the Buddha's acts) are free from effort[1] and (dialectical) constructions.[2]

The Absolute mingled with defiling elements is at the same time [18 a.] perfectly pure and nevertheless in contact with the defiling forces. For this reason the point is inconceivable; it is not accessible even to the Pratyekabuddhas who have faith in the profound Doctrine (of Monism).[3] It is accordingly said:[4]—O Goddess, these 2 points are very hard to be cognized. It is difficult to understand that (there exists) the spirit completely pure by nature, and it is difficult to understand that this very spirit is nevertheless influenced by the defiling elements. O Goddess, those who can teach this contradiction are either thyself or the Bodhisattvas who call the Highest Doctrine their own. O Goddess, the others, that is the Śrāvakas and Pratyekabuddhas, may cognize these 2 points (only) through their faith in the Buddha.

The Absolute in its undefiled form was not influenced by defilement before, and has nevertheless become purified subsequently. This point is inconceivable! It is said:[5]—The Spirit is pure and

---

[1] *anābhoga* = *lhun-grub* (*lhun-gyis-grub-pa*).

[2] *nirvikalpaka* = *rnam-par-mi-rtog-pa*.

[3] Dar. 66 b. 5. *stoṅ-ñid* (= *śūnyatā*) *spros-bral* (= *niṣprapañca*) *zab-moḥi chos-kyi tshul-la mos-pa* (= *gambhīra-dharma-adhimukta*).

[4] In the Śrī-mālā-siṁhanāda-sūtra. Kg. DKON. VI. 282 a. 7—b. 1.

[5] Dhāraṇīśvara-rāja-paripṛcchā, Kg. MDO. XV. 210 b. 6—7.

radiant by nature and can in its true form be intuited (by the Saints through introspection). In such a way the Lord has, by his momentary Divine Wisdom[1] attained the Perfect Supreme Enlightenment and has become a Buddha.

The immaculate attributes of the Buddha (are completely free from all defilement) and at the same time they have one essence (with the Absolute) as contained even in the ordinary wordly beings[2] who are totally obscured by defilement. As there is thus no (essential) difference between the former (the Absolute with the Buddha and his attributes) and the latter (the Absolute as the Germ of the living beings) [18 b. 1.], the subject is inaccessible to (discursive) thought. Indeed, there absolutely exists no living being in whom the Spirit of the Buddha does not fully manifest itself.[3] But as one has a conception[4] (of separate entities), the Spirit of the Lord is not perceived. (On the contrary) when one has got rid of this conception, the Divine Spirit of the Omniscient appears without hindrance to one's own transcendental introspection.

The Parable of the Cloth of Silk.

It is said in Scripture:—O Bodhisattva, such is the state of things. Suppose there exists one great cloth of silk equal in size to the 3 thousand thousands of worlds,[5] and on this great cloth of silk all the 3 thousand thousands of worlds would be painted in full size. The Great Horizon,[6] the Great Earth, the 2 thousand worlds,[7] the

---

[1] This is the Intuition at the final moment of the Path (*eka-kṣaṇa-abhisaṁbodha*).

[2] *pṛthagjana* = *so-soḥi-skye-bo*. [3] Cf. Sūtrālaṁkāra IX. 15.—

yathā 'mbaraṁ sarvagataṁ sadā mataṁ tathaiva tat sarvagataṁ sadā matam,
yathā'mbaraṁ rūpa-gaṇeṣu sarvagaṁ tathaiva tat sattva-ganeṣu sarvagam.

[4] *saṁjñā* = *ḥdu-śes.*

[5] *trisāhasra-mahāsāhasra-lokadhātu* = *stoṅ-gsum-gyi-stoṅ-chen-poḥi-ḥjig-rten-gyi-khams.*

[6] *mahā-cakravāla* = *khor-yug-chen-po.*

[7] *dvisāhasro madhyamo lokadhātuḥ* = *stoṅ-gñis-paḥi ḥjig-rten-gyi-khams.* M.V. § 153. 2.

thousand worlds,[1] the World of 4 Continents,[2] the Great Ocean, the Continent of Jambudvīpa, the Eastern Continent Videha,[3] the Western Continent Godhanya,[4] the Northern Continent Kuru,[5] the Mount Sumeru,[6] [19 a. 1.] the abode of the gods who live on earth, that of the gods living in the World of Desire,[7] and that of the denizens of the Ethereal Sphere,[8]—all these would be painted there, each in its own size. (Suppose now) this great cloth of silk, the area of which is equal to the 3 thousand thousands of worlds, were (folded) and put into a grain of sand as small as an atom. Just as the great cloth of silk would be placed in one grain of sand of the size of an atom, in the same way it could be put into all such grains without exception. Thereafter a person, wise, skilful, clear-minded, attentive, and possessed of analytic thought, would appear. His faculty of vision would become supernatural like that of the gods, perfectly pure and radiant. He would see with his divine eyes the great cloth of silk hidden in the small grain of sand (not larger than) an atom and being in such a state of no use to anyone. He would think:—oh, if I were to apply the force of my great energy and pierce this grain of sand, as small as an atom, by a diamond-cutter, this great cloth of silk would become useful to all living beings. Accordingly, he would manifest the power of his great energy [19 a. 1.] and open the grain of sand with a small diamond. The great cloth of silk would, as he had thought, become of use to all the living beings, and he would do the same with all the other atoms without exception, as he did it with one.

O Bodhisattvas, in the same way the Divine Spirit of the Lord, the limitless Spirit, the Spirit helping all living beings is fully contained in everyone of them. And as the Spirit of the Buddha, so are the spiritual streams of the living beings, without limits. Although this

---

[1] *sāhasracūḍiko lokadhātuḥ* = *stoṅ-gi-ḥjig-rten-gyi-khams*. Ibid. § 153. 1.

[2] *cāturdvīpako lokadhātuḥ* = *gliṅ-bźiḥi-ḥjig-rten-gyi-khams*. Ibid. § 154. 1.

[3] Tib. *śar-gyi-lus-ḥphags-kyi-gliṅ*.

[4] Tib. *nub-kyi-ba-laṅ-spyod-kyi-gliṅ*.

[5] Tib. *byaṅ-gi-sgra-mi-sñan-gyi-gliṅ*.

[6] Tib. *ri-rab*.

[7] *kāma-dhātu* = *ḥdod-khams*.

[8] *rūpa-dhātu* = *gzugs-khams*.

be so, the ordinary worldlings, bound by the conception (of separate entities) do not know about the Spirit of the Lord (that exists within them), do not feel it and are incapable of realizing it. Therefore the Buddha, through his Divine Knowledge, free from every kind of attachment, perceives the Absolute Essence, as it has its abode in all living beings, and becomes possessed of the thoughts peculiar to a (spiritual) teacher.[1] He thinks:—Alas, these living beings have no right knowledge about the Spirit of the Buddha (that exists with them), though they are all reflections of this spirit. What if I show to these living beings the Path of the Saint and remove the bonds caused by (realistic conception).—Himself, he has exercised the power of his saintly wisdom, has loosened the great knot of spiritual delusion,[2] has introspectively intuited the Spirit of Buddhahood (within himself), and has attained the full identity with this Spirit, (has coalesced with it in its Cosmical Unity). In accordance with this, he shows the Path of Buddhahood to the living beings and through this removes all the bonds caused by the (false realistic) conceptions. In those who have become delivered from these bonds, the limitless Spirit of the Buddha, (manifesting itself), becomes of help to all living beings.

The Acts of the Buddha in their inconceivable Character.

The acts of the Lord manifest themselves simultaneously in all living beings at all times, free from effort and (dialectical) thought-construction, in accordance with the needs of the converts and their constitution, and are performed fully with all living beings, furthering their weal. For this reason they are inaccessible to discursive thought. Indeed, it has been said:[3]—In order to lead the living beings (to

---

[1] *ācārya-saṁjñā* = *slob-dpon-gyi-ḥdu-śes.*

[2] Dar. 71 b. 2.—has loosened the great knot of (false) conception—naive realism and the force of Transcendental Illusion. *bag-chags* = *vāsanā* stands here for *ma-rig-paḥi-bag-chags* = *avidyā-vāsanā.*

[3] Dhāraṇīśvara-rāja-paripṛcchā (Tathāgata-mahākaruṇā-nirdeśa), Kg. MDO. XV. 215 a. 3—6.

Enlightenment), the Wisdom of the Buddha, though it is (really) unlimited, is spoken of as having a definite character, being summarized (in the 32 attributes). Although this be so, still, O noble youth, the true acts of the Buddha are inconceivable,[1] immeasurable, incognizable for all the world and inexpressible by words. They cannot be performed by others, they manifest themselves in all the Spheres of the Buddhas,[2] are realized by all the Buddhas in a similar way [20 b. 1.], are free from all exertion and effort, are uniform like space and therefore free from all (dialectical) constructions, are the acts peculiar to the Buddha as the Absolute, and, accordingly, inseparable from the latter:—Then comes the example of the perfectly pure stone of lapis-lazuli and, thereafter, a detailed exposition as follows:[3]—O noble youth, by the following characteristics art thou to know this subject.—The acts of the Buddha are inaccessible to discursive thought, are attained (in the process of intense concentration upon) the Unity (of the Universe), are completely free from every kind of defect, are connected with the present, past, and future, and bring forth the 3 Jewels in their uninterrupted continuance. The form of the Buddha which manifests itself in these inconceivable acts, does not lose its (all-pervading) character which is analogous to space. (Therefore) he can manifest himself in all the Spheres of Buddhaic activity (simultaneously). He likewise does not give up the inconceivable character of his Word. Indeed, he exposes the Doctrine to all living beings in accordance with (their faculty of) understanding the (meaning of) words. Being free from (the attachment to) every kind of object on which his mind could become fixed, he (at the same time) perfectly knows the mental disposition[4] and the thoughts of all living beings.—

---

[1] Dar. 72 a. 3.—through their profound character and grandeur.

[2] *buddha-kṣetra* = *saṅs-rgyas-kyi-źiṅ.*

[3] Dhāraṇīśvara-rāja-paripṛcchā, Kg. MDO. XV. 215 b. 7—216 a. 3.

[4] *citta-caryā* = *sems-kyi-spyod-pa*—"the spiritual conduct." Cf. Abhisamayālaṁkāra IV. 14.

The Germ and the 3 other Subjects as the Causes and Conditions of Buddhahood.

26. The object to be intuited,[1] the intuition,[2]
The distinctive features of the latter,
And the (acts) which bring it about,—
As such respectively (appear the said 4 subjects),
One as the cause of purification and the other 3 as its conditions.—

Of these 4 subjects, the first is to be regarded as the point that is to be intuited, inasmuch as it includes everything cognizable.[3] [21 a. 1.] The final introspection of it is the second subject—Enlightenment which is the (full immaculate) intuition. The distinctive features of Enlightenment[4] which form the 3d subject are such, inasmuch as they represent the attributes of the Buddha. The 4th subject (—the acts) are the (factors) bringing about the intuition, since, through the component parts of Enlightenment, others are caused to perceive (the Truth). (This passage) thus refers to the 4 subjects (beginning with the Germ of the Absolute) and represents a characteristic (of them) as the sources of the 3 Jewels, inasmuch as they act as the causes[5] and conditions[6] (of the latter).

---

[1] Dar. 72 b. 3—5.—The object that is to be cognized is the Absolute mingled with the defiling elements. When it is directly intuited (by the Saint), all the attributes of the Buddha become originated. If, on the contrary, there is no intuition of it, the deliverance from the Saṁsāra will be impossible. It is thus the ultimate object that is to be cognized. Although it is no real producing cause (since it is an immutable element—*asaṁskṛta* = *ḥdus-ma-byas*) still, as it is the object of the Saint's concentrated Transcendental Wisdom which is the principal cause for the origination of the Wisdom of the Buddha and is thus an invariable condition of the latter, it is metaphorically called a cause.

[2] Ibid. 72 b. 5—6.—Enlightenment, i. e. the ultimate, direct intuition of the Absolute.

[3] Ibid. 73 a. 2—3.—*śes-bya thams-cad-kyi gnas-lugs-mthar-thug-pa-bsdus-paḥi phyir*—because the Absolute represents the Ultimate Essence of all things.

[4] *bodhy-anga* = *byaṅ-chub-kyi-yan-lag*.

[5] *hetu* = *rgyu*.

[6] *pratyaya* = *rkyen*.

Now, the first of the 4 subjects is the seed of the saintly elements;[1] it is therefore to be made known as the cause of the 3 Jewels. (As such it appears), if the introspective correct mental activity is directed toward it and (appreciates it) in its perfectly pure nature. Thus, one subject is the cause. Now, why are the other 3 regarded as conditions? (Answer:—) The Lord, having attained the perfect Supreme Enlightenment and become a Buddha, has performed his 32 acts through the efficiency of the 10 Powers and the other attributes peculiar to him. (These 3 facts)[2] are to be viewed as the conditions for the origination of the 3 Jewels. Indeed, (the Teaching of the Buddha) being relied upon as the word of another (who has already attained Enlightenment), there arises the correct appreciation of the Absolute in its perfectly pure form. (Enlightenment, the attributes and the acts of the Buddha) ought thus to be viewed as the conditions for the origination of the 3 Jewels. For this reason the 3 (last subjects are spoken of as) cooperating conditions. The following text is to be regarded as a detailed exposition of all the 4 subjects mentioned in gradual order. [21 b. 1.]

The Germ of the Absolute.

With regard to the Absolute mingled with defilement (= the Essence of Buddhahood in the living beings) it has been said:[3]— All living beings are endowed with the Essence of the Buddha.— What is the meaning of this?

27. The Body of the Supreme Buddha is all-pervading,[4]
The Absolute is (one) undifferentiated (Whole)[5]

---

[1] *lokottara-dharma* = *ḥjig-rten-las-ḥdas-paḥi-chos.*

[2] The fact of attaining Enlightenment, of becoming possessed of the attributes of the Buddha, and the manifestation of the Sublime Activity.

[3] In the Tathāgata-garbha-sūtra. Kg. MDO. XXII. 248 b. 6.

[4] Dar. 80 a. 1—2. The acts of the Cosmical Body manifest themselves in all living beings, therefore the latter, all without exception, are such in whom the Buddha exercises his activity.

[5] Ibid. 80 a. 2. The Absolute as it is with the Buddha and with the living beings is essentially the same.

And the Germ (of Buddhahood) exists (in every living being).
Therefore, for ever and anon, all that lives
Is endowed with the Essence of the Buddha.[1]

In short, the Lord had in view 3 aims when he declared:— "All living beings are possessed of the Essence of Buddhahood."—

28. The Spirit of the Buddha manifests itself in the multitudes of living beings,
It is immaculate by nature and unique (with all),
And Buddhahood is the fruit of the Germ.
Therefore the whole animate world bears the Essence of the Buddha.

This subject, in all its different aspects is to be explained in that sense in which it is invariably demonstrated throughout the whole of Scripture, namely as follows:—(All living beings are endowed with the Essence of the Buddha) in the sense that the Buddha's Cosmical Body manifests itself in all living beings, that the Absolute, (the true essence) of the Buddha represents an undifferentiated whole,[2] and that the Germ[3] of the Buddha exists in everything that lives. These 3 subjects are to be explained below in accordance with the *Tathāgata-garbha-sūtra*.

Analysis of the Germ from 10 Points of View.

Summary.

29. The essence (of the Germ).
The causes and the result (of its purification),

---

[1] Cf. Sūtrālaṁkāra IX. 37. *sarveṣām aviśiṣṭāpi tathatā śuddhim āgatā tathāgatatvaṁ tasmāc ca tadgarbhāḥ sarva-dehinaḥ.* And Commentary:—*sarveṣāṁ nirviśiṣṭā tathatā tad-viśuddhi-svabhāvaś ca Tathāgataḥ. ataḥ sarve sattvās Tathāgata-garbhā ity ucyate.*

[2] Cf. Sūtrālaṁkāra IX. 15. *yathāmbaraṁ sarvagataṁ* &c.

[3] *gotra* = *rigs.* Dar. 82 a. 3—4. The Fundamental Germ (*prakṛtistha-gotra* = *raṅ-bźin-gnas-rigs*) the final metamorphose of which is the Cosmical Body, and the Germ as it becomes developped (*paripuṣṭa-gotra* = *rgyas-gyur-gyi-rigs* or *samudānīta* = *yaṅ-dag-par-blaṅs-pa*) which becomes transformed into the corporeal forms of the Buddha.

Its functions, relations, and manifestations [22 a. 1.]
Its different states, its all-pervading character,
Its eternal, unchangeable, and indivisible nature,—
Such are the (10) points with respect to the Absolute Essence.

In short, the characteristic of the Germ of the Buddha is given from 10 points of view. What are these 10? (Answer):—

1) The essence of the Germ.[1]
2) The causes (of its purification).[2]
3) The result (of this purification).[3]
4) The functions (of the Germ).[4]
5) Its relations.[5]
6) The manifestations (of the Germ in general).
7) The varieties (of the Germ) in correspondence with the different states.
8) The all-pervading character (of the Absolute).
9) The unalterable character (of it).
10) The indivisible character.

The Essence of the Germ (1) and the Causes of its Purification (2).

Now, let us begin with (the first 2 points), that of the essence (of the Germ) and the causes (of its purification). We have here the following verse:—

30. (The Essence of Buddhahood in its 3 aspects)
Is, respectively, like a jewel, like space, and like water,
And always, by its nature, undefiled.

---

[1] Dar. 81 a. 1.—In the 3 aspects just mentioned, namely that of the Cosmical Body as being all-pervading, of the Absolute as an undifferentiated Whole, and of the Germ as existing in all living beings.

[2] Ibid. 81 a. 2.—The factors for the purification of the Germ, faith (*adhimukti*) &c.

[3] Ibid. 81 a. 4.—The attainment of the Highest Transcendental Purity, Supreme Bliss &c.

[4] The act of arousing the desire of attaining Nirvāṇa &c.

[5] The possession of the 4 attributes characterizing the cause (of purification), aith &c.

It arises (to life) through faith and the Doctrine, through Highest Wisdom,
Through concentrated trance, and Great Commiseration.—

Now, what is shown in the first half of this verse?

31. Being essentially powerful,
Unalterable and moist by nature,
It has a resemblance, in its distinctive features,
With the wish-fulfilling gem, with space, and water.

The 3 characteristics of the Absolute have been mentioned before.[1] Having in view, respectively, their particular[2] and general[3] essence, we come to know the Germ of the Buddha as having a resemblance with a wish-fulfilling gem, with space and with water, by its distinctive qualities. [22 b. 1.] Indeed, if we take the special essential character of the Buddha's Cosmical Body, that of possessing the power of accomplishing the desired aim (of the living beings), we shall find it to have a resemblance with a wish-fulfilling gem. If we take in consideration the particular essence of the Absolute, namely its unique unalterable character, we shall see that it bears a likeness with space. And, if we have in view the particular essence of the Germ of the Buddha, that is its moist, soft nature, this on account of the Commiseration toward all living beings, we shall know it as being akin to water. Again, if we take the general essence (of all the 3), namely that of being, by their very nature, perfectly pure and devoid of every kind of defilement, we shall (likewise) find a resemblance with the wish-fulfilling gem, with space, and with water, through the quality of perfect purity.

The Impediments and the Causes of Purification.

32. Enmity toward the Doctrine, views clinging to Ego and Mine,[4]
Fear caused by the sufferings of Phenomenal Life,

---

[1] In Kār. 27. [2] *svalakṣaṇa* = *raṅ-gi-mtshan-ñid.*

[3] *sāmānya-lakṣaṇa* = *spyiḥi-mtshan-ñid.*

[4] Tib. *bdag-lta* = *ātma-dṛṣṭi* = *satkāya-dṛṣṭi.*

And want of care for (other) living beings,—
Such are the 4 impediments, respectively,
With (the worldlings) endowed with great desires, with the heretics,
The Śrāvakas and those of self-sprung (Wisdom).[1]
As to the cause of purity, such is great faith,
And the other virtues, all of them being four.[2]

In short, among the multitudes of living beings there exist the following 3 varieties:—

1) Those who love this Phenomenal Life,
2) Those who wish to become delivered from it, and
3) Those who desire neither the one, nor the other.[3]

Now, those who are attached to worldly existence appear in two varieties. There is that kind of living beings who are hostile to the Path (leading to) Salvation [23 a. 1.] and do not strive for Nirvāṇa; they have no desire of attaining the latter, being exclusively attached to this worldly existence. Then there are such who, though they are followers of this our Doctrine, have likewise fallen (into the whirlpool of Saṁsāra). Of these there are some who hate the Doctrine of the Great Vehicle.[4] With regard to these the Lord has said:—I am not their teacher and they are not my disciples. O Śāriputra, I say—these are obscured by darkness, proceed toward

---

[1] Tib. *raṅ-byuṅ* = *svayambhū*—the Pratyekabuddhas. Cf. Abhisamayālaṁkāra II. 6—*paropadeśa-vaiyarthyaṁ svayaṁ-bodhāt svayaṁbhuvām.*

[2] Dar. 82 a. 6—b. 1. The highest faith in the Doctrine of the Great Vehicle, the Highest Wisdom of the Bodhisattva which bears the character of the Climax of Wisdom (*prajñāpāramitā*) the medium of limitless trance (*samādhi-mukha* = *tiṅ-ṅe-ḥdzin-gyi-sgo*) of the Bodhisattva, and his Great Commiseration. These are respectively compared with the seed, the mother, the womb, and the nurse. Cf. below.

[3] Cf. Abhisamayālaṁkāra I. 10. *prajñayā na bhave sthānaṁ kṛpayā na śame sthitiḥ.*

[4] Dar. 84 b. 3.—being the followers of the Hīnayānistic Code (*piṭaka* = *sde-snod*). They depreciate (the Doctrine of the Great Vehicle) saying:—The Mahāyānistic Sūtras are not the Word of Buddha.

still greater darkness and become finally possessed of the greatest darkness.—

As concerns those who wish to become free from Phenomenal Life, such, likewise, are of 2 kinds, namely those who use incorrect means and those whose methods are right. Those acting according to incorrect methods have in their turn 3 varieties. (First of all) there are the different varieties of heretics standing apart from this (our Teaching). These are the Cārvākas,[1] the Parivrājakas,[2] the Jains,[3] and many others.[4] Next come those who, though they are adherents of this our Doctrine and possessed of faith, still, by their principles, are akin to (the said) heretics, namely those who have an incorrect conception (of the Truth).[5] Now, who are these? They are those who, having a misconception of the Absolute, maintain the reality of the Individual (as an independent Whole).[6] With regard to these the Lord has said:—Those who do not maintain the Non-substantiality (of existence) do not differ from the heretics. —There are moreover those who, being full of pride, cling to the conception of the Universal Relativity and Non-substantiality[7] as an absolute principle.[8] According to these even the medium of Salvation is regarded as essentially non-substantial. (The Lord) had these persons in view when he said:[9]—O Kāśyapa, the views maintaining

[1] The Aga ed. of the Comm. and Dar. have both *tsa-ra-ka* (*caraka*?).

[2] Tib. *kun-tu-rgyu*. [3] Tib. *gcer-bu-pa*—"the naked."

[4] Those who deny a future existence (*abhyudaya*) and those who, though they admit it, deny the idea of a final salvation.

[5] Sic acc. to Dar. 85 a.

[6] *pudgala-vādinaḥ* = *gaṅ-zag-tu-smra-ba*. Dar. 85 a. 3.—Those who do not consider the Individual to be a nominal reality (*prajñapti-sat* = *btags-yod*) included in the complex of the 5 groups (*skandha* = *phuṅ-po*) and in the stream of elements, but maintain the existence of the Individual as an independent reality (*dravya-sat* = *rdzas-yod*); they are thus the followers of a system clinging to the conception of the Ego. These are the Vātsiputrīyas.

[7] *śūnyatā* = *stoṅ-pa-ñid*.

[8] Dar. 85 b. 4. *stoṅ-ñid bden-par-źen-pa*. Cf. Conception of Buddh. Nirvāṇa, page 49—50.

[9] Dar. 86 b. 1. Ḥod-sruṅs-kyis-źus-paḥi-mdo-las in the Kāśyapa-paripṛcchā.

the existence of real individuals are a blunder as great as the mount Sumeru. [23 b. 1.] However those who, being full of pride, cling to the conception of Non-substantiality (as an absolute principle) commit an error still greater.

Those who act according to correct means have also 2 varieties. There are the followers of the Śrāvaka Vehicle who proceed (on the Path) having a firm and settled conviction, and there are the adherents of the Vehicle of the Pratyekabuddhas.

Now, those who are neither attached to Phenomenal Existence, nor have a desire of attaining Salvation in the egoistic sense[1] are the living beings who constantly and firmly abide in the Great Vehicle and are possessed of the most acute faculties. These have neither an inclination toward this worldly life, as it is the case with the worldlings who are possessed of great desires, nor do they proceed toward Salvation using incorrect methods, as do the heretics. (On the other hand) their cognition is not that of the Śrāvakas and Pratyekabuddhas, though the methods (of both the latter) are correct. They proceed on that Path through which the (introspection of the) identity of Saṁsāra and Nirvāṇa is attained. Their minds are directed toward the Altruistic Nirvāṇa (which does not adhere to either of the 2 extremities),[2] and their activity bases upon the Phenomenal World, but without passions and desires.[3] They have a firm stand in sublime, altruistic thoughts,[4] and the foundation of their Path is perfectly pure.[5]

Now, those living beings who are full of great desires and love this worldly existence, as well as the adherents to this (our) Doctrine who have inevitably fallen (into the Saṁsāra) are called

[1] Dar. 87 a. 5. Those who have no desire of either being born in the Phenomenal World through the force of previous deeds and passions or of attaining that kind of Nirvāṇa which represents a mere cessation of births in the Saṁsāra.

[2] *apratiṣṭhita-nirvāṇa* = *mi-gnas-paḥi-myaṅ-ḥdas.*

[3] Acc. to Dar. 87 b. 2.—through the efficiency of previous vows and Great Commiseration.

[4] *adhyāśaya* = *lhag-paḥi-bsam-pa.*

[5] The Mahāyānistic Creative Effort (*citta-utpāda* = *sems-bskyed*).

"the category of living beings who are definitely rooted in error." Those who, being desirous of getting free from Phenomenal Existence, act according to incorrect methods are characterized as "the category of living beings who are not certain (as regards the means of Salvation)." Finally, those who wish to be delivered from Phenomenal Life and take recourse to the right means (of deliverance), as well as those who have no desire of both (the Phenomenal World and egoistic salvation) [24 a. 1.] and proceed on the Path in order to attain (the intuition of) the identity (of Saṁsāra and Nirvāṇa) are called "the category of living beings who have a definite knowledge of that which is right." If we except the living beings who abide in the Great Vehicle and whose cognition is not obscured, there are the following 4 varieties:—1) The worldlings endowed with great desires, 2) the heretics,[1] 3) the Śrāvakas, and 4) the Pratyekabuddhas. With these there exist (respectively) 4 kinds of impediments through which they are incapable of intuiting and realizing the Germ of the Buddha. (These impediments) are as follows:—

1) The Obscuration peculiar to the ordinary worldlings who are possessed of great desires and are hostile to the Mahāyānistic Doctrine. The antidote[2] against this is the concentration upon the faith[3] in the Teaching of the Great Vehicle as practised by the Bodhisattvas.

2) The Obscuration of the heretics who in the (complex of the) separate elements perceive a (real independent) Ego.[4] It has its antidote in the Bodhisattva's concentration upon the Climax of Wisdom[5] (in the aspect of which both the Individual and the separate elements are unreal).

3) The Obscuration of the Śrāvakas who cognize the Phenomenal World as being mere suffering and are afraid of it. Its antidote is the Gaganagañja[6] and other forms of trance peculiar to the Bodhisattva.

---

[1] *tīrthika* = *mu-stegs-pa*. [2] *pratipakṣa* = *gñen-po*. [3] *adhimukti* = *mos-pa*.
[4] *svatantra-ātman* = *raṅ-dbaṅ-can-gyi-bdag*. Cf. Abhisamayālaṁkāra I. 35.
[5] *prajñā-pāramitā*. [6] Tib. *nam-mkhaḥi-mdzod*.

4) The Obscuration of the Pratyekabuddhas who have no regard for the welfare of the living beings and turn away [1] from the needs of others.[2] [24 b. 1.] Here the antidote will be the concentration upon the Great Mercy and Love as it is manifested by the Bodhisattva.

Such are these 4 kinds of impediments which are peculiar to the 4 varieties of individuals (mentioned). Their antidotes are, (as we have just seen), the 4 virtuous qualities beginning with faith. Through the concentrated contemplation of them the Bodhisattvas attain the highest aim, that is the immaculate, ultimate Cosmical Body. He who is endowed with these 4 factors for the attainment of the 4 kinds of Absolute Purity which are to be mentioned presently, becomes a son of the King of the Doctrine, a (true) member of the family of the Buddha. How that?

33. Those are the sons of the Lord,
Whose seed is the faith in the Highest of Vehicles,
Whose mother is the Wisdom [3] that gives birth to the properties of the Buddha,
Who abide in the blissful womb of meditative trance and are nursed by Great Commiseration.[4]

The Result of Purification (3) and the Functions of the Germ (4).

Now, let us take the (next two) subjects—the result (of the purification of the Germ) and (its) functions. We have here the following verse:

34. The result are the Absolute, Transcendental Properties
Of Purity, Unity,[5] Bliss, and Eternity.

---

[1] Tib. *rgyab-kyis-phyogs-pa* = *vimukha*.

[2] Dar. 88 a. 5.—since they do not undertake the task of delivering other living beings from suffering.

[3] *prajñā* = *śes-rab* in the sense of *prajñā-pāramitā*.

[4] Cf. Sūtrālaṁkāra IV. 11.

dharmādhimukti-bījāt pāramitā-śreṣṭha-mātṛto jātaḥ
dhyāna-maye sukha-garbhe karuṇā saṁvardhikā dhātrī.

[5] *ātma-pāramitā* = *bdag-gi-pha-rol-tu-phyin-pa* or *paramātma-pāramitā*. *ātman* is to be understood in the sense of the unique essence of the Universe.

And the functions (of the Germ) manifest themselves
In the aversion toward this worldly life,
In the desire of Quiescence and the will[1] of attaining it.
Now, what is said in the first half of the verse?

35. In short, the fruit of these (4 virtues)[2]
Is (contained) in the Cosmical Body,
Representing (its properties) which are antidotes
And the reverse of the 4 kinds of error.

The 4 virtuous qualities, beginning with faith, have been just spoken of as the causes, the factors for the purification of the Germ of the Buddha. The result (of this purification) consists in the 4 Absolute Properties of the Cosmical Body. These (properties), taken respectively, are the counterparts, the reverse of the 4 kinds of error. [25 a. 1.] Now, the conception of Matter[3] and other evanescent[4] things as being enduring,[5] the conception of (Phenomenal Life which is) mere suffering as something blissful, the conception of the impersonal elements as constituting a real Ego, and the conception of the world's impurity as pure,—these are called the 4 kinds of error.[6] Their reverse are the 4 correct points of view, the conceptions of the evanescence, suffering, impersonality, and impurity regarding matter and the other (elements of the Phenomenal World). Now, with regard to the Cosmical Body of the Buddha, the properties of which are Eternity, &c., these 4 "correct" views we esteem to be wrong.[7]

---

[1] *praṇidhāna* = *smon-pa*. Cf. below.

[2] Dar. 89 b. 3.—of the faith in the Mahāyānistic Doctrine, &c.

[3] *rūpa* = *gzugs*. [4] *anitya* = *mi-rtag-pa*. [5] *nitya* = *rtag-pa*.

[6] Dar. 89 b. 5.—the 4 kinds of error regarding the Empirical Reality (*saṁvṛti* = *kun-rdzob*). Cf. the following note.

[7] They are the 4 kinds of error concerning the Absolute (*paramārtha* = *don-dam-pa*). In the Abhisamayālaṁkāra I. 27 Evanescence, &c. are spoken of as the object (*ālambana* = *dmigs-pa*) of concentration, and the aspect (*ākāra* = *rnam-pa*) in which they are to be viewed is the negation of the reality of these characteristics of the elements in the aspect of the unique Absolute. Cf. Haribhadra's Abhisamayālaṁkāra-ālokā, MS. 36 a. 9—14. *tat kena ākāreṇa ālambanīyam ity āha* ... *dharmatā-mukhena anabhiniveśādy-ākāreṇa iti yāvat. idam uktam bhavati. śrāvako*

Their counterparts are the 4 Absolute Transcendental Properties of the Buddha's Cosmical Body which are:—1) Absolute Eternity,[1] 2) Absolute Bliss,[2] 3) Absolute Unity,[3] and 4) Absolute Purity.[4] This theory is to be known in detail from Scripture. It is said:[5]— O Lord, the living beings are full of error, as regards the 4 groups of elements constituting Phenomenal Existence, as far as manifesting themselves in an individual.[6] That which is evanescent they hold to be eternal, the suffering (of the Phenomenal World) they consider to be happiness, that which is impersonal they imagine to have a relation to a real Ego, and the impure they mistake for pure. [25 b. 1.] The Śrāvakas and the Pratyekabuddhas, O Lord, are, in their turn, all of them deprived of the Transcendental Intuition of the Universal Relativity (and Non-Substantiality).[7] Therefore they have a misconception of the Cosmical Body of the Buddha, accessible only to the Divine Perception of the Omniscient. (On the other hand), O Lord, those living beings who have a conception (of the Cosmical Body) as eternal, as the Supreme Bliss, as the Absolute Unity and Absolute Purity are the Sons of the Lord born from his Spirit. O Lord, these living beings do not commit any error. These living beings perceive the Truth. How that?—Because the essence of this Cosmical Body of the Buddha is Absolute Eternity, Absolute Bliss, Absolute Unity, and Absolute Purity. O Lord, those living beings who perceive the Cosmical Body of the Buddha in such an aspect, perceive (through this) the Absolute Truth. And all those who perceive the Absolute Truth are the spiritual sons of the Buddha.—

---

rūpaṇādi-lakṣaṇaṁ vastv ālambate tasya anityādaya ākārā bhavanti, ātma-darśana-pratipakṣatvāt. bodhisattvaḥ punar anityādi-lakṣaṇaṁ vastv ālambate tasya anabhiniveśādaya ākārā bhavanti.

[1] *nitya-pāramitā* = *rtag-paḥi-pha-rol-tu-phyin-pa.*

[2] *sukha-pāramitā* = *bde-baḥi-pha-rol-tu-phyin-pa.*

[3] *ātma-pāramitā* = *bdag-gi-pha-rol-tu-phyin-pa.*

[4] *śuddhi-* (or *śuci-*) *pāramitā* = *gtsaṅ-baḥi-pha-rol-tu-phyin-pa.*

[5] In the Śrī-mālā-devī-siṁhanāda-sūtra. Kg. DKON. VI. 280 a. 4—b. 2.

[6] Tib. *ñin-paḥi-ñe-bar-len-paḥi-phuṅ-po-lṅa* = *upātta-pañca-upādāna-skandha.*

[7] *śūnyatā* = *stoṅ-pa-ñid.*

Concordance between the 4 Absolute Properties and the 4 Causes of Purification.

These 4 Absolute Properties of the Buddha's Cosmical Body are known to have a correspondence with the (4) causes (of purification) in the reverse order.[1] Indeed, if we take the counterpart of the attachment to this impure worldly life, as it is peculiar to those that are hostile to the Mahāyānistic Doctrine and possessed of great desires [26 a. 1.], such is the concentration upon the faith in the Doctrine of the Great Vehicle. The result of this will be the attainment of Absolute Purity.

[The Absolute Transcendental Unity.]

The attachment to the conception of a non-existing Ego is peculiar to the heretics who in the 5 groups (of elements) perceive a real individual. The reverse (of such an attachment) is the concentration upon the Climax of Wisdom (which is the direct perception of the total unreality of the Individual and the groups of elements in the aspect of the unique Cosmical Essence).[2] Its result is (the introspection of) the Absolute Unity.[3] Indeed, all the heretics admit the existence of an Ego, either as identical with Matter and the other (component) elements or as something differing from them.[4] This substance which they maintain is illusionary in its character of an Ego; in reality no such Ego ever existed. Now, the Buddha, by means of his Absolute Wisdom perceiving the Truth, has attained the (intuition of the) ultimate, transcendental unreality of all the

---

[1] Dar. 91 b. 5—92 a. 1.

The faith in the Mahāyānistic Doctrine is the cause of Absolute Purity,
The concentr. upon the Climax of Wisdom is the cause of the Absolute Unity
The Climax of transic meditation is the cause of the Supreme Bliss,
The concentration upon Highest Mercy is the cause of Absolute Eternity.

[2] Sic acc. to Dar. 92 a. 4.

[3] Dar. 92 a. 4—5. The Supreme Transcendental Unity,—that of the Cosmical Body which is identical with the Absolute, and in the aspect of which both the Individual and the separate elements are unreal in their (seeming) Plurality.

[4] Cf. M. V. § 208.

separate elements. The unreality thus perceived,[1] is true and uncontradictory in its character of a negation of substantiality (with the separate entities and discloses itself as their ultimate monistic essence). It is therefore to be regarded as (that which reveals) the Supreme Absolute Unity of the Universe.[2] The non-substantiality (of the Individual and the separate elements) thus turns to be the (unique universal) substance, as we read (in Scripture):—"Taking one's stand in the non-attachment (to separate entities)."

[The Absolute Bliss and Absolute Eternity.]

The adherents to the Vehicle of the Śrāvakas, being afraid of the sufferings of the Phenomenal World, are desirous of attaining merely the pacification of these sufferings. The reverse (of such a desire) [26 b. 1.] are the forms of meditative trance, such as the Gaganagañja-samādhi and the like; their result is the attainment of the Supreme Bliss, the mundane[3] and the supermundane.[4]

The adherents to the Vehicle of the Pratyekabuddhas find the highest delight in the attainment of a solitary position (separated from all mankind). The reverse of this is the Bodhisattva's concentration upon (the idea of) Highest Mercy and Love. Through this he attains the perfect purification as regards the activity for the sake of other living beings which is to be exercised, perpetually and uninterruptedly, as long as the world exists. The result will, for this last reason, be the Absolute, Transcendental Eternity.[5] Thus, the faith, Wisdom, meditative trance, and Commiseration of the

---

[1] Dar. 92 b. 2.—as it is intuited by the Buddha in his meditative trance.

[2] Cf. Vasubandhu's Commentary on Sūtrālaṁkāra IX, 23.—*tatra ca anāsrave dhātau buddhānāṁ paramātmā nirdiśyate. kim kāraṇam? agra-nairātmya-ātmakatvāt. agram nairātmyam viśuddhā tathatā sa ca buddhānām ātmā svabhāva-arthena, tasyām viśuddhāyām agram nairātmyam ātmānam buddhā labhante śuddham. ataḥ śuddha-ātma-lābhitvād buddhā ātma-māhātmyam prāptā ity anena abhisaṁdhinā buddhānām anāsrave dhātau paramātmā vyavasthāpyate.*

[3] *laukika* = *ḥjig-rten-pa.* [4] *lokottara* = *ḥjig-rten-las-ḥdas-pa.*

[5] Cf. Abhisamayālaṁkāra VIII. 11. *iti kāritra-vaipulyād buddho vyāpī nirucyate | akṣayatvāc ca tasyaiva nitya ity api kathyate.* and VIII. 34.—*tathā karmā 'py anucchinnam asyā'saṁsāram iṣyate.*

Bodhisattvas, having become the objects of intense concentration, have as their result, respectively, the four Absolute Transcendental Properties of the Cosmical Body of the Buddha, those of Purity, Unity, Supreme Bliss, and Eternity. It is said that the Buddha, through the efficiency of these (4 factors, faith, &c.), represents the culminating point of existence—the Absolute, is infinite like space and has reached the ultimate limits (of time).[1] Indeed, in the process of concentration characterized by the faith in the highest Mahāyānistic Doctrine, the perfectly pure Ultimate Essence of the Buddha, which is the Absolute, is realized. This means the attainment of the culminating point (of existence in) the Absolute. The concentration upon (the idea of) the Climax of Wisdom brings about the (final) introspective intuition of (the Absolute as) the background of the unreality of the animate [27 a. 1.] and inanimate world[2] and as being infinite like space. The Gaganagañja and similar forms of trance have for their result the manifestation of the Supreme Power of governing the elements which is of an all-pervading character. (Owing to these 2 characteristics, the Buddha) is all-embracing like space. (Finally), through the concentration upon (the idea of) Highest Mercy one becomes possessed of that Commiseration and Love with regard to all living beings, which is not bound by time. For this reason the Buddha has neither limits nor end.

The Impediments to the Attainment of the 4 Absolute Properties.

Now, with the Arhats and Pratyekabuddhas who abide in the Unaffected Sphere[3] and with the Bodhisattvas who have attained the

---

[1] Sic acc. to Dar. 93 a. 5.

[2] *sattva-loka* = *sems-can-gyi-ḥjig-rten* and *bhājana-loka* = *snod-kyi-ḥjig-rten.*

[3] *anāsrava-dhātu.* According to the theory of the "Unique Vehicle" (*ekayāna*) the termination of the Hīnayānistic Path does not represent the real Nirvāṇa, but merely the cessation of repeated births in the 3 Spheres of the Phenomenal World and a non-physical (*manomaya*) existence in the so-called Unaffected Sphere, a motionless, dreaming state. From this the Arhats are ultimately aroused by the Buddhas, whereupon they enter the Mahāyānistic Path, having made the Creative

(10) Controlling Powers[1] there exist the 4 kinds of impediments to the attainment of the 4 Absolute Properties of the Buddha's Cosmical Body. These are:—

1) (The impediment) which has the character of a condition,[2]
2) That which bears the essence of a cause,[3]
3) That which is characterized by origination, and
4) That representing destruction.

(The first of these impediments), that which bears the character of a condition, is the elementary force of Transcendental Illusion.[4] The latter is akin to Ignorance[5] (as the first member of the Causal Chain) which gives origination to the active forces[6] (of Phenomenal Life).

(The impediment) which has the essence of a cause is the Biotic Force[7] uninfluenced by defiling agencies, which is conditioned by the elementary force of Transcendental Illusion. It corresponds to the active forces (in the Causal Chain).

(The impediment) which has the character of origination is the Non-physical Body[8] in its 3 forms (corresponding to the 3 kinds of individuals).[9] It is conditioned by the elementary force of Transcendental Illusion and its cause is the Biotic Force uninfluenced by the defiling elements. It has a correspondance with the origination in the 3 Spheres of Existence, caused by the Biotic Force which is influenced by defilement and conditioned by the 4 Egocentristic Properties.[10] [27 b. 1.]

(Finally, the impediment) bearing the character of destruction is that constant change which inevitably takes place in some incon-

---

Effort for Supreme Enlightenment. This is detailed by Haribhadra in his Abhisamayālaṁkāra-ālokā. Cf. Appendix.

[1] Dar. 94 a. 3. The Bodhisattvas who have attained the 10 Controlling Powers and abide on the 3 last Stages (*acalā*, *sādhumatī* and *dharmameghā*).

[2] *pratyaya* = *rkyen*. [3] *hetu* = *rgyu*.

[4] *avidyā-vāsanā* = *ma-rig-paḥi-bag-chags*. [5] *avidyā* = *ma-rig-pa*.

[6] *saṁskāra* = *ḥdu-byed*. [7] *karma* = *las*.

[8] *manomaya-kāya* = *yid-kyi-raṅ-bẑin-gyi-lus*.

[9] The Arhats, the Pratyekabuddhas, and the Bodhisattvas on the 3 last Stages.

[10] *upādāna* = *ñe-bar-len-pa*. Dar. 94 b. 4.—Desire, incorrect views, bigotry, and the conception of an Ego.

ceivable manner.[1] It corresponds to Decrepitude and Death [2] which are conditioned by (preceding) birth.

Now, the Arhats, the Pratyekabuddhas and the Bodhisattvas who have attained the (10) Controlling Powers, have not extirpated the force of Transcendental Illusion which is a foundation of all the defiling elements. On account of this they are possessed of all those forces which attract the impurity of the passions. Therefore they cannot attain the culminating point of Absolute Purity.

On the foundation of this force of Transcendental Illusion the differentiation of separate entities (Pluralism) [3] manifests itself, though in a very subtle form. (The Arhats, &c.) being possessed (of this differentiation), cannot attain the Absolute Unity which is not produced by causes and conditions,[4] (a motionless Whole where no room is left for the manifestation of the active forces of the Phenomenal World).

Now, the subtle manifestations of Plurality (in the consciousness of the Arhats, &c.) and the force of Transcendental Illusion by which this is conditioned, call forth the undefiled Biotic Force. On the basis of the latter the groups of elements [5] of a non-physical nature [6] become originated. On account of this (separate spiritual existence which, though far from the sufferings of Phenomenal Life, still bears the character of uneasiness [7] accompanying every kind of origination), the perfect Absolute Bliss which is the cessation of (even) such (a separate existence) cannot be attained.

(Finally), as long as the essence of the Buddha which is the cessation of all the defiling forces, those of passions, of the Biotic Force and of (repeated) origination, is not fully realized,[8] one does not become free from the constant changes of existence which are of

---

[1] Cf. Abhidharmakośa IX. [2] *jarā-maraṇa* = *rga-śi.*

[3] *prapañca* = *spros-pa.* [4] *asaṁskṛta* = *ḥdus-ma-byas.* [5] *skandha* = *phuṅ-po.*

[6] This "non-physical" existence is not to be confounded with the existence in the Immaterial Sphere (*arūpya-dhātu*).

[7] *duḥkha* = *sdug-bsṅal.*

[8] Dar. 95 a. 5—6.—through perpetual concentrated trance.

an inconceivable character. Consequently, (the Arhats, &c.) are incapable of attaining the Absolute Eternity where there is no change. Here the elementary force of Transcendental Illusion corresponds to the moral defilement [28 a. 1.], the production of the undefiled Biotic Force—to the defilement of the latter (in general), and the origination of the 3 forms of non-physical existence as well as the changes of the states of existence, a constant transformation taking place in an inconceivable manner,—to the defilement of repeated birth.

Reference to Scripture.

This theory is to be known in detail from Scripture. It is said:[1] O Lord, the existence in the 3 (worldly) Spheres is conditioned by the Egocentristic Properties and has for its cause the Biotic Force which is influenced by defilement. In the same way, O Lord, the spiritual forms of the Arhats, the Pratyekabuddhas and the Bodhisattvas who have attained the (10 Controlling) Powers arise, being conditioned by the elementary force of Transcendental Illusion and having for their cause the undefiled Biotic Force. O Lord, the elementary force of Transcendental Illusion is thus the condition for the origination of the non-physical forms of existence and for the activity of the undefiled Biotic Force.—So we have it in detail. These 3 forms of non-physical existence, peculiar to the Arhats, the Pratyekabuddhas, and the Bodhisattvas who have attained the (10 Controlling) Powers, have not the Absolute Properties of Purity, Unity, Bliss, and Eternity. Therefore, only the Cosmical Body of the Buddha represents Absolute Eternity, Absolute Bliss, Absolute Unity, and Absolute Purity.

The Motives of the 4 Absolute Properties.

36. (The Cosmical Body of the Buddha)[2] is perfectly pure, [28 b. 1.]
Being immaculate by nature and free from all the defiling forces.

---

[1] In the Śrī-mālā-devī-siṁhanāda-sūtra. Kg. DKON. VI. 271 a. 3—6.

[2] Dar. 96 b. 1.

It represents the Unity (of the Cosmos), the perfect Quiescence
Of all Plurality, of the Individuals as well as their impersonal elements.

37. Through the extirpation of even the non-physical elements
And of their causes, it is the Supreme Bliss,
And, through the intuition of the identity of Saṁsāra and Nirvāṇa,
It is eternal (being free from the limits of both).

In short, the Cosmical Body of the Buddha is known as the Absolute Purity out of 2 motives:—1) It is perfectly pure by nature, this being its general essence [1] (through all the seeming varieties of being), and 2) it has the special essence [2] of being quite pure by stripping off all the defilement of Phenomenal Life (at the time of becoming a Buddha by coalescing with the Cosmical Body).

It is to be known as the Absolute Unity likewise for two motives:—1) It is the negation of the Plurality of the Individuals, through the rejection of the extremity peculiar to the Brāhmaṇical heretics,[3] and 2) it is the negation of the Plurality of the (separate) impersonal (elements), this being a result of shunning the Hīnayānistic extremity.

Furthermore, two causes make it the Supreme Transcendental Bliss, namely 1) the extirpation of the Phenomenal Elements [4] and their causes,[5] and through this the annihilation of the continuance of the defiling forces [6] and 2) the full realization of the Extinction [7] of Phenomenal Life and thus the cessation of the (highest separate) non-physical existence.[8]

[The Unstable, Non-dialectical Nirvāṇa.][9]

(Finally) two motives make it known in its character of Absolute Eternity:—1) It neither represents a fall into the Nihilistic

---

[1] *sāmānya-lakṣaṇa* = *spyiḥi-mtshan-ñid.*

[2] *viśeṣa-lakṣaṇa* = *khyad-par-gyi-mtshan-ñid.* [3] *tīrthika* = *mu-stegs-pa.*

[4] *duḥkha* = *sdug-bsṅal.* [5] *samudaya* = *kun-ḥbyuṅ.*

[6] *vāsanā-anusaṁdhi* = *bag-chags-kyi-mtshams-sbyor.*

[7] *nirodha* = *ḥgog-pa.* [8] *manomaya-kāya* = *yid-kyi-raṅ-bźin-gyi-lus.*

[9] *apratiṣṭhita-nirvāṇa* = *mi-gnas-paḥi-myaṅ-ḥdas.*

Extremity,[1] because Phenomenality must not be suppressed (as being additional to the Absolute), 2) nor can it be regarded as a fall into the (opposite) Eternalistic Extremity,[2] since Nirvāṇa (or Eternality) is not something which can be added (to Phenomenal Existence).[3]

[Reference to Scripture.]

It is said:[4]—O Lord, if we cling to the conception that all the active elements of existence[5] are evanescent [29 a. 1.], it will be a nihilistic point of view which is incorrect. If (on the other hand) Nirvāṇa is considered to be (a separate reality which is) eternal, this will be an eternalistic conception which is likewise false.—

From the standpoint of this our theory of a monistic Absolute, the Phenomenal World itself, taken in the aspect of Ultimate Reality, is to be called Nirvāṇa.[6] The reason is, that the Saint has a direct intuition of the non-dialectical Nirvāṇa.[7] Now, though this be so, still, for 2 motives, we have merely an indication of this unstable stability as a state in which the Saint is neither immediately involved in the Phenomenal Life of the living beings (because he becomes identical with the Absolute), nor remote (from the living beings, owing to his intense love.[8] What are the 2 motives?—(Answer:—) The Bodhisattva is not involved in the life of the living beings,

---

[1] *uccheda-anta = chad-paḥi-mthaḥ.*

[2] *śāśvata-anta = rtag-paḥi-mthaḥ.*

[3] Cf. Abhisamayālaṁkāra V. 21. *nāpaneyam ataḥ kiṁcit prakṣeptavyaṁ na kiṁcana | draṣṭavyaṁ bhūtato bhūtaṁ bhūta-darśī vimucyate.*

[4] In the Śrī-mālā-sutra. Kg. DKON. VI. 279 b. 6—7. The version of Kg. is slightly different.

[5] *saṁskāra = ḥdu-byed* in the sense of *saṁskṛta-dharma.*

[6] Cf. Conception of Buddhist Nirvāṇa, p. 205.

[7] *apratiṣṭhita-nirvāṇa.* The Saint realizes that form of Nirvāṇa which does not represent a residence, either in the Phenomenal World, or egoistic peace, since he has no dialectical thought-construction, no differentiation of both Saṁsāra and Nirvāṇa as separate entities.

[8] Cf. Abhisamayālaṁkāra I. 16. *prajñayā na bhave sthānaṃ kṛpayā na śame sthitiḥ,* and III. 16. *nā 'pare na pare tīre nāntarāle tayoḥ sthitā.*

since he rejects all the residues[1] of Phenomenal Life by his High Wisdom. On the other hand he is not remote from them, since he does not forsake them, owing to his Great Commiseration. This[2] is the means for attaining, subsequently, the Perfect Supreme Enlightenment, an essential character of which is this Unstable Stability. Through the rejection of all the residues of Phenomenal Existence by means of Highest Wisdom, the Bodhisattva helps himself. Indeed, having his thoughts directed toward Nirvāṇa, he does not abide in the Phenomenal World, as do those living beings whose intentions are not those of attaining Salvation. On the other hand, as he does not forsake the suffering living beings[3] out of Great Commiseration, he administers help to others. [29 b. 1.] For this reason his activity is founded upon the Phenomenal World, and he does not reside in Nirvāṇa in the manner of those who have only the one tendency of attaining Quiescence. Therefore, these 2 qualities (of the Bodhisattva) are spoken of as the principal foundation of Supreme Enlightenment:—

38. (The Saint) by his great wisdom rejects all selfish (worldly) inclinations,
But, being merciful and attached to the cause of the living beings, he does not attain Quiescence.
Thus, having his stand in Wisdom and Love, these means of Supreme Enlightenment,
The Saint neither resides in this world, nor does he depart to (egoistic) peace.

The Functions of the Germ of the Buddha (4).

Now, what shows the second half of verse (34) referring to the subject of the functions (of the Essence of Buddhahood) which has been taken in consideration before?—

---

[1] *anuśaya* = *bag-la-ñal.*

[2] The special forms of Wisdom and Commiseration (Dar. 98 b. 4.).

[3] Cf. Abhisamayālaṁkāra V. 3. *aparityakta-sattva-artha.*

39. If the Germ of the Buddha[1] did not exist,
The aversion to the suffering (of this world) would not arise;
There would be no desire of Nirvāṇa,
And there would be no effort[2] for attaining it.

It is accordingly said:[3]—O Lord, if the Essence of the Buddha were not existing, there would be no aversion to (this) Phenomenal Existence. Accordingly, there would be no desire of Nirvāṇa, no inclination[4] (toward it), no request[5] (of it) and no efforts (made for its attainment). In short, the Essence of the Buddha, the perfectly pure Germ which has its abode even in those living beings who are definitely rooted in error, exercises its activity in two ways:— 1) It arouses the aversion (to this worldly existence) through the perception of the sufferings of Phenomenal Life and the harm caused by them, and 2) it calls forth inclination, desire, request, and efforts (directed toward the attainment of) Nirvāṇa, all of which are founded upon the contemplation of the bliss of the latter and its advantages.[6] Here "inclination" has the meaning of a clearly expressed wish. [30 a. 1.] "Desire" means a direction (of the mind) toward the attainment of the aim proposed. "Request" is used in the sense of a search of the means of attaining the desired aim, and "effort" is a manifestation of the will[7] directed toward this attainment.

40. This contemplation
Of the sufferings of Phenomenal Life and the bliss of Nirvāṇa,
Of the defects (of the former) and the advantages (of the latter)
Is (conditioned) by the existence of the Germ. Therefore,
With those in whom there is no Germ,[8] this contemplation does not exist.

---

[1] Dar. 99 b. 3.—The Germ of the Buddha, that is the seed perfectly pure by nature and uninfluenced by the defiling elements.

[2] *praṇidhāna* = *smon-pa*. Cf. below.

[3] In the Śrī-mālā-siṁhanāda-sūtra. Kg. DKON. VI. 281 a. 8—b. 1.

[4] *chanda* = *ḥdun-pa*. [5] *prārthanā* = *don-du-gñer-ba*.

[6] *anuśaṁsa* = *phan-yon*. [7] *citta-abhisaṁskāra* = *sems-mṅon-par-ḥdu-byed-pa*.

[8] The absence of the Germ is to be understood in a conventional sense. Cf. below.

The individual possessed of virtuous elements[1] perceives the harm and suffering of Phenomenal Existence and the bliss and advantages of Nirvāṇa. This perception is called forth by the existence of the Germ (of the Buddha); it is not something uncaused and unconditioned. Why that?—If (the said perception) were without causes and conditions and were not brought about through the extirpation of sin, it would likewise exist with the living beings who are possessed of vain desires and cannot attain Nirvāṇa. (In reality) as long as the Germ (of a living being has not been aroused to life)[2] by means of the 4 conditions,[3] beginning with the reliance upon a saintly personage,[4] and as long as the faith in either of the 3 Vehicles has not been obtained,—(the perception in question) cannot arise.

The Annihilation of the Germ is to be understood in a Conventional Sense.

It is however said:[5]—After that the rays of the Divine Wisdom[6] of the Buddha which resembles the disc of the sun hit the bodies of even those living beings who were definitely rooted in error and administer help to them. They produce the causes of future (bliss) and cause to thrive all that is virtuous. (In the *Mahāparinirvāṇa* and other Sūtras)[7] we read: "he who is possessed of vain desires cannot attain Nirvāṇa altogether." This has been said in order to convert those who hate the Mahāyānistic Doctrine, this hatred being the cause of all the sinful inclinations, and refers only to a certain period

---

[1] *śukla-dharma* = *dkar-poḥi-chos*.

[2] Sic acc. to Dar. 100 b. 6—101 a. 1.

[3] Dar. 100 b. 5—6.—The reliance upon a saintly personage (1), the accumulation of virtue (2), a favourable dwelling-place (3), sublime vows and correct appreciation (4).

[4] *satpuruṣa* = *skyes-bu-dam-pa*.

[5] In the Jñāna-āloka-alaṁkāra-sūtra. Kg. MDO. III. 285 b. 6—7.

[6] Dar. 101 a. 3. After having taken recourse to the study of the Highest Doctrine.

[7] Dar. 101 a. 6.

of time.[1] As the Germ (of the Buddha) which is perfectly pure by nature exists (in every living being), it is impossible that there could exist some (living being) who would never become purified. Indeed, the Lord, having in view the fact that all the living beings, without any difference, have the possibility of attaining perfect purification, has said:[2]—

(The elements of Phenomenal Life)
Have no beginning, but they have an end.
The Absolute Essence,[3] eternal and pure by nature,
Is (only) obscured by defilement which is beginningless;
Therefore it cannot be perceived,
Just as gold buried (in mud and dust).—

The Relations of Germ to the Factors and the Result of Purification (5).

Now let us take (the Germ of the Absolute) from the point of view of its (different) relations. We have here the following verse:—

[The Relation to the Causes of perfect Purity.]

41. (The Essence of the Buddha) is like the Great Ocean
Being the inexhaustible repository of jewels—its sublime properties;
It is (moreover) like a light, since, by its nature
It is endowed with properties indivisible (from it).

Now, what shows the first half of the verse?—

42. As it contains the sources
Of the Cosmical Body, of the Buddha's Wisdom and Commiseration,

---

[1] Dar. 101 b. 3.

[2] Cf. Śrī-mālā-siṁhanāda-sūtra. Kg. DKON. VI. 280 b. 8—281 a. 1.

[3] Tib. *chos-can* = *dharmin*. The Dar. (107 a. 3.) gives the synonym *de-bźin-ñid* = *tathatā*.

It appears as being akin to the ocean,
Since (the causes of purity to which it relates
Bear a resemblance) with a receptacle, with jewels, and with water.

The "relation" of the Germ of the Buddha is to be understood (first of all) in the sense of its relation to the causes (of perfect purity). (From such a point of view) 3 distinctive features give it a resemblance with the great ocean in 3 ways, respectively. [31 a. 1.] What are the 3 distinctive features?—They are as follows:—(The Germ of the Buddha) is connected with the cause of the perfectly pure Cosmical Body, of the factors for the attainment of the Wisdom of the Buddha, and of the causes for the manifestation of the Buddha's Mercy and Love. Now, the cause of the perfectly pure Cosmical Body we know to be the concentration upon the Faith in the Mahāyānistic Doctrine. The factors for the attainment of the Wisdom of the Buddha is the concentration upon the Climax of Wisdom and the medium of transic meditation.[1] The cause for the manifestation of the Buddha's Great Mercy and Love is the concentration upon Great Commiseration as the property of the Bodhisattva.[2]

Here the concentration upon the faith in the Mahāyānistic Doctrine has a resemblance with a receptacle,[3] since the jewels of Wisdom and transic meditation which are numberless and have no end, as well as the waters of Great Commiseration are included in it. The concentration upon Highest Wisdom and transic meditation may be compared with a wish-fulfilling gem, because they are possessed of the quality (of bringing about the desired aim) without dialectical thought-construction.[4] Finally, the concentration upon the Bodhisattva's

[1] *samādhi-mukha* = *tiṅ-ṅe-ḥdzin-gyi-sgo*.

[2] The word *mahā-karuṇā*—Great Commiseration is, in the Tibetan, rendered in 2 ways. As a property of the Buddha it appears in the honorific form *thugs-rje-chen-po*, and as the property of the Bodhisattva it is translated in the ordinary way—*sñiṅ-rje-chen-po*. Cf. Conception of Buddhist Nirvāṇa, p. 83.

[3] *bhājana* = *snod*.

[4] Dar. 108 a. 5.—without thinking "it is necessary to bring forth such and such a result."

Great Mercy and Love bears a similarity with water, having a uniform, soft, moist character with regard to all that lives.[1] The 3 causes mentioned correspond to the 3 distinctive properties (of the Buddha).[2] The relation (of the Germ) to the causes of purification and their distinctive features,[3] is the "relation" spoken of here.

[The Relation of the Germ to the Result.]

What is shown in the second half of verse (41)?

43. (When) the state of Perfect Purity (is attained),
One is possessed of the supernatural faculties,[4]
Of the Wisdom bringing about the extirpation of defilement,
And this extirpation itself, which are indivisible.
Therefore (the Essence of the Buddha in the aspect of the result)
Suggests a resemblance with the rays, the heat, and the colour of a light.

Here the "relation" is to be understood as the relation of the Essence of the Buddha to the result (of purification). The 3 characteristic features (of this result) have resemblance respectively with the distinctive properties of a light. [31 b. 1.] What are the 3 characteristic features? Answer:— The (5) supernatural faculties, the Transcendental Wisdom bringing about the extirpation of the defiling forces,[5] and this extirpation itself. The 5 forms of supernatural perception have here a resemblance with the rays of a light, since they appear in their faculty of dispelling the darkness caused by all the impediments to the perception of the truth. The Transcendental Wisdom removing the defiling forces bears a likeness with heat, since it appears as consuming the fuel of the Biotic Force[6] and the passions. The removal of all

---

[1] Cf. Meghadūta, Uttaramegha, 30.—*prāyaḥ sarvo bhavati karuṇā-vṛttir ārdrāntarātmā.*

[2] Dar. 108 a. 6.—The Cosmical Body, Highest Wisdom and Highest Commiseration.

[3] Dar. 108 b. 1.

[4] *abhijñā = mṅon-par-śes-pa.*

[5] *āsrava-kṣaya-jñāna = zag-pa-zad-paḥi-ye-śes.*

[6] *karma = las.*

defilement which is a metamorphose[1] (of the elements) may be compared with the colour of a light, since it is, essentially, immaculate, perfectly pure, and radiant. It is immaculate through the removal of the Obscuration of Moral Defilement,[2] it is perfectly pure through the extirpation of that of Ignorance,[3] and it is radiant, since it never has the character of being, occasionally, obscured by either (of these) 2 (obscurations). Thus, the (5) supernatural faculties uninfluenced by the defiling forces, the Wisdom extirpating all defilement, and the removal[4] (of the Obscurations)—these 7 are the properties of the individual who has finished the course of Training (on the Path)[5] and are mutually indivisible within the immaculate monistic Absolute (the metamorphose of the elements) of such an individual. The relation (of the Germ) to this indivisible Absolute in the sense of its being identical with it,—this is the relation meant in this case.

Reference to Scripture.

These examples referring to the subject of the relations (of the Germ) are to be known in detail from Scripture. It is said:— O Śāriputra, take for instance a light [32 a. 1.] or a precious stone. The properties (of the former), its rays, heat, and colour, (as well as of the latter),—its shine, colour, and form, are indivisible and inseparable. In the same way, o Śāriputra, the Cosmical Body manifested by the Buddha is possessed of the properties of the Buddha which are greater in number than the sands of the Ganges and are indivisible, and is, moreover endowed with the spiritual attributes inseparable (from it).—

The Manifestations of the Germ (6).

Next we have a verse referring to the subject of the manifestations (of the Germ of the Buddha):—

---

[1] *parāvṛtti = yoṅs-su-ḥgyur-ba.* [2] *kleśa-āvaraṇa = ñon-moṅs-kyi-sgrib-pa.*

[3] *jñeya-āvaraṇa = śes-byaḥi-sgrib-pa.*

[4] *prahāṇa = spaṅs-pa.* [5] *aśaikṣa = mi-slob-pa.*

44. The Absolute manifests itself differently
In the worldlings,[1] the Saints, and the Supreme Buddha.
Having perceived this, (the Lord) has declared
That the Essence of Buddhahood exists in all that lives.

What is said here?

45. With the ordinary beings (the Absolute) is obscured by error,
And with those who perceive the Truth [2] it is the reverse.
As to the Buddha who has the full and perfect intuition,—
With him it is completely free from error and differentiation.[3]

In the Prajñāpāramitā and elsewhere, in connexion with the teaching about the medium of direct intuitive knowledge, the Lord has demonstrated to the Bodhisattvas the general character [4] of the Absolute Essense of all the elements, perfectly pure (by nature), as being the Germ of the Buddha. This (Absolute) is to be known as manifesting itself in 3 different ways:—in the ordinary (worldly) beings who do not perceive the Truth, in the Saints who have an intuition of the latter, and with the Buddha who has attained the culminating point of the perfectly pure introspection of the Ultimate Reality. Accordingly, it may be either obscured by error, or (partly) free from it, [32 b. 1.] or completely devoid of every kind of error and differentiation, respectively. Now, it is obscured by error with the ordinary worldlings, since the conceptions and views of the latter are totally incorrect. The reverse, that is a (partly) unerring character, is to be found with the Saints, since they have rejected these (false views). Finally, (the Absolute) completely free from all error and differentiation is the form peculiar to the Supreme Buddha, since he has completely annihilated the passions and the residues, as well as the Obscuration of Ignorance.

---

[1] *pṛthagjana* = *so-soḥi-skye-bo.*

[2] The Saints (*ārya-pudgala*).

[3] *prapañca* = *spros-pa.*

[4] *sāmānya-lakṣaṇa* = *spyiḥi-mtshan-ñid.*

The different States of the Germ (7).

After that, in connexion with the subject of the manifestations (of the Germ), we have the remaining 4 subjects[1] and their varieties demonstrated. First of all we have a verse referring to the different states of the Germ corresponding to the 3 kinds of individuals just mentioned:—

46. Impure, (partly) pure and (partly) impure,
And perfectly pure—(the Absolute)
Is called (the Germ of) ordinary beings, (that of) the Bodhisattvas,
And the Perfect Supreme Buddha,[2] respectively.

What is said here?—

47. The Germ (of the Buddha) considered
From the 6 points of view beginning with (its) essence,
Is, in accordance with its 3 states,
Designated by 3 different names.

The undefiled Germ (of the Buddha) has been demonstrated by the Lord in detail, in many divisions of Scripture, having been discussed from 6 points of view,—that of its essence, the cause (of its purification), the result (of the latter), its functions, relations, and manifestations. All this, in short, refers to the 3 different states (of the Germ) which have, respectively, 3 different names, viz.:—1) in the impure [33 a. 1.] state (the Germ) is called "the fundamental element of a living being;" 2) in the state which is (partly) pure and (partly) impure, it bears the name of "the (Essence of the) Bodhisattva."[3] 3) Finally, in the state of perfect purity (the Absolute which is no more a Germ) is called "the Buddha."[4]

---

[1] The different states, the all-pervading character, the inalterable, and the indivisible character (of the Germ).

[2] I.e. the Absolute is in the last case identical with the Cosmical Body of the Buddha.

[3] Lit. "bears the name of the Bodhisattva." Cf. Abhis. Āloka. MS. *dharma-dhātu-svabhāvenaiva bodhisattvena* ...

[4] *Tathāgata.* The word is here taken in the sense of *tathatām gata iti ta-thāgataḥ* "He who has coalesced with the Absolute."

Reference to Scripture concerning the 3 different States of the Germ.

The Lord has said:—O Śāriputra, this Cosmical Body[1] when it is concealed by the innumerable coverings of defilement, carried by the stream of Phenomenal Life, and subjected to a beginningless and endless migration through death and birth,—is called the fundamental element of a living being. O Śāriputra, when this same Cosmical Body has become averse to the suffering (experienced) in the stream of Saṁsāra, when it is free from attachment to all the objects arousing desire, firmly rooted in the 10 Transcendental Virtues, and, with the help of the analysis of innumerable elements of existence,[2] acts in order to attain Enlightenment, then it is called (the essence of) the Bodhisattva. O Śāriputra, when this very Cosmical Body is completely free from all the bonds of defilement, delivered from Phenomenal Existence,[3] devoid of all the stains of the passions, is merged in the pure, the stainless, the universally immaculate Absolute, abides in a state that is looked to by all living beings, has attained the power of the one-without-a-second perceiving everything cognizable, is free from all the Obscurations, and has the illimited power of the Supreme Lord governing all the elements of existence,—then it is called the Tathāgata, [33 b. 1.] the Arhat, the Perfect Supreme Buddha.—

The All-pervading Character of the Germ (8).

Now comes a verse referring to the Germ of the Buddha as having in its 3 different states an all-pervading character:—

48. Just as, being essentially free from (dialectical) thought-construction,
The element of space is ubiquitous,
In the same way the Immaculate Essence which is of spiritual nature, pervades all that exists.[4]

---

[1] Is to be understood in the sense of "the Germ of the Absolute, the final metamorphose of which is the Cosmical Body."

[2] Lit. the 84,000 classifications (*dharma-skandha*). [3] *duḥkha*.

[4] Cf. Sūtrālaṁkāra IX. 15. *yathā 'mbaraṁ sarvagataṁ sadā matam*, &c.

What is said by this?

49. It penetrates, in its general essence,
The defective, the virtuous, and the ultimate point (of perfection),
Just as space embraces all visible forms,
The base, the intermediate, and the sublime.

The spiritual Essence of the ordinary worldlings, the saints, and Perfect Supreme Buddha, being devoid of (dialectical) thought-construction is, with regard to the 3 states (of the living beings),—that which is thoroughly defective, that characterized by virtuous properties, and that which represents the culminating point of perfection,—all-pervading, all-embracing, equal (with all), and eternally the same. It has accordingly a resemblance with space (which is the same) whether included in an earthen, brazen, or golden vessel, respectively.

Reference to Scripture concerning the All-pervading Character.

For this reason it has been said, immediately after the demonstration of the 3 different states:—Therefore, O Śāriputra, the fundamental Germ of a living being is not one separate element, and the Cosmical Body—another (quite different from it). The Germ of a living being is the Cosmical Body, and the Cosmical Body in its turn is the Germ of a living being. They are essentially identical, and only the words expressing them are different.

The Germ in its unalterable Character (9).

The Germ of the Buddha, being in its 3 different states all-pervading [34 a. 1.] is, moreover, unchangeable, (since it cannot be really influenced) neither by the defiling,[1] nor by the purifying[2] elements. The following 14 verses all refer to this subject. This (first) one is to be regarded as a summary of their contents:—

50. It is possessed of occasional defects
And of virtuous properties relating to its essence;

---

[1] *sāṁkleśika* = *kun-nas-ñon-moṅs-pa.*

[2] *vaiyavadānika* = *rnam-par-byaṅ-ba.*

But in the initial[1] and in the subsequent[2] states
It remains the unalterable Absolute.

12 verses refer to (the Germ) in its impure state, and one (the 13th) to that state which is (partly) impure and (partly) pure. In both these cases (the Germ appears as) possessed of the primary[3] and the secondary[4] defiling elements, all of which are of a casual character. The 14th verse relates to (the Absolute) in the state of complete purification, when it is essentially endowed with all the properties of the Buddha, indivisible, inseparable, and greater in number than the sands of the Ganges. In the former (2) cases, as well as in the latter, the Germ of the Buddha is demonstrated as completely inalterable and as having (from this point of view) an analogy with space. Now, what (is said in) the 12 verses referring to the inalterable character (of the Germ) when it is in an impure state?

[The Germ of the Buddha cannot be affected by the defiling elements.]

51. Just as space fills everything,[5]
And, owing to its subtle (transcendental) character,[6] cannot be polluted,
In the same way this (perfectly pure Germ) has its abode
In all living beings, but remains undefiled (by their passions).

[The Germ is not affected by Origination and Destruction.]

52. Just as, in space, the worlds and all their elements
Become originated and are destroyed,
In the same way, in the Eternal[7] Substance,
The forces of Phenomenal Life appear and disappear.

---

[1] In the state of an ordinary worldly being. Dar. 114 a. 2.

[2] With the Śrāvaka and the Pratyekabuddha Saint, as well as with the Bodhisattva. Ibid.

[3] *mūla-kleśa* = *rtsa-baḥi-ñon-moṅs-pa.*

[4] *upakleśa* = *ñe-baḥi-ñon-moṅs-pa.*

[5] Dar. 114 b. 6. penetrates the whole of the Receptacle-world (*bhājana-loka*).

[6] Ibid. 115 a. 1. It is subtle, since it is not accessible to the perception by the sense-organs.

[7] *asaṁskṛta* = *ḥdus-ma-byas.*

53. Just as space will never be destroyed
By the (destructive) fires (at the end of the world) [34 b. 1.],
In a like way this (Essence of the Buddha)
Is not consumed by the fires of death, of illness, and decrepitude.

54. The earth is supported by water, the water is supported by air,
And air is supported by space;
But space (in its turn) has no support,
Neither in air, nor in water, nor in the earth.

55. In a similar manner the elements of life (classified into) groups,[1] component elements,[2] and bases of cognition[3]
Have their foundation in the Biotic Force and Desire,[4]
And the latter (two) are always supported
By the naive appreciation (of existence).[5]

56. This naive, incorrect evaluation
Is supported by the Spirit that is perfectly pure;
But the true Essence of the Spirit (which is the Absolute)
Has not its support in any (of the worldly elements).

57. We know that the elements of life (classified in) groups, component elements, and bases of cognition, are similar to the earth;
We know that the Biotic Force and the defiling elements of the living beings are akin to water.

58. And the naive appreciation (of existence)
Bears a likeness with the element of air;
The Spiritual Essence[6] is like space, having no foundation and no substratum.

---

[1] *skandha* = *phuṅ-po.*

[2] *dhātu* = *khams.*

[3] *āyatana* = *skye-mched.* Lit. "the sense-organs (*dbaṅ-po* = *indriya*)." Dar. 115 b. 1—2. *mig-gi-dbaṅ-po-la-sogs-paḥi skye-mched-rnams.*

[4] Ibid.—which are the cause of these elements.

[5] *ayoniśo-manasikāra* = *tshul-bžin-ma-yin-paḥi-yid-la-byed-pa.* Dar. 115 b. 2—perceiving the reality of the individual and the separate elements.

[6] Dar. 116 a. 6. The Absolute which is of spiritual nature (*sems-kyi-raṅ-bžin don-dam-paḥi-bden-pa* = *citta-svabhāva-paramārtha-satya*).

59. The wrong appreciation (of existence)
Is supported by the spiritual essence.
This naive, incorrect evaluation
Calls forth the Biotic Force and the passions.

60. From the waters of the Biotic Force and Desire
Arise the elements of life (as classified into) groups, component elements, and bases of cognition;
And just as (the element of water), which is destroyed and formed anew,
Do (the elements of life) appear and disappear again.

61. But the Spiritual Essence is like space,
Being uncaused and unconditioned;
It is devoid of the complex (of producing factors)
And knows no birth, destruction, and (temporary) stability.

62. The Spiritual Essence which is pure and radiant
Is inalterable like space
And cannot be polluted by the occasional stains
Of Desire and the other (defiling forces)
Which arise from the wrong conception (of existence).

[35 a. 1.] The Essence of the Buddha in the impure state is thus demonstrated as being the inalterable Absolute, by means of this comparison with space. This is (moreover) expressed in the following verse:—

63. It does not become produced
By the waters of the Biotic Force, of Desire and the rest,
And it cannot be consumed by the violent fires
Of death, of illness, and infirmity.

The (5) groups, the (18) component elements of an individual, and the (12) bases of cognition (may be compared with) a world (that is formed anew). They become originated on the foundation of the water of the Biotic Force and the defiling factors, which in their turn arise from the naive appreciation of existence, this appreciation having a resemblance with the sphere of air.[1] This origination (of the elements of Phenomenal Life) does not affect the Spiritual Essence (of the Absolute), which is analogous to space. This (newly formed) world of groups, component elements, and bases of cognition has (as we have just seen) its support in the naive appreciation, in the Biotic Force and Desire, of which (the first has a resemblance) with air, and (the latter two) are akin to water. It (subsequently) becomes destroyed through death, illness, and decrepitude (which bear a likeness) with (destructive) fires. But, (just as the origination of the worldly elements does not add anything to the pure Spiritual Essence), in a like way it is not liable to destruction (through death, illness and decrepitude). It is thus shown that, in the impure state (of the living beings), all the defiling elements, those of Desire, of the Biotic Force, and Origination, which are like the Receptacle-world, appear and disappear, but that the Eternal Essence of the Buddha is, like space, not liable to origination and destruction and has a totally inalterable character.

[Reference to Scripture.]

We have this example of space enlarged upon in Scripture,[2] where it stands in connexion with (the subject of) the medium of perfect purification. This medium is, to speak otherwise, the means of (perceiving) the light of the essence of the Buddha. [35 b. 1.] (It is said):—O great Sage, the defiling forces are like darkness, and purification is light. The defiling forces are feeble in strength; the transcendental perception of the Truth,[3] on the contrary, is powerful. The defiling forces are casual, whereas the perfectly pure (Absolute) is the true fundamental Essence (of all that exists).[4] The defiling forces are imputed[5] (and essentially unreal, whereas the

---

[1] *vāyu-maṇḍala* = *rluṅ-gi-dkyil-ḥkhor*.

[2] In the Gaganagañja-Sūtra. Kg. MDO. XIII. 320 a. 6—321 a. 7.

[3] *vipaśyanā* = *lhag-mthoṅ*.

[4] Dar. 118 b. 5. *raṅ-bźin-gyis-rnam-par-dag-pa-ni chos thams-cad-kyi rtsa-baḥo* —the foundation, the root of all the elements.

[5] *parikalpita* = *kun-tu-brtags-pa*.

Absolute is the true (essence of all the elements) and not a construction (of the mind). O great Sage, such is the state of things.— This great earth is supported by water, water reposes in the air, and air is supported by space. But space itself has no support. Moreover, of these 4 elements, that of space is, in comparison with the elements of earth, water, and air, the most powerful.[1] It is stable, motionless, knows no decrease, no origination, and no destruction. It is enduring by its very nature. Now, the 3 (other) elements are liable to origination and destruction; they are not stable and have no long duration. With everyone of them a constant change may be perceived. But space (on the contrary) does not undergo the slightest change.

In a similar way the (5) groups (of elements), the (18) component elements (of an individual), and the (12) bases of cognition have their foundation in the Biotic Force and Desire. These two are founded upon incorrect appreciation, and the latter has its support in the (spiritual) essence, which is perfectly pure. This essence is (by itself) pure and radiant and cannot (really) become polluted by the occasional defiling forces. [36 a. 1.]

Now, the incorrect appreciation, the Biotic Force and the defiling factors, as well as the groups, component elements, and bases of cognition are all of them originated by the complex of their causes and conditions; as soon as these causes and conditions cease to exist, (the elements of life) are all of them annihilated. On the other hand, that which represents the (Absolute, Spiritual) Essence is uncaused, unconditioned, is not a product (of both causes and conditions); it neither becomes originated, nor does it disappear. Now, the (spiritual) Essence is like the element of space. The incorrect appreciation is akin to the element of air. The Biotic Force in the passions are like the element of water, and the groups, the component elements, and the bases of cognition bear a likeness with the element of the earth. Therefore, it is said:—The foundation of

[1] In the sense of its being indestructible.

all the elements is to be cognized as follows: they are completely devoid of any real foundation, their foundation is not essential and is not stable. (At the same time) they have a foundation that is perfectly pure and are founded on the absence of a real foundation.[1] Thus, with regard to its inalterable character even in the impure state (of a living being),—the Absolute is represented as resembling space. The wrong appreciation which is founded upon (this Spiritual Essence), the Biotic Force, and the defiling factors are, as concerns their character of causes (producing Phenomenal Existence), spoken of as having a similarity with the elements of air[2] and water.[3] Finally, with reference to the character of a result[4] peculiar to the groups, the component elements, and the bases of cognition,—these are all shown in their similarity with the element of the earth.

[The Indestructible Character of the Germ.]

Now, the factors bringing about the destruction (of the Phenomenal Elements) viz. death [36 b. 1.], illness, and decrepitude, have the character of the greatest calamities, (being like destructive) fires. They have, accordingly, a resemblance with the element of fire. (This resemblance) has not yet been spoken of; it is to be demonstrated presently.

64. The 3 fires,—those of death, illness, and decrepitude,
Are known to have a resemblance with 3 (other) fires,—
That (which arises) at the end of the world,[5] the fire of hell,
And the ordinary fire, respectively.

Death, illness, and decrepitude are known to bear a likeness with fire for 3 motives respectively. (The first) completely destroys

---

[1] As the elements of Phenomenal Life have no real connexion with the Absolute Essence.

[2] The wrong appreciation of existence.

[3] The Biotic Force and the defiling elements.

[4] *vipāka* = *rnam-par-smin-pa*.

[5] Dar. 119 b. 5. The fire which destroys the external world (*bhājana-loka*).

the 6 (internal) bases[1] as constituting an individual. (The second) produces the feeling of suffering in many different forms, and (the third) brings to full development[2] the forces[3] (which produce the changes in a state of existence). Now the Germ of the Buddha, even in the impure state, does not undergo any change through these 3 fires of death, illness, and decrepitude. With respect to this unchangeable character it has been said:[4]—O Lord, "Death" and "Birth"—these are but worldly names.[5] O Lord, that which we call "Death" is the annihilation of the bases of cognition. That which is called "Birth" is the fact of assuming these bases anew. As to the Essence of the Buddha, O Lord, it is not subjected to birth, death, decrepitude, and rebirth (anew). Why that? Because, O Lord, the Essence of the Buddha does not belong to the objects that are caused and conditioned.[6] It is eternal, persistent, quiescent, and indestructible.—

The Germ of the Buddha with the Saints (partly pure and partly impure).

Now, let us take the inalterable character of the Germ in the state which is partly pure and partly impure (that is as it exists in the Saint). We have here the following verse:—

65. Being delivered from birth, death, illness, and old age,[7]
The Sage[8] is not subjected to the misery of either of them; [37 a. 1.]
However, as he knows the true nature (of the Germ within him),
And is full of mercy toward the living beings,
He continues to reside (in this world in order to help them).

---

[1] *abhyantara-āyatana.*

[2] Lit. "maturity" (*paripāka = yoṅs-su-smin-pa*).

[3] *saṁskāra = ḥdu-byed.*

[4] In the Śrī-mālā-sūtra. Kg. DKON. VI. 281 a. 3—6.

[5] *laukika-vyavahāra = ḥjig-rten-gyi tha-sñad.*

[6] *saṁskṛta = ḥdus-byas.*

[7] Dar. 120 b. 2.—which are caused by the Biotic Force and the defiling factors.

[8] The Mahāyānistic Saint.

What is said here?

66. The Saint has rooted out the suffering
Of death, of illness, and old age.
He is not subjected to the birth conditioned by the Biotic Force and Desire;
Therefore the sufferings of the Phenomenal World which follow (such a birth)[1]
Are not experienced by him.

In the state which is completely impure, the *causa materialis*[2] of the fires of death, illness, and old age, the fuel for these fires is the birth[3] which is preceded by the Biotic Force and the defiling elements, and by incorrect appreciation. In the state which is partly pure and partly impure we know that with the Bodhisattvas, who have attained the non-physical existence,[4] the birth conditioned by the Biotic Force and the passions is not experienced at all. Followingly, the fires of death, &c., are altogether incapable of blazing forth.[5]

67. As he has perceived the Absolute Truth,
He is delivered from birth and the other (stages of Phenomenal Life);[6]
But being full of Great Commiseration,
He appears as (being subjected to) birth, death, decrepitude, and illness.

The Bodhisattvas act in the Phenomenal World (furthering) the roots of virtue (of the living beings). They have the controlling

[1] Sic acc. to Dar. 121 a. 2.

[2] *upādāna-kāraṇa* = *ñer-len-gyi-rgyu.*

[3] Dar. 121 b. 6. *miṅ-gzugs-kyis-bsdus-paḥi-skye-ba* = *nāma-rūpa-saṁgṛhīta-janma*—the birth (existence) included in the physical and the mental elements.

[4] *manomaya-kāya* = *yid-kyi-raṅ-bźin-gyi-lus.*

[5] Sic acc. to Dar. 122 a. 1. Lit.—“ as the one (the birth conditioned by the Biotic Force and Desire) is not experienced at all, the others (the fires of death, &c.) are altogether incapable of blazing forth.

[6] Cf. Abhisamayālaṁkāra V. 21. *draṣṭavyaṁ bhūtato bhūtaṁ bhūta-darśī vimucyate.*

power over their own birth (as they can assume this or that form of existence) according to their desire. On the foundation of this their power, (the Bodhisattvas), guided by Commiseration toward all living beings, exercise their activity in the 3 Spheres of Existence. They appear as being subjected to birth, old age, illness, and death. (In reality) the elements of birth,[1] &c., are not experienced with them, since they have the (introspective) intuition of the Absolute Essence[2] in its true nature as neither appearing nor disappearing (anew).

[Reference to Scripture.]

This state of the Bodhisattvas is to be known in detail from Scripture, where it is said:[3]—What are the virtuous Desires[4] which cause them to reside in the Phenomenal World? [37 b. 1.] They are as follows:—Non-satisfaction in the search of the Accumulations of Virtue,[5] (the will of) assuming an existence in the Phenomenal World in accordance with the intention (of assisting other living beings),[6] the desire of an encounter with a Buddha,[7] the absence of an aversion (toward Phenomenal Existence) owing to the intention of bringing other living beings to complete maturity,[8] the efforts for perfectly apprehending the Highest Doctrine, the energy in acting for the sake of other living beings in every possible way, the fact of never becoming deprived of virtuous thoughts, and the non-reluctance from the practice of the Highest Virtues.[9] Such, O Sāgaramati, are the Desires connected with the roots of virtue, owing to which the Bodhisattvas act (in the Phenomenal World) without however becoming polluted by the

---

[1] Dar. 122 a. 6.—as conditioned by the Biotic Force and the defiling factors.

[2] Ibid. *don-dam-paḥi-bden-pas-bsdus-paḥi-khams* = *paramārtha-satyena saṁgṛhītadhātuḥ*.

[3] Sāgaramati-paripṛcchā, Kg. MDO. XIV. 85 b. 5—86 a. 1.

[4] *dge-baḥi-rtsa-ba-daṅ-mtshuṅs-par-ldan-paḥi-ñon-moṅs-pa* = *kuśala-mūla-saṁprayukta-kleśa* (!)

[5] *puṇya-saṁbhāra* = *bsod-nams-kyi-tshogs*.

[6] Dar. 122 b. 3.

[7] *buddha-samavadhāna* = *saṅs-rgyas-daṅ-phrad-pa*.

[8] *paripācana* = *yoṅs-su-smin-pa*.

[9] *pāramitā*.

defilement of the passions.—It is said further on:[1]—(Sāgaramati asked):—O Lord, if (thou speakest of) the roots of virtue, how can their causes be called Desires? The Lord answered:—O Sāgaramati, such is the state of things.—Owing to the desires of such a nature the Bodhisattva exercised his activity in the 3 spheres of this world. Now, as the (existence in these) 3 Spheres is (as a general rule) conditioned by Desire, and as the Bodhisattvas, manifesting their skill and the power of their virtue, voluntarily assume this or that state of existence, the factors (which bring it about) are called "the Desires connected (with the roots of virtue)."—Thus the Bodhisattvas continue to abide in the 3 Spheres of this World, but their existence is not conditioned by a mind which is influenced by defilement.

The Parable of the Householder.

O Sāgaramati, let us take the following example. Suppose a rich merchant or householder [38 a. 1.] had an only son, beloved, handsome, affectionate, and having nothing displeasing in his appearance. Suppose now that this boy, having grown older, would, whilst playing, fall into a pit filled with impurities. Thereupon the child's mother and her relatives would behold the boy fallen into the impure pit. Upon seing this they would become distressed, weep and lament, but would not make an effort to enter the pit and draw the boy out. After that the father of the child would come to the place and, seing his only son fallen into the impure pit, would become resolved to draw him out in the most speedy manner. Accordingly he, without any feeling of disgust, would descend into that impure pit and rescue his only son from it.—O Sāgaramati, this example has been made in order to illustrate a special subject.—What is this subject?—The impure pit, O Sāgaramati, is a name for the 3 Spheres of Existence. The only son is a name for the living beings (in general), since the Bodhisattvas have for every living being the consideration as for an only child. The mother and the relatives,—this is a name for the

---

[1] Sāgaramati-paripṛcchā, Kg. MDO. XIV. 86 a. 1—b. 4.

individuals who belong to the Vehicles of the Śrāvakas and the Pratyekabuddhas. These behold the living beings fallen into the Saṁsāra, are distressed and lament, but have not the power of rescuing (the living beings). The great merchant or householder,—this is a name for the Bodhisattva. It is he who is possessed of a spirit pure, immaculate, and completely free from defilement [38 b. 1.], directly perceives the eternal Absolute Essence, and, in order to convert the living beings, by his own will assumes a continuance of births in the 3 Spheres of Existence. O Sāgaramati, such is the Great Commiseration of the Bodhisattvas that, being free from all the successions (of births), they nevertheless become born in the Phenomenal World (for the sake of others). Owing to their skill and wisdom they cannot be harmed by the defiling forces; in order to deliver other living beings from the bonds of these forces, they demonstrate the Doctrine to them.—This fragment of Scripture thus shows how the Bodhisattva who is possessed of the power of helping other living beings, voluntarily assumes this or that form of existence (in the Phenomenal World) being at the same time free from all defilement owing to his wisdom and skill. It accordingly demonstrates the state (of the Essence of Buddhahood) which is partly pure [1] and partly impure.[2]

Now, the Bodhisattva, having come to the correct intuition of the Germ of the Buddha as being neither born nor conditioned, finally attains (the full realization) of this Absolute Essence (within him). A detailed exposition of this subject is to be found in Scripture. It is said (in the *Sāgaramati-paripṛcchā*):[3]—O Sāgaramatī, perceive thou, with the separate elements, the absence of any real essence of their own,[4] the absence of a creator, the absence of (a real individual who is) their owner, of a real living being (constituted by them), of an individual soul,[5] [39 a. 1.] of the personality [6] (as an independent

---

[1] Dar. 123 b. 5.—through the absence of the defiling elements.

[2] Ibid.—through the fact of being born in the Phenomenal World.

[3] Kg. MDO. XIV. 85 a. 2—b. 5.

[4] Dar. 124 a. 3.—The separate unreality of the elements (*dharma-nairātmya*).

[5] *jīva* = *srog*. [6] *pudgala* = *gaṅ-zag*.

whole), and of the Ego. Indeed, do not think of them and do not interprete them volubly. O Sāgaramatī, the aversion toward the separate elements, whatever they might be, will never arise in the Bodhisattva who is full of faith in the inalterable essence (of the Unique Absolute). He will become possessed of the pure transcendental perception, that not one (of the separate elements) can be (really) favourable or harmful. Thus, he will perfectly cognize the true essence of the elements and will not cast off the armour of Great Commiseration. O Sāgaramati, take thou for instance a stone of lapis lazuli of immeasurable value, finely polished, perfectly pure and completely free from every stain. Suppose it were thrown in a mire where it would remain for many thousands of years. Then, after these thousands of years would have passed away, it would be extracted from the mire, and purified, being well-washed, wiped and polished. Through all this it would not lose its essence of a precious stone. In a similar manner, O Sāgaramati, the Bodhisattva cognizes the spirit of the living beings as perfectly pure and radiant by nature, and at the same time perceives that it is obscured by the defiling forces which are of an occasional character. He thinks as follows:—These defiling forces do not affect the essence of the Spirit which is pure and radiant. They are only occasional and a product of incorrect imputation.[1] [39 b. 1.] I have the power of demonstrating the Doctrine in order to pacify the defiling forces of the living beings. Having once thought so, he never becomes depressed (whilst accomplishing his task), and is possessed of the intention of going into the world of living beings repeatedly. He has moreover the following thoughts:—These defiling forces have no efficiency and power. These defiling forces have no strength, they are feeble, and there is nothing real and true about them. They are produced by incorrect imputation and, being examined and appreciated correctly, cannot excite anger (on account of their unreality). I, myself, have no relation to them; therefore I can investigate them accurately. There exists no contact, no real connex-

[1] *parikalpanā* = *kun-tu-rtog-pa.*

ion with the defiling elements. Now, if I had some relation to the Desires, how could I teach the Doctrine in order that the living beings who are fettered by the bonds of Desire could cast them off. In reality I have no connexion with the Desires; therefore, in order to deliver the living beings from their bonds, I shall teach the Doctrine to them. But, in order to convert the living beings, I must become possessed of those Desires which, though they are connected with the roots of virtue, still produce a relation to the Phenomenal World. Here "Phenomenal World, Saṁsāra" is to be understood (metaphorically) [40 a. 1.] in the sense of the non-physical existence[1] in the Unaffected Plane,[2] of which there are 3 forms corresponding to the 3 spheres of this world. It is Phenomenal Existence inasmuch as it is induced[3] by the pure roots of virtue. At the same time, as it is not conditioned by the Biotic Force influenced by defiling agencies and by Desire, it represents Nirvāṇa. In regard of this it has been said:[4]—O Lord, for this reason there is a conditioned and unconditioned Saṁsāra and a conditioned and unconditioned Nirvāṇa. —Now, as we thus have a manifestation of the Spirit of a mixed nature, both conditioned and unconditioned,—this state is called partly pure and partly impure. This state is, in its principal features, characterized as the manifestation of the character of the Bodhisattva. Indeed, through the concentration upon Highest Wisdom[5] free from impediments and the contemplation of Highest Mercy and Love, (the Bodhisattva) gets close to (the attainment of) the supernatural faculty of extirpating the defiling elements.[6] But, in order to save the Germs of all the living beings, he does not realize this last result[7] (i.e. he does not pass away into egoistic Nirvāṇa).

---

[1] *manomaya-kāya* = *yid-kyi-raṅ-bźin-gyi-lus.*

[2] *anāsrava-dhātu* = *zag-med-kyi-dbyiṅs.*

[3] *abhisaṁskṛta* = *mṅon-par-ḥdus-byas-pa.*

[4] In the Śrī-mālā-siṁhanāda-sūtra. Kg. DKON. VI. 277 b. 4—5.

[5] *prajñā-pāramitā.*

[6] *āsrava-kṣaya-jñāna* = *zag-pa-zad-paḥi-ye-śes.*

[7] Cf. Abhisamayālaṁkāra IV. 28. *phalāsākṣātkriyātmakam* (*kāritram*).

With reference to the Transcendental Wisdom extirpating defilement, it has been said, in connexion with the parable of the man,[1] as follows:—O noble youth, in the same way the Bodhisattva, having manifested his great efforts, his great energy, and his firm altruistic intentions,[2] attains the 5 supernatural faculties.[3] Through concentrated trance and supernatural perception his mind becomes purified [40 b. 1.], and he gets close to the full extirpation of defilement. In order to save all living beings he makes his Creative Effort full of Great Commiseration,[4] and purifies the Wisdom through which all defilement is annihilated. Having then purified his mind again, he causes the Transcendental Wisdom which is free from all attachment to arise, this whilst abiding on the 6th Stage.[5] Owing to (the said Wisdom) he draws near to the extirpation of defilement. Thus on the Stage of the Bodhisattva called Abhimukhī, he attains the power of making manifest the annihilation of the passions. This shows (the Bodhisattva and his Germ) in the state which is perfectly pure. (On the other hand) he who has assumed such a character is desirous to save the living beings who are on the wrong way, owing to his Great Commiseration, (as he thinks):—I must bring others to that true knowledge which I have attained myself.—He has thus no taste for the bliss of (egoistic) peace and looks to the living beings that abide in the Phenomenal World. The latter is made sublime by him as a means (of saving others). Being directed toward Nirvāṇa, he, in order to bring to accomplishment the factors for the attainment of Supreme Enlightenment, descends from the worlds of trance,[6] and again, voluntarily, assumes an existence in the world of Carnal Desire.[7] As he is desirous of acting for the sake

---

1 Cf. Appendix. 2 *dṛḍha-adhyāśaya* = *lhag-paḥi-bsam-pa-brtan-pa.*

3 *abhijñā* = *mṅon-par-śes-pa* (= *mṅon-śes*).

4 Cf. Abhis. āloka. MS. 17 a. 11—12. *śūnyatā-karuṇā-garbhaṁ bodhicittaṁ praṇidhi-prasthāna-svabhāvaṁ dvividham utpādya.*

5 *abhimukhī* = *mṅon-du-gyur-pa.* The name of the 6th Stage refers, as we clearly see, to the fact of the Bodhisattva's being close to the extirpation of defilement.

6 Dar. 126 b. 3. 7 *kāma-dhātu* = *ḥdod-khams.*

of living beings as speedily as possible, he becomes born in many varieties of forms, including that of animals, and thus shows himself in the state of an ordinary worldly being. This his faculty alludes to the character (of the Bodhisattva) which is not perfectly pure (inasmuch as he continues to exist in the Phenomenal World).

The partly pure and partly impure State of the Bodhisattva as compared with the ordinary being and the Buddha.

Another meaning of verse (65 is shown in the following verses):—

66. The son of the Buddha[1] directly perceives
This immutable Absolute Essence;
Nevertheless, he is to be seen [41 a. 1.]
As one of those obscured by ignorance,
Subjected to birth and the like;
This is really wonderful!

67. He has attained the position of a Saint,[2]
And nevertheless appears in the state of a worldly being,
Manifesting thus, for all that lives
The help of a friend and Highest Commiseration.[3]

68. He has drawn far from all that is worldly,
And nevertheless he does not leave the world;
For the sake of the world he acts in the world,
Unaffected by the world's impurity.

69. Just as a lotus flower growing in the water
Is not rendered impure by the latter,
In the same way he, though abiding in the world,
Is not influenced by the worldly elements.

---

[1] *jinātmaja* = *rgyal-sras.*

[2] Dar. 127 b. 1.—completely delivered from the sufferings of birth, death, &c.

[3] Cf. Abhisamayālaṁkāra IV. 27. *hitaṁ sukhaṁ ca trāṇaṁ ca śaraṇaṁ layanaṁ nṛṇām | parāyaṇaṁ ca dvīpaṁ ca pariṇāyakasaṁjñakam (kāritram).*

70. His Wisdom pursuing the welfare (of others),
Constantly blazes up like a flame;
At the same time he is always merged
In the quiescent trance and mystic absorption.

71. Being completely free from all constructive thought,
And of effort,—owing to his previous vows,
He does not use any exertion,
In bringing the living beings to maturity.

72. By teaching, by (various) apparitions,
By (demonstrating such and such) acts and means,—
Who, how, and by what means is to be converted,—
All this (the Bodhisattva) perfectly knows.

73. In such a way, among the living beings,
Who, (in their number), are infinite like space,
The Sage, constantly, withouth effort and hindrance,
Exercises his activity for the sake of all that lives.

74. This character of the Bodhisattva
Bears a similarity with (the activity of) the Buddhas in this world,
Which they undertake after the attainment (of Enlightenment)
In order to bring deliverance to all living beings.

75. Though this be so, still the Buddha and the Bodhisattva
Differ from each other (in the greatness of their acts)
Like the great Earth and a grain of sand,
Or like the ocean and (a pool of water)
Left in a foot-print of a bull.

Of these 10 verses taken respectively, 9 refer to the sublime Desires of the Bodhisattva after the attainment of the Stage of Joy[1] [41 b. 1.], and the 10th,—to the state of perfect purity peculiar to the Bodhisattva on the Stage of the Clouds of the Truth.[2] In short the 4 kinds of the Bodhisattvas on the 10 Stages, in the state which is partly pure and partly impure, are demonstrated in these verses.

---

[1] *pramuditā = rab-tu-dgaḥ-ba.* [2] *dharma-meghā = chos-kyi-sprin.*

The 4 kinds of the Bodhisattvas are:—1) He who has made the first Creative Effort (as a Saint),[1] 2) he who exercises the activity of a Saint, 3) he who has attained the Irretrievable State,[2] and 4) he who is separated (from Buddhahood) only by one birth.[3] The first and the second verse (66 and 67) show the perfectly pure nature of the properties of the Bodhisattva who makes the first Creative Effort (of a Saint) on the Stage of Joy, as he has (for the first time) the intuition of the Transcendental Absolute Essence which had not been perceived by him before from the outset. The third and fourth verses (68 and 69) show the same with regard to the Bodhisattva who exercises the activity (of a Saint) beginning with the Immaculate Stage[4] and up to the Motionless,[5] as he acts without being affected (by the defiling elements). The fifth verse (70) demonstrates the perfectly pure character of the properties of the Bodhisattva who has attained the Irretrievable State, as he, abiding on the Motionless Stage, is constantly merged in trance in order to attain Supreme Enlightenment. The sixth, the seventh and the eighth verses (71, 72 and 73) show the perfectly pure character of the properties of the Bodhisattva when he, abiding on the Stage called the Clouds of the Truth, has reached the uttermost limits of skill in fulfilling his own aim and that of others, and is separated from the attainment of the Stage of the Buddha and the Perfect Supreme Enlightenment only by one birth. [42 a. 1.] Finally, the ninth and the tenth verses (74 and 75) make known the similarity of the properties of the Bodhisattva who has fully attained his own aim and that of others, with those of the Buddha, and the difference between them.

---

[1] The so-called Absolute Creative Effort on the Path of Illumination (*darśana-mārga*), not to be confounded with the Initial Creative Effort at the beginning of the Path.

[2] *avaivartika* or *avinivartanīya* = *phyir-mi-ldog-pa.*

[3] *eka-jāti-pratibaddha* = *skye-ba-gcig-gis-thogs-pa.*

[4] *vimalā* = *dri-ma-med-pa.*

[5] *acalā* = *mi-gyo-ba.*

The Absolute in the State of Perfect Purification.

Now we shall take in consideration the unalterable character of the Absolute in the state of complete purification. We have here the following verse:—

76. (The Cosmical Body of the Buddha is eternal),[1]
Being the unalterable Ultimate Essence of Existence possessed of imperishable properties,
The refuge of living beings, infinite and extending beyond all limits,
Always unique and free from (dialectical) thought-construction,
Of undestructible nature, and not produced (by causes).

What is said here?

77. It is not born, nor does it die,
It knows neither harm nor decrepitude,
As it is enduring and stable,
Quiescent and undestructible.

78. Being eternal, it is not subjected
Even to the origination peculiar to the non-physical body.[2]
It knows no death, since it is stable,
And does not migrate in an inconceivable way.

79. Being quiescent, it is unharmed
By the fever of the subtle defiling forces,
And, indestructible, it is not liable to decrepitude
Through the undefiled active forces of life.

If we take the Essence of Buddhahood as it is on the Stage of the Buddha, immaculate, perfectly pure and radiant, from the standpoint of its beginning, (we shall find that) it does not become originated anew, not even in the manner of the non-physical body (of the Arhat, &c.),[3] because it is eternal. [42 b. 1.] As regards the end, we see that it is not liable even to the inconceivable change

---

[1] Sic acc. to Dar. 130 b. 2.

[2] *manomaya-kāya* = *yid-kyi-raṅ-bźin-gyi-lus.*

[3] Cf. below.

of the states of existence i.e. the form of death (of the non-physical body), owing to its stability. Being taken in the aspect of both beginning and end, it proves to be unaffected by the agency of the force of Transcendental Illusion,[1] since it is perfectly quiescent. It is not, moreover, subjected to that decrepitude which is the result, the product of the undefiled Biotic Force. Indeed, it cannot be affected by anything harmful, owing to its indestructible nature.

80. Here two words and the following two
(Are explained) by two and again two, respectively,
Making known, in regard of the Absolute Essence,
The meaning of "Eternal" and the rest.

The words "Eternal," "Stable," "Quiescent," and "Indestructible" (are all of them epithets) of the immutable Essence of the Absolute. The subject designated by each of these words, is, respectively, explained by 2 and again 2 sentences which, taken separately, are to be known from Scripture.

81. It is possessed of properties which never take an end,—
This is the meaning of "the Eternal, Inalterable Essence,"
It is like the Supreme Limit of existence,—
Such is the sense of "a stable, essential refuge."

82. It is by nature devoid of (dialectical) construction,—
This shows the meaning of "the undialectical quiescent Absolute,"
Its properties are real, inartificial,—
By this the meaning of "indestructible" (is explained).[2]

It is accordingly said:—O Śāriputra, being possessed of properties which never take an end, this inalterable Cosmical Body is eternal.—O Śāriputra, being similar with the Supreme Limit of existence, this Cosmical Body, a firm persistent refuge, bears the character of stability.—O Śāriputra, owing to the absence of dialectical opposition, this non-dialectical Cosmical Body is perfectly quiescent.—

---

[1] *avidyā-vāsanā* ≐ *ma-rig-paḥi-bag-chags*.

[2] Sic acc. to Dar. 132 b. 4.

O Śāriputra, [43 a. 1.] being possessed of a true unartificial essence, this Cosmical Body is imperishable and indestructible.—

The Essence of Buddhahood in its indivisible Character.

The Essence of the Buddha which represents the culminating point of purity has, in this state of perfect purification, an indivisible nature. With reference to the latter we have the following verse:—

83. It is the Cosmical Body,[1] it is the (Buddha),—one with the Absolute[2]
It is the Highest Truth and point of saintliness,[3] and it is Nirvāṇa,
Just as the sun and its rays, so are its properties, indivisible;
Therefore there is no Nirvāṇa apart from Buddhahood.[4]

Now, what is shown in the first half of this verse?

84. In short, the Immaculate Absolute Essence,
Taken from 4 different points of view,
Is to be known by 4 synonyms,—
That of the Cosmical Body and the rest.[5]

In short, the undefiled Absolute, the Essence of the Buddha, being considered from 4 points of view, is designated by 4 synonyms. What are these 4 points?—

85. (It is the Cosmical Body, since)
The properties of the Buddha are indivisible (manifesting themselves in all that exists).[6]

---

[1] Dar. 133 a. 5. The Cosmical Body which is completely pure from the outset.

[2] *tathāgata*. Cf. below.

[3] *ārya-satya* = *ḥphags-paḥi-bden-pa*. Dar. 133 a. 6.—The Truth of Extinction (of Phenomenal Existence) representing the Absolute Truth (*paramārtha-satya* = *don-dam-bden-pa*).

[4] This is a very pregnant expression of the idea of the Unique Vehicle (*ekayāna*) and the Unique Nirvāṇa.

[5] The Buddha, the Highest Absolute Truth, and Nirvāṇa.

[6] Dar. 124 a. 2—3. Being the characteristic property of the stream of elements of a living being, the (Absolute as the) Germ is at the same time indivisible (from the Universal Whole).

(It is the Buddha)—
Because the Germ has developped in him into the Absolute.[1]
(It is the Highest Truth), being neither error nor illusion,
(And it is Nirvāṇa), being by nature quiescent from the outset.

With regard to the indivisible properties of the Buddha it has been said:[2]—O Lord, the Essence of the Buddha never becomes devoid of the properties of the Buddha which are indivisible, inexhaustible, inconceivable, and greater in number than the sands of the Ganges.—With reference to the Germ as being in an inconceivable manner derived from the Absolute[3] (and as becoming finally developed into the latter) it is said:—This (Germ) derived from the Absolute, beginningless and transferred from one existence to another,[4] [43 b. 1.] is as if it were a special property of the 6 (internal) bases of cognition.—As concerns the true, undeluding character (of the Cosmical Body) we have:[5]—The Absolute Truth is the real (not-seeming) Nirvāṇa. How that?—Because this Germ of Buddhahood is eternal owing to its perfectly quiescent nature.—With respect to this perfect Quiescence, (Scripture) says:[6]—The Tathāgata, the Arhat, the Perfect Supreme Buddha is, from the outset, merged in Nirvāṇa. He neither becomes originated anew, nor does he disappear.—In correspondence with these 4 points we have respectively 4 synonymous appellations (for the Essence of the Buddha), viz. the Cosmical Body, the Buddha, the Absolute Truth, and Nirvāṇa. It is accordingly said:[7]—1) O Śāriputra, the Essence of the Buddha is a name for the Cosmical Body,—

---

[1] *tathatām prāptam.* Cf. below.

[2] Śrī-mālā-siṁhanāda-sūtra. Kg. DKON. VI. 278 b. 5—6.

[3] Cf. Abhis. āloka. MS. 59 a. 3—5. *idaṁ prakṛtisthaṁ gotram anādi-kāla-āyāta-dharmatā-pratilabdham.*

[4] *paramparayā = brgyud-nas.*

[5] A similar passage is to be found in the Śrī-mālā-sūtra. Kg. DKON. VI. 279 a. 6—7.

[6] Jñāna-āloka-alaṁkāra-sutra. Kg. MDO. III. 283 a. 3.

[7] Cf. above.

2)[1] O Lord, it is impossible that the Buddha should be one entity and the Cosmical Body—another. The Cosmical Body, O Lord, is no other but the Buddha.

3)[2] O Lord, the Extinction of Phenomenal Existence is represented as the Cosmical Body of the Buddha endowed with all his properties.

4)[3] O Lord, "the Essence of Nirvāṇa" is a name for the Cosmical Body of the Buddha. [44 a. 1.]

Now, what is said in the second half of verse (83)?

86. The Perfect Supreme Enlightenment,
And the rejection of all defilement with its residues,—
The Buddha and his Nirvāṇa
Are one in the aspect of the Absolute.

The 4 synonymous appellations of the undefiled Absolute are all comprised in the one meaning of the Essence of the Buddha. For this reason, as they have all of them one sense, that which is called Buddhahood on account of the Perfect Supreme Enlightenment with regard to all the elements of existence in all their aspects from the standpoint of the unique Absolute, and that which is called Nirvāṇa owing to the removal of all defilement and its residues[4] which takes place simultaneously with the complete Enlightenment, these 2 are, within the Immaculate Plane, indivisible, inseparable, and identical. So are they to be viewed.

87. The properties complete, innumerable,
Inconceivable and immaculate,
All of which are of an indivisible character, represent Salvation,
And this Salvation is (no other but) the Buddha.

It has been said, with regard to the Nirvāṇa of the Arhats and the Pratyekabuddhas:[5] O Lord, that which is called Nirvāṇa

---

[1] Śrī-mālā-siṁhanāda-sūtra. Kg. DKON. VI. 274 b. 6—7.

[2] Cf. above. [3] Ibid. 274 b. 5—6.

[4] Cf. Abhis.āloka. MS. 100 b. 4 *nirvānty asmin sarva-vikalpā iti nirvāṇaṁ tathatā.*

[5] Śrī-mālā-siṁhanāda-sūtra. Kg. DKON. VI. 269 b. 2—3.

(of the Hīnayānists) is a means used by the Buddhas. Just as if amidst a wilderness a town were produced by magic (as a resting-place) for travellers tired of a long journey, such is this means used by the Supreme Buddha, the High Lord governing the elements. It prevents a relapse (into Phenomenal Existence). [44 b.] O Lord, the Tathāgatas, the Arhats, the Perfect Supreme Buddhas have attained the (true) Nirvāṇa. Therefore they are possessed of all the complete, the immeasurable, the inconceivable and the perfectly pure properties.— So we have the 4 characteristics of the properties demonstrated. And:—through the attainment of Nirvāṇa which is of a unique indivisible character, one becomes a Buddha. Accordingly, as the Buddha and Nirvāṇa are possessed of properties which are indivisible from each other, there can be no attainment of Nirvāṇa whatever apart from Buddhahood.—

The Parable of the Painters.

Now the absolute character of the properties of the Buddha is due to the full realization, within the Immaculate Absolute, of the Highest Essence of all relative entities.[1] This is illustrated by the example of the painters:—

88. Suppose there were some painters,
Skilful (in painting) various (parts of the body),
And each of them, knowing his own special member,
Would not be able (to paint) the rest.

89. (Suppose then) a mighty king would bid to them—
On this (cloth) ye all must draw my portrait,—
And hand the cloth to them with this commandment.

---

[1] *rnam-pa-thams-cad-kyi-mchog-daṅ-ldan-paḥi-stoṅ-pa-ñid* = *sarva-ākāra-vara-upeta-śūnyatā*. Acc. to Dar. 135 b. 5—6. it is the Transcendental Wisdom perceiving the universal Relativity and the Absolute forming the background of this Wisdom. It is moreover said (Ibid. 136 b. 1—2) that it represents 1) the true Essence of the Buddha (*buddha-dharmatā*) which is attained on the foundation of the Accumulations of Virtue and Wisdom (*puṇya-jñāna-saṁbhāra*), 2) the Transcendental Wisdom of the Buddha constantly merged in the Absolute and 3) the Transcendental Intuition of the Bodhisattva, whilst abiding on the Path.

And (the painters), having heard (his word),
Would start their work of painting.

90. (Suppose again), of these (painters) engaged in the work,
One should go abroad and, owing to his absence,
Their number being incomplete, the portrait
Could not be accomplished in all its parts. [45 a. 1.]

91. The painters who are meant here
Are Charity, Morals, Patience, and the rest,[1]
And that which is the highest point of excellence,
The essence of all relative entities,—this is the picture.

Now, of (the 6 virtues)—Charity and the rest, each appears in an endless variety of forms in correspondence with the objects of the Buddha's activity, which are infinite. It is therefore to be regarded as illimited. (If we take the properties of the Buddha) from the point of view of number and power, they prove to be inconceivable. As they remove the residues[2] of envy[3] and the other negative counterparts[4] (of the 6 virtues), they represent the highest point of Purity.

Through the contemplation of the Highest Essence of all relative entities, the (steadfastness in regard of the) teaching about the non-origination (of the elements)[5] is attained. On account of this, on the Stage of the Bodhisattva called the Motionless,[6] (one is possessed of the direct knowledge of the Path which is free from (dialectical) construction[7] and from all defilement, and manifests itself uninterruptedly by its own force. On the basis of this knowledge, the complement of the Buddha's properties within the pale of the Immaculate Absolute is attained. On the Stage of the Bodhisattva called That of Perfect

---

[1] The 6 Transcendental Virtues (*pāramitā*).

vāsanā = *bag-chags*.

[3] *mātsarya* = *ser-sna*.

[4] *vipakṣa* = *mi-mthun-phyogs*.

[5] *anutpattika-dharma-kṣānti* = *mi-skye-baḥi-chos-la-bzod-pa*.

[6] *acalā* = *mi-gyo-ba*.

[7] *nirvikalpaka* = *rnam-par-mi-rtog-pa*.

Wisdom,[1] by means of innumerable hundreds and thousands of forms of transic meditation and magic formulas,[2] one (becomes endowed with) the knowledge for assuming all the illimited properties of the Buddha. On the foundation of this kind of knowledge, the Bodhisattva realizes the limitless character of the said properties. On the Stage of the Bodhisattva called the Clouds of the Truth,[3] basing upon the knowledge revealing the secret characteristics of all the Buddhas, (the Bodhisattva) realizes the inconceivable character of the properties, [45 b. 1.] Thereafter, in order to attain the Stage of a Buddha, he takes recourse to the knowledge through which one becomes completely delivered from the Obscurations of Moral Defilement[4] and of Ignorance[5] with their residues, and through this attains the Highest Point of Purity. The Arhats and the Pratyekabuddhas do not possess the intuition of these 4 spiritual foundations of the (highest) stages (of perfection). Therefore they are far from attaining the 4 kinds of properties and the unique indivisible essence of Nirvāṇa.

92. The Analytic Wisdom, the Highest knowledge and the Deliverance (from passion)
Are (respectively) clear, radiant, pure, and indivisible.
Therefore they are similar to the light,
The rays, and the disc of the sun.

The Analytic Wisdom, the Highest Knowledge, and the Deliverance (from all defilement), through which the 4 kinds of properties are attained, and which all characterize the unique indivisible essence of Nirvāṇa, appear as having a resemblance with the sun in 3 and in 1 aspect, respectively, there being altogether 4 points of resemblance. The Transcendental Wisdom free from all dialectical constructions[6]

---

[1] *sādhumatī* = *legs-paḥi-blo-gros.*

[2] *dhāraṇī* = *gzuṅs.* Cf. Sutrālaṁkāra XII. 23 and comment. *samādhi-mukhatā dhāraṇī-mukhatā ca.*

[3] *dharma-meghā* = *chos-kyi-sprin.*

[4] *kleśa-āvaraṇa* = *ñon-moṅs-kyi-sgrib-pa* (= *ñon-sgrib*).

[5] *jñeya-āvaraṇa* = *śes-byaḥi-sgrib-pa* (= *śes-sgrib*).

[6] *nirvikalpaka* = *rnam-par-mi-rtog-pa.*

appears as removing the darkness (that hides) the true absolute essence of everything cognizable; it has accordingly a resemblance with the light of the sun. The Divine Knowledge of all the objects of cognition which is attained subsequently[1] penetrates into all the objects cognizable in all their forms; it is thus akin to the net of (the sun's) rays which is spread (over everything perceptible). The deliverance of the Spiritual Essence which is the foundation of both these (kinds of Wisdom), being completely immaculate and brilliant, [46 a. 1.] bears a likeness with the perfectly pure disc of the sun. All these properties constitute the indivisible essence of the Absolute, therefore they resemble (the light, the rays, and the disc of the sun) in their indivisible character.

93. Therefore, without the attainment of Buddhahood,
The (ultimate)[2] Nirvāṇa cannot be reached,
Just as it is impossible to see the sun
Separated from its light and rays.

The Germ (of the Buddha), the Essence which exists without beginning and is possessed of (the sources of) all the virtuous properties, contains the essence of all the indivisible attributes of the Buddha. Therefore, without the attainment of (the state of) the Buddha who is possessed of the Divine Transcendental Intuition free from attachment and impediments, it is not possible to realize the full intuition of Nirvāṇa, the essence of which is the deliverance from all the Obscurations, just as it is impossible to see the sun without perceiving its rays and light. For this very reason it has been said:[3]—O Lord, the intuition of the (real, the ultimate) Nirvāṇa does not relate neither

---

[1] *pṛṣṭha-labdha* = *rjes-su-thob-pa*. The Wisdom of a Saint abiding on the Path is of 2 kinds:—1) The Wisdom at the time of intense concentration (*samāhita-jñāna* = *mñam-bźag-ye-śes*) having for its object the unique Absolute and 2) the Wisdom that is acquired subsequently, after the termination of the trance (*pṛṣṭha-labdha* = *rjes-thob*), and is directed upon the objects of the Empirical World.

[2] Dar. 139 b. 3. *mya-ṅan-las-ḥdas-pa-mthar-thug-pa.*

[3] Śrī-mālā-siṁhanāda-sūtra. Kg. DKON. VI. 272 b. 1—3.

to the base elements (of the Phenomenal World), nor to the perfection [1] (of Hīnayānistic Nirvāṇa).[2] O Lord, the intuition of the final Nirvāṇa is the attainment of the properties identical with the Highest Wisdom (of the Buddha). The (true) Nirvāṇa is (moreover the attainment of) the properties which are one with Divine Knowledge, with Deliverance and the intuition of the latter.[3] Therefore, O Lord, (as all these properties are indivisible), the Essence of Nirvāṇa is spoken of as unique and of one taste,[4] that is the taste [46 b. 1.] of Wisdom and Salvation.—

The 9 Examples illustrating the Essence of Buddhahood in the living beings.

94. In such a way, the Essence of the Lord
Is characterized from 10 points of view.[5]
Now, this essence, as concealed by the coverings of defilement,
Is made known by the following examples.—

Thus, in order to make known the Eternal Absolute Essence, identical with the Ultimate Point of Existence, this Germ of the Buddha has been characterized from 10 points of view. Now we shall take into consideration "the coverings of defilement" which, existing without beginning, are essentially unconnected (with the pure Spiritual Essence),[6] and the Absolute Essence which likewise has no beginning, but is perfectly pure and connected (with the spirit of every living being). Here, in accordance with the *(Tathāgata-garbha)-sūtra*, we have the Essence of the Buddha, as it is concealed by the innumerable coverings of defilement, illustrated by 9 examples. What are these nine?

---

[1] *praṇīta* = *gya-nom-pa.*

[2] Sic. acc. to Dar. 140 a. 2.

[3] *vimukti-jñāna-darśana* = *rnam-par-grol-baḥi-ye-śes-mthoṅ-ba.*

[4] *eka-rasa* = *ro-gcig-pa.*

[5] Cf. above.

[6] Dar. 140 b. 1—2. *sems-kyi-raṅ-bźin-la-ma-źugs-par-ma-ḥbrel-paḥi . . .*

94. Like the Buddha in an ugly lotus flower,
Like honey (concealed by) a swarm of bees,
Like a kernel of a fruit in the bark, and like gold buried in impurities,
Like a treasure in the ground, and like a sprout hidden in a small seed,
Like the image of the Lord covered by a tattered garment,

95. Like the Chieftain of men[1] in the womb of a miserable woman,
And like a precious statue covered by dust,
In such a way does this Germ abide
In the living beings obscured by the occasional stains.

96. These stains are like a lotus,[2] like bees,[3]
Like the bark,[4] like impurities,[5] and like the ground,[6]
Like a seed,[7] like a tattered garment[8],
Like a woman tormented by violent pain,[9] and like dust.[10]
The Immaculate Germ has a resemblance
With the Buddha,[11] with honey,[12] with the kernel of a fruit,[13]

---

[1] The Universal Monarch (*cakravarti-rājā*).

[2] The example illustrating Desire (*rāga* = *ḥdod-chags*). Dar. 141 a. 4—6.

[3] The example illustrating Hatred (*dveṣa* = *že-sdaṅ*). Ibid. 141 a. 6.

[4] The example illustrating Infatuation (*moha* = *gti-mug*). Ibid.

[5] The example illustrating the 3 Sources of Evil in a developed state. Ibid. 141 b. 1.

[6] The example illustrating the Force of Transc. Illusion (*avidyā-vāsanā* = *ma-rig-paḥi-bag-chags*). Ibid. 141 b. 2.

[7] The example illustrating the Obscurations extirpated by Intuition (*dṛṣṭi-heya*). Ibid.

[8] The example illustrating the Obscurations extirpated by Concentration (*bhāvanā-heya*).

[9] The example illustrating the Obscurations on the 1st seven Stages of the Bodhisattva.

[10] The example illustrating the Obscurations on the 3 last Stages.

[11] As the source of the Cosmical Body. Dar. 141 b. 5.

[12] The Word of the Buddha demonstrating the Absolute Truth. Ibid. 141 b. 6.

[13] The Word demonstrating the Empirical Reality. Ibid.

With gold,[1] with a treasure,[2] with the Nyagrodha tree,[3] and a precious image,[4]
With the Highest Lord of the Universe,[5] and with a golden statue.[6] [47 a. 1.]

I. The defiling forces are like the petals of an ugly lotus flower, and the Germ has a resemblance with the Buddha himself.[7]

97. Suppose, in a lotus flower of ugly form,
The Buddha, shining with a thousand marks of beauty, were abiding,
And a man possessed of immaculate divine sight[8] would perceive him
And draw him out from the petals of the water-born lotus;

98. In the same way the Lord perceives with his sight of a Buddha[9]
His own essence even in those that abide in the lowest of hells,[10]
And, endowed with the uttermost Commiseration, free from impediments,
Delivers the living beings from the Obscurations.

99. Just as a person possessed of divine sight
Sees in an ugly lotus flower with folded leaves
The Buddha who abides in its interior,
And rends asunder the petals (in order to release him),
In the same way the Lord perceives the Essence of the Supreme Buddha
Existing in all that lives, but obscured by lust, hatred and other coverings of defilement,
And, full of mercy, vanquishes these Obscurations.

---

[1] The Absolute in its inalterable nature. Ibid. 142 a. 1.

[2] The Germ as the fundamental element of a living being as existing by itself (*prakṛtistha-gotra = raṅ-bźin-gnas-rigs*). Ibid. 142 a. 1—2.

[3] The Germ as becoming developed (*samudānīta-gotra*). Ibid.

[4] The Cosmical Body. [5] The Body of Bliss. [6] The Apparitional Body.

[7] Tathāgata-garbha-sūtra. Kg. MDO. XXII. 248 a. 3—249 a. 6.

[8] *divya-cakṣuḥ = lhaḥi-mig.* [9] *buddha-cakṣuḥ = saṅs-rgyas-kyi-spyan.*

[10] *avīci = mnar-med.*

II. The defiling forces are like bees, and the Essence of the Buddha is like honey.[1]

100. Suppose some honey were encircled by a swarm of bees,
And a skilful person, desirous to obtain this honey,
Would perceive it and, by using clever means,
Would separate the honey from the swarm.

101. Similarly, the Greatest of Sages with his vision of Omniscience,
Sees this fundamental Essence, resembling honey,
And brings about the complete removal
Of the Obscurations that are like the bees.

102. A man who is desirous of obtaining honey
Hidden by thousands and millions of bees,
Removes the latter and disposes of the honey as he wishes.
[47 b. 1.] The undefiled Spirit that exists in the living beings is like the honey,
The defiling forces are like the bees,
And the Lord who is skilful in vanquishing them
Is like the man (that obtains the honey).

III. The defiling forces are like the husk of a fruit, and the Germ of the Buddha is like the kernel contained within.[2]

103. The kernel of a fruit covered by a husk
Cannot be enjoyed by any man. Therefore
They who are desirous of eating it and the like
Extract it from the husk (that hides it).

104. In a similar way the (Essence of the) Buddha
Exists in the living beings, mingled with defilement,
And as long as it is not free from the contact with the stains of the passions,
It cannot perform the acts of the Buddha in the 3 Spheres.

---

[1] Tathāgata-garbha-sūtra. Kg. MDO. XXII. 249 a. 6—250 a. 2.

[2] Ibid. 250 a. 2—b. 2.

105. The kernel of a grain of rice, of buckwheat or barley, unextracted from its husk and covered with bristles
And not duly prepared, cannot become sweat food enjoyed by man.
Similar is the Body of the Lord of the elements,
Existing in the living beings and undelivered from the coverings of defilement,
It does not grant to the living beings affected by the passions
The delightful flavour of the Truth.

IV. The defiling forces are like a place filled with impurities, and the Germ of the Buddha has a resemblance with gold.[1]

106. Suppose that the gold belonging to a certain man
Were, at the time of his departure, cast into a place filled with impurities.
Being of an indestructible nature, this gold
Would remain there for many hundreds of years.

107. Then a god possessed of pure divine vision
Would see it there and say to men:—
The gold which is to be found here, this highest of precious things,
I shall purify and return to it its precious form. [48 a. 1.]

108. In a like way the Lord perceives the true virtues of the living beings
Sunk amidst the passions that are like impurities,
And, in order to wash off this dirt of Desire,
Lets the rain of the Highest Doctrine descend on all that lives.

109. Just as a god, seeing gold falling into a pit of impurities,
Would zealously show it to men in its beautiful nature in order to gladden them,
In a like way the Lord sees in the living beings

---

[1] Tathāgata-garbha-sūtra. Kg. MDO. XXII. 250 b. 2—251 a. 3.

The jewel of the Supreme Buddha fallen amidst the great impurities of the passions,
And shows the Doctrine in order to purify it.

V. The defiling forces are like the depths of the earth, and the Germ of the Buddha is like a treasure of jewels.[1]

110. Suppose in a poor man's house, deep under the ground,
An inexhaustible treasure were concealed.
The man would know nothing about it,
And the treasure itself could not say to him
That it is to be found here in this place.

111. Similar to this is the treasure contained in the Spirit,
The Immaculate Essence which neither diminishes nor increases;
The living beings that know nothing about it
Constantly experience manifold suffering that is like poverty.

112. As a treasure of jewels concealed in a poor man's house
Does not make it known to that man,—
I, the treasure am here,—and the man does not know about it,—
Such is the treasure of the Highest Truth abiding in the dwelling-place of the Spirit,
And the living beings possessed of it are like beggars;
In order to secure for them this treasure
The Sage makes his apparition in this world.

VI. The defiling forces are the rind of a seed, and the Essence of the Buddha is like the germ contained within.[2] [48 b. 1.]

113. The germ of a seed, contained in the fruit
Of the Mango-tree and the like, is of an imperishable nature,
And through cultivation of the ground, water and other (agencies),
Gradually attains the form of a lordly tree.

114. In a like way the Sublime Absolute Essence
Is concealed under the coverings of the fruit

---

[1] Tathāgata-garbha-sūtra. Kg. MDO. XXII. 251 a. 3—252 a. 1.

[2] Ibid. Kg. MDO. XXII. 252 a. 1—252 b. 3.

Of a living being's ignorance and the like,
(But) on the foundation of this and that form of virtue,
It gradually assumes the character of the King of Sages.

115. Conditioned by water, the light of the sun,
By air, soil, time, and space,
From the rind of the Mango's and Palmyra's fruit
There springs forth a tree;
Like that the Germ of the seed of the Buddha,
Concealed in the peal of the fruit of a living being's passions,
Can thrive when the Highest Truth is revealed by this and that condition.

VII. The defiling forces are like a tattered garment, and the Germ of the Buddha is like a precious image.[1]

116. Suppose the image of the Lord made of precious jewels
Were covered by a tattered foul-smelling garment,
And a god travelling that way would see it
And, in order to free it (from that covering),
Would explain the meaning of its abiding on the path
To the people that are met with there.

117. In a like way the Buddha perceives his own Essence
As it exists even in animals,
Covered by the various forms of defilement which are beginningless,
And, in order to release it, shows the means (of deliverance).

118. As the precious image of the Buddha covered by a foul-smelling garment
Is seen by a god with divine vision who shows it to men in order to release it,
In the same way the Lord perceives, even in the beasts,
The Germ covered by the tattered garment of defilement

[1] Tathāgata-garbha-sūtra. 252 b. 3—253 b. 1.

And abiding on the path of worldly existence,—
And expounds his Doctrine in order to deliver it.

VIII. [49 a. 1.] The defiling forces are like a pregnant woman, and the Germ of the Buddha is like a Universal Monarch abiding in an embryonal state.[1]

119. Suppose a woman of miserable appearance and helpless
Were abiding in a place without shelter and protection,
And, bearing in her womb the glory of royalty,
Would not know that the Lord (who could protect her) were in her own body.

120. The birth in this world is like the house without shelter,
And the impure living beings are like that pregnant woman;
The Immaculate Germ through which one is protected
Is like (the king) abiding in the womb.

121. As a woman of ugly appearance, covered with a foul-smelling garment
Experiences the greatest suffering in a place without shelter,
Though the Lord of the Earth abides in her own womb;
In a like way the living beings whose spirit is helpless,
Though the protection exists within themselves,
Abide amidst sufferings, their minds being troubled by the passions.

IX. The defiling forces are like a covering of mud and dust, and the Germ of the Buddha is like a golden statue.[2]

122. Suppose a great statue of melted gold from within,
And from without covered by mud and dust that hides (the gold),
Were seen by some, who, knowing its nature,
Would remove the outward cover in order to purify the gold within;

---

[1] Tathāgata-garbha-sūtra. Kg. MDO. XXII. 253 b. 1—254 a. 5.

[2] Ibid. 254 a. 5—255 a. 4.

123. In a like way the Buddha perceives
That the Essence[1] is pure and radiant and that the stains,
Are only occasional (and not real),
And leads (the living beings) to Supreme Enlightenment
Which purifies from all the Obscurations
The living beings resembling jewel-mines.

124. Just as a statue wrought of pure, shining gold and covered by earth [49 b. 1.]
Is seen by one who, knowing its true nature, removes the earth,—
In the same way the Omniscient perceives
The quiescent Spirit which is like gold,
And, by teaching the Doctrine, produces a cisel
Through which he removes all the Obscurations.
The meaning of all these examples is in short as follows:—

125. Within a lotus, amidst a swarm of bees,
Within the husk of a fruit, impurities, and the ground,
Within a seed, within a tattered garment,
The womb of a woman, and the covering of earth, respectively,

126. Like the Buddha, like honey, like the kernel of a fruit,
Like gold, like a treasure, and like a tree,
Like a precious image, like the sovereign
Of the Universe, and like a golden statue,—

127. The Immaculate Essence of the Spirit in the living beings
Is unaffected by the coverings of defilement;
As such it exists eternally,
Being spoken of as having no beginning.

In short, these examples given in the *Tathāgata-garbha-sūtra* illustrate the fact that all the defiling forces are accidental in every living being containing the element of Buddhahood which is the beginningless spiritual element. They are also an indication that all the purifying forces are innate and inseparable from the beginningless

[1] Of the living beings. Dar. 148 a. 2.

spiritual element. Therefore it is said:—Owing to the Desires, &c., the living beings are affected by defilement, and, owing to the undefiled Essence of the Spirit, they become purified.—

The Varieties of the Defiling Elements illustrated by the 9 Examples.

128. Passion, hatred, infatuation,
Their outburst in a violent form,
The force of Transcendental Illusion,[1]
The defilement that is extirpated by intuition,[2]
And that removed by transic meditation,[3]
[50 a. 1.] The stains relating to the impure,[4]
And to the pure[5] Stages (of the Bodhisattva).

129. These 9 forms (of defilement) are illustrated
By the example of the petals of the lotus and the rest;
But all the coverings of defilement
In their variety extend beyond millions and millions.

In short 9 forms of defilement are, with regard to the element of Buddhahood, perfectly pure by nature, of an accidental character. They are thus like the coverings of the lotus with respect to the form of the Buddha (contained within) and the like. Now, what are these 9 forms? Answer: 1) The defilement consisting in the dormant residue[6] of Passion, 2) the defilement which has its essence in the dormant residue of Hatred, 3) the defilement which represents the dormant residue of Infatuation, 4) the violent outburst of all the three, 5) the defilement contained in the Force of Transcendental Illusion, 6) the defilement that is to be extirpated by means of

---

[1] *vāsanā* = *bag-chags* stands here for *avidyā-vāsanā* (Dar. 145 a. 5).

[2] *dṛṣṭi-heya* = *mthoṅ-spaṅ*.

[3] *bhāvanā-heya* = *sgom-spaṅ*; lit. — that which is to be removed on the Paths of Illumination and Concentrated Trance.

[4] The first 7 Stages beginning with *pramuditā* and ending with *dūraṅgamā*.

[5] The 3 last Stages — *acalā*, *sādhumatī*, and *dharma-meghā*.

[6] *anuśaya* = *bag-la-ñal*.

direct intuition, 7) that which is to be removed by concentrated trance, 8) the defiling elements peculiar to the impure, and 9) those relating to the pure Stages (of the Bodhisattva). Now, first of all we have the defilement which is contained in the stream of elements of one who is free from worldly passion. It is the cause of the forces[1] producing a motionless state of existence in the Ethereal[2] and the Immaterial[3] Spheres, and is to be extirpated by means of Transcendental Knowledge.[4] This defilement represents the dormant residues of Passion, Hatred and Infatuation. Then we have the defiling forces which exist in the living beings that indulge in passion and the like. They are the cause of virtuous and sinful deeds, &c., produce an existence only in the world of Carnal Desire,[5] [50 b. 1.] and are to be overcome by the Contemplation of Impurity[6] (of the objects of Desire, &c.). These represent a violent outburst of Passion, Hatred and Infatuation. Next come the defiling elements which are to be found with the Arhat. These are the cause for the manifestation of the undefiled Biotic Force,[7] produce the non-physical existence[8] (of the Arhat), and are to be removed by the Transcendental Wisdom, the Supreme Enlightenment of the Buddha. The said defiling elements are those which are included in the Force of Transcendental Illusion.

The individuals that undergo training (on the Path)[9] are of 2 kinds, viz. the ordinary beings[10] and the Saints.[11] Now, the defilement which exists in the stream of elements[12] of an ordinary being abiding on the Path and which is to be suppressed by the

---

[1] *saṁskāra* = *ḥdu-byed.*

[2] *rūpa-dhātu* = *gzugs-khams.*

[3] *ārūpya-dhātu* = *gzugs-med-khams.*

[4] *lokottara-jñāna* = *ḥjig-rten-las-ḥdas-paḥi-ye-śes.*

[5] *kāma-dhātu* = *ḥdod-khams.*

[6] *aśubha-bhāvanā* = *mi-sdug-paḥi-sgom-pa.*

[7] *anāsrava-karma* = *zag-pa-med-paḥi-las.*

[8] *manomaya-kāya* = *yid-kyi-raṅ-bźin-gyi-lus.*

[9] *śaikṣa* = *slob-pa.* [10] *pṛthagjana* = *so-soḥi-skye-bo.*

[11] *ārya* = *ḥphags-pa.* [12] *saṁtāna* = *rgyud.*

first intuitive Transcendental Perception of the Truth is said to be "extinct through the intuition of the Truth." (The defiling forces) which exist in the saintly individual on the Path and are to be extirpated through transic meditation over the perceived Transcendental Truth are said to be "removed by means of Concentrated Meditation."

(Thereafter we have) that defilement which is to be found with the Bodhisattva who has not attained the uttermost limits of perfection. It consists of the hostile elements[1] on the first 7 Stages of (the Bodhisattva's) intuition, and is to be suppressed by the transic meditation on the 3 (last) Stages, beginning with the eighth. We call this "the defilement relating to the impure Stages." (Finally, there are the Obscurations) that exist with the Bodhisattva who *has* attained the uttermost limits of perfection. These are the impediments to the Transcendental Intuition on the 3 last Stages beginning with the eighth, and are to be removed by means of the transic meditation called "the Diamond-cutter."[2] We call these defiling forces "those relating to the pure Stages."

130. These 9 forms of defilement, Passion and the rest, [51 a. 1.]
Being taken in short, respectively,
Are illustrated by 9 examples,—
That of the coverings of a lotus and the rest.

It is said that the Essence of the Buddha is concealed under the coverings of defilement of which there are innumerable millions. To speak in detail (these innumerable defiling elements) which are classified into 84,000 groups, are as infinite as the knowledge of the Buddha (which cognizes them).

131. The ordinary beings, the Arhats,
Those undergoing training, and the Sages[3]
Are rendered impure by four, by one, by two,
And again two forms of these defiling forces (respectively).

---

[1] *vipakṣa* = *mi-mthun-phyogs.*

[2] *vajropamā-samādhi* = *rdo-rje-lta-buḥi-tiṅ-ṅe-ḥdzin.*

[3] The Bodhisattvas.

The Lord has declared:—All the living beings are endowed with the Essence of the Buddha.—Here the living beings, in short, are presented in four varieties, viz. the ordinary beings, the Arhats, the individuals undergoing training (on the Path), and the Bodhisattvas (on the 10 Stages). These, taken respectively, are spoken of as rendered impure by four, by one, by two, and again two forms of defilement, owing to which they cannot become for ever merged in the immaculate Absolute Essence.[1]

The Concordance between the Examples illustrating the Obscurations and the Points expressed by them.

Now, what do we know to be the points of resemblance between the 9 forms of defilement and the petals of the lotus, &c. Likewise, what similarity is there between the Element of Buddhahood and the form of the Buddha (abiding in the lotus) and the other (examples illustrating it)?

132. The water-born lotus flower
At the first appearance causes delight,
But later on (when it withers) it no more excites joy,
Similar to it is the delight of sensual passion.

133. Just as the bees, [51 b. 1.]
Being disturbed, sting painfully,
In a like way hatred, being aroused,
Produces suffering of the heart.

134. As the kernel of a fruit and the like
Is concealed by the outward peal,
In a like way the perception of the Truth which is essential
Is hindered by the covering of ignorance.

135. Just as impurities are something repulsive,
In a like way with those that are possessed of desire,
The outburst of their passions, being the cause
For giving way to the desires, is abhorrent like impurities.

---

[1] *anāsrava-dhātu* = *zag-pa-med-paḥi-dbyiṅs*. Sic. acc. to Dar. 154 a. 5—6.

136. As riches, being hidden in the ground,
Are not known of and cannot be obtained,
Similarly, in the living beings, the self-sprung (essence)
Is obscured by the elementary force of illusion.

137. As a sprout and the like, growing gradually,
Rend asunder the peal of the seed,
In the same way, the perception of the Truth
Removes all those forms of defilement
That are to be extirpated by direct intuition.

138. The Obscurations which are to be removed
By the Wisdom on the Path of Concentrated Trance
Of those who, acting on the Path of a Saint,
Have done away with the views of a real personality,—
Are shown as resembling a tattered garment.

139. The stains relating to the first 7 Stages
Are like the impurities in the interior of a womb,
And the non-dialectical wisdom[1] resembles the mature form
Delivered from the coverings of the womb.

140. The stains connected with the last 3 Stages
Are known as being like the covering of muddy ground.
They are to be suppressed by the concentrated trance
Called "the diamond-cutter" which is of most sublime nature.

141. Thus the 9 forms of defilement, passion and the rest
Have a resemblance with a lotus flower and the other forms.
And the Essence of the Buddha, which of is threefold nature,[2]
Bears a similarity with the Buddha, &c.

If we take into consideration the Essence of the Buddha, the perfectly pure spiritual element in its threefold nature [52 a. 1.], we

---

[1] *nirvikalpaka-jñāna*. Dar. 155 a. 6. The Wisdom of him who has attained the 8th Stage.

[2] As the source of the Cosmical Body, as the Absolute, and as the element of Buddhahood in a living being. Kār. 27.

shall find a resemblance with the 9 examples mentioned, the form of the Buddha and the rest. Now, what is the threefold nature?

142. Its nature is that of the Cosmical Body,
Of the Absolute, and the lineage[1] of the Buddha;
These are to be known by three,
By one, and by five examples (respectively).

The (first) 3 examples, those of the form of the Buddha, honey, and the kernel of a grain, make known the element of Buddhahood in its nature of (being identical with) the Cosmical Body. Then one example, that of gold, illustrates the nature of the (inalterable) Absolute. Finally, the (last) 5 examples, those of the treasure, the tree, the precious image, the universal monarch, and the golden statue, show (the Essence of the Buddha) in its character of the source from which the 3 Bodies of the Buddha take their origin.

Now, of what nature is the Cosmical Body?

143. The Cosmical Body is to be known in 2 aspects:—
It is the Absolute perfectly immaculate,
And its natural outflow, the Word[2]
Which speaks of the profound (Highest Truth)[3]
And (of the elements of the Empirical World) in their variety.[4]

The Cosmical Body of the Buddha appears in 2 forms. It is (first of all) the perfectly pure Absolute accessible only to the non-dialectical[5] intuition. As such it is to be known in its character of the Absolute Truth revealed to the Buddhas by introspection. The cause bringing about the attainment of it is (the Word which is) the

---

[1] *gotra* = *rigs.*

[2] Dar. 156 a. 6.—The Word which is the natural outflow (*niṣyanda-phala* = *rgyu-mthun-paḥi-ḥbras-bu*) of the direct introspection of the Absolute by the Buddha.

[3] Ibid. The discourses of direct meaning (*nītārtha* = *ṅes-don*) demonstrating the profound Absolute Truth.

[4] Ibid. The discourses of conventional meaning (*neyārtha* = *draṅ-don*) demonstrating in a variety of forms the Empirical Reality, the individual, and the component elements.

[5] *nirvikalpaka* = *rnam-par-mi-rtog-pa.*

natural outflow of (the intuition of) this very Absolute. (This Word) instructs the living beings in accordance with the character of (every) convert taken separately. Such do we know to be (the Cosmical Body) in the aspect of the Doctrine, the Teaching (of the Buddha).[1]

Now, this Teaching is of 2 kinds inasmuch as there is a difference in the exposition of the Truth, viz. the subtle, and the extensive. There are the following (varieties):—[52 b. 1.] 1) The Code of the Bodhisattvas[2] which teaches the profound Doctrine referring to the Absolute Truth, and 2) the exposition of various teachings in many different forms (of style), as the Aphorisms,[3] the Sing-song,[4] the Prophecies,[5] the Verses,[6] the Solemn Utterances,[7] the Introductions,[8] &c.

144. (The Cosmical Body) is of unworldly nature,
And in this world there is absolutely nothing
With which it can be compared.
Therefore it can be shown only in its similarity
With the (corporeal form of) the Buddha himself.

145. The Teaching of the profound and subtle Doctrine
Is like honey that has only one taste,[9]
And the other, Empirical, Teachings, in their various forms,
Are like the interior (of different grains)
Covered by various kinds of peel.

Thus, these 3 examples,—of the form of the Buddha, of honey, and the interior (of a grain), refer to the Cosmical Body of the Buddha as it pervades all the living beings without exception, since it is said:—All the sentient beings are possessed of the Essence of the Buddha.—Indeed, among the categories of living beings, there exists absolutely none standing apart from the Cosmical Body

---

[1] *deśanā-dharma = bstan-paḥi-chos.*

[2] *bodhisattva-piṭaka = byaṅ-chub-sems-dpaḥi-sde-snod,* i. e. the Mahāyānistic Doctrine as a whole.

[3] *sūtra = mdo-sde.*

[4] *geya = dbyaṅs-kyis-bsñad-pa.*

[5] *vyākaraṇa = luṅ-du-bstan-pa.*

[6] *gāthā = tshigs-su-bcad-pa.*

[7] *udāna = ched-du-brjod-pa.*

[8] *nidāna = gleṅ-gźi.*

[9] *eka-rasa = ro-gcig-pa.*

of the Buddha, (not pervaded by it). (This Cosmical Body) has accordingly a resemblance with space that fills up all physical forms.[1] It is said:[2]—

As space is considered to be always all-embracing,
In a like way it[3] is held to be all-pervading for ever and anon.
Just as space fills up all visible forms,
Similarly it pervades all the multitudes of living beings.

146. Being by nature inalterable,
Sublime, and perfectly pure, [53 a. 1.]
This Absolute is spoken of
As having a resemblance with gold.

That which represents the spiritual element is, notwithstanding, its contact with innumerable forms of defilement and the miseries (of Phenomenal Existence), perfectly pure and radiant by nature. Therefore it cannot be spoken of as being alterable and, for this very reason, since it is unchangeable like fine gold, it is called the Absolute,[4] the true Essence (of existence). This (Absolute) exists without any difference even in all those living beings who are possessed of the factors for becoming definitely rooted in error. But, (every time) when it attains the full purification from all the accidental defiling forces, (he in whom this has taken place) is called "the Buddha."[5] Therefore, with regard to the indivisible character of the Absolute, we have the comparison with gold which illustrates the fact that the Absolute Essence of the Buddha is (at the same time) the fundamental element of the living beings. Having in view this unique, perfectly pure Absolute Essence which is of spiritual nature, the Lord has said:[6]—O Mañjuśrī, the Buddha has a direct knowledge of the root, the foundation of all the ego-centristic

---

[1] Dar. 157 b. 1. Like space in the interior of a vessel, &c.

[2] Sūtrālaṁkāra IX. 15. *yathāmbaraṁ sarvagataṁ sadā matam*, &c.

[3] The Essence of the Buddha. [4] *tathatā = de-bžin-ñid.* [5] *tathāgata.*

[6] In the Jñāna-āloka-alaṁkāra-sūtra. Kg. MDO. III. 297 a. 5—6.

properties.[1] Through this (knowledge) he protects (the living beings) from egoistic views. As the true Unique Essence has become perfectly pure (in him), he cognizes the perfectly pure essence of the living beings (identical with his own). That which represents the pure Unique Essence and that which is the pure element of Buddhahood in the living beings are the same thing; they cannot be separated from each other. It is moreover said:[2]—

The Absolute, though unique with all,
Is, every time that it becomes purified, [53 b. 1.]
No other but Buddhahood; therefore
All the living beings are endowed with the element of the Buddha.

147. Being like a treasure and like (the germ of) a tree in a seed,
The source (of Buddhahood) is known to be of 2 kinds,—
The Fundamental[3] that exists without beginning,
And that which undergoes the highest process of development.[4]

148. From these 2 forms of the source of Buddhahood
The 3 Bodies of the Buddha take their origin,
From the first arises the first of the Bodies,[5]
And from the second,—the latter two.

149. The Body of Absolute Existence[6]
Is like a beautiful, precious image,
Since, by nature, it is not wrought (by human hands)
And is the treasury of all the virtuous properties.

150. The Body of Supreme Bliss[7] is like a universal monarch,
Being endowed with the sovereignty over the Grand Doctrine,[8]

---

[1] *upādāna* = *ñe-bar-len-pa.*

[2] Sutrālaṁkāra IX. 37. *sarveṣām aviśiṣṭā'pi tathatā śuddhim āgatā | tathāgatatvaṁ tasmāc ca tadgarbhāḥ sarvadehinaḥ.*

[3] *prakṛtistha-gotra* = *raṅ-bžin-gnas-rigs.*

[4] *samudānīta-gotra* = *yaṅ-dag-par-blaṅs-paḥi-rigs.*

[5] The Cosmical Body. [6] *svabhāva-kāya* = *ṅo-bo-ñid-sku.*

[7] *saṁbhoga-kāya* = *loṅs-sku.*

[8] Cf. Abhisamayālaṁkāra VIII.12.—*sāṁbhogiko mataḥ kāyo mahāyānopabhogataḥ.*

And the Apparitional Form[1] is like a golden statue,
As it has the nature of being an image.

Therefore, these 5 remaining examples,—of a treasure, a tree, a precious image, the universal monarch, and the golden statue, refer to the source that gives rise to the 3 Bodies of the Buddha, as it exists (in all living beings). They illustrate the fact that (from this point of view likewise) the element of Buddhahood is the fundamental element of all the living beings.[2] Now, Buddhahood manifests itself in the 3 Bodies of the Buddha. Therefore, the source of Buddhahood in its 2 forms is the cause for the attainment (of these 3 Bodies). The word *dhātu* (element or essence) has here accordingly the special meaning of "a cause." It is accordingly said:—In every living being there exists the Essence of the Buddha as the element owing to which (the properties of the Buddha) are attained, but the living beings do not know about it. We have it, moreover, as follows:[3]—

The Essence that has no beginning
Is the foundation of all the elements,
Owing to its existence, all the Phenomenal Life,
And Nirvāṇa, likewise, is made manifest [54 a. 1.]

Now, how is it that there is no beginning?—It has been said and ascertained:—An initial limit is not to be perceived (with the Absolute Essence). This "Essence" is spoken of as follows:[4]—O Lord, that which is the Essence of the Buddha is likewise the Essence of all the supermundane and perfectly pure elements.—As concerns "the foundation of all the elements" it is said:[5]—O Lord, for this reason the Essence of the Buddha is the foundation, the support, and the

---

[1] *nirmāṇa-kāya* = *sprul-sku*.

[2] Dar. 160 a. 2—3.—The word *dhātu* has the sense of a cause, the essence, and an element. The *dhātu* of Buddhahood is to be understood in the sense of a cause.

[3] Dar. 160 a. 6. Chos-mṅon-paḥi-mdo-las—in the Abhidharma-sūtra.

[4] In the Śrī-mālā-sūtra. Kg. DKON. VI. 281 b. 6—8.

[5] Ibid. 281 a. 6—8.

substratum of the immutable[1] elements which are united (in one motionless whole), indivisible, and inseparable. (At the same time), O Lord, this very Essence of the Buddha is the foundation, the substratum, and the support of the elements that are produced by causes and conditions,[2] which are disunited (in their plurality), are differentiated and separated from each other. "All the Phenomenal Life" is spoken of as follows:[3]—O Lord, as the Essence of the Buddha exists, one can conventionally call it "The Phenomenal World."—"And Nirvāṇa is made manifest."—Here we have:[4]—O Lord, if the Essence of the Buddha did not exist, there would be no aversion to Phenomenal Existence, and there would be no desire, no effort, and no will of attaining Nirvāṇa.

This Essence of the Buddha is great and extensive like the Cosmical Body, and is by its very nature identical with the Buddha [54 b. 1.]. It has the character of the fundamental element which invariably exists in all the living beings, and is to be viewed in such an aspect, its measure being its own essential nature (i.e. the Absolute). It is said:[5]—O noble youth, such is the true essence of the elements.—May the Buddhas appear in this world, or may they not,[6] all the living beings are possessed of the Essence of Buddhahood.—That which represents the true essence of the elements acts here as the argument, the mode of proof, and the means (of cognition), since such is the state of things and there is no other. In every case, for the accurate investigation of the spiritual element and a correct knowledge about it, the Absolute Essence must be resorted to, and represents a logical foundation. This Essence itself is not accessible to discursive thought and to investigation. It can only be the object of faith.

---

1 *asaṁskṛta* = *ḥdus-ma-byas.*

2 *saṁskṛta* = *ḥdus-byas.*

3 In the Śrī-mālā-sūtra. Kg. DKON. VI. 281 a. 1—2.

4 Ibid. 281 a. 8—b. 1.

5 Tathāgata-garbha-sūtra. Kg. MDO. XX. 248 b. 6.

6 *utpāde vā tathāgatānām anutpāde vā.*

151. The Absolute Essence of the Buddhas
Can be cognized only by faith.
The blazing disk of the sun
Cannot be seen by those who have no eyes.

In short, four kinds of individuals are characterized as not being possessed of the faculty of vision perceiving the Essence of the Buddha. Who are these four?—The ordinary worldly beings, the Śrāvakas, the Pratyekabuddhas, and the Bodhisattvas who have recently entered the Vehicle. It is accordingly said:[1]—O Lord, this Essence of the Buddha is not accessible to those who have fallen into the error of maintaining the existence of real individuals, to those who have a false conception (of the Absolute Truth), and those whose mind deviates from the principle of Relativity[2] [55 a. 1.].—Here "those who are fallen into the error of maintaining the existence of real individuals" are the ordinary worldly beings. Indeed, the latter admit that the elements influenced by defilement,[3] the (5) groups and the rest, constitute a real Ego and belong to it. They thus cling to the conception of "Ego" and "Mine", and, owing to this conception, cannot have any faith in the immaculate Absolute Essence which represents a negation of the principle of separate individuality. Therefore, they cannot cognize the Essence of the Buddha which is accessible only to the Omniscient. "Those who indulge in a misconception (of the Absolute Truth)" are the Śrāvakas and the Pratyekabuddhas. How that?—Answer:—These (the Hīnayānists), instead of repeatedly meditating upon the idea of Eternity with regard to the Essence of the Buddha which must be contemplated as eternal, indulge in the contemplation of the evanescence (of the separate elements). Further on, instead of repeatedly meditating upon the idea of bliss with respect to the Essence of the Buddha which is the Supreme Bliss, they find pleasure in concentrating

---

[1] In the Śrī-mālā-sūtra. Kg. DKON. VI. 281 b. 5—6.

[2] *śūnyatā* = *stoṅ-pa-ñid*. Cf. below.

[3] *sāsrava* = *zag-bcas*.

their mind upon the idea of the suffering (of Phenomenal Life). Being far from the concentration upon the idea of the Unity (of the Universe),—the Essence of the Buddha having to be contemplated as this Unity,—they take delight in meditating upon the idea of the absence of a unity, (the impersonality) of the elements. And, averse to the concentration upon the idea of Absolute Purity with regard to the Essence of the Buddha which is to be contemplated as such [55 b. 1.], they find satisfaction in fixing their mind upon the impurity (of the Phenomenal World).

Reference to the Mahāparinirvāṇa-sūtra.

Thus, in such a form, we have it stated that the Essence which is characterized as the Absolute Eternity, Bliss, Unity, and Purity, is not accessible to any of the Śrāvakas and Pratyekabuddhas, since they find pleasure in (venturing on) the Path that is not favourable to the attainment of the Cosmical Body. This fact, that (the Absolute) cannot be the object of those who indulge in false views and cling to the conception of Evanescence, Suffering, Impersonality, and Impurity,—is discussed in detail in the *Mahāparinirvāṇa-sūtra*[1] where the Lord makes it clear by the comparison with a stone of lapis lazuli in a pond. The passage runs as follows:—O brethren, suppose, in the hot season, the people, having washed and tied up their garments, begin to play in the water with their ornaments and objects of pastime. Suppose then, someone would cast into the water a valuable stone of lapis lazuli, and then, in order to get that stone, they all would leave their ornaments and begin to search for it. They would consider the pebbles and the gravel in the pond to be precious stones, seize them and draw them out, thinking:—I have got a precious stone.— Having thus extracted (the pebbles) they would look at them on the bank of the pond and become convinced that they are not precious stones. (The mistake would be caused) by the water of the pond, which, owing to the efficiency of the real stone would appear as

---

[1] Tib. Yoṅs-su-mya-ṅan-las-ḥdas-pa-chen-poḥi-mdo.

similar to it in its shine and colour. Therefore, the person thinking: Oh, this is a precious stone,—when it is really only the water (that is so coloured), will be possessed of the idea of the quality (of the stone transferred to the water). Thereafter one who is experienced [56 a. 1.] and attentive would really get hold of the stone. O brethren, in a similar manner, ye who are ignorant of the true essence of the elements, which is like a precious jewel, maintain that all things are evanescent, that there is only suffering, and that everything is impersonal and impure. Ye all meditate upon (this idea) and, contemplating it repeatedly, many times, fix (your mind upon it). In reality, all this is of no use. Therefore, O brethren, ye must become experienced (in order that these ideas) should not become for you like the pebbles and the gravel of that pond. O brethren, with those elements which ye maintain to be all of them evanescent, suffering, impersonal, and impure, and repeatedly contemplate as such, there exists (an essence which represents) Eternity, Bliss, Purity, and Unity.—Such is in detail the passage referring to the true Supreme Essence of the elements and showing the incorrectness (of clinging to the conception of evanescence, &c.), as we have it in Scripture.

The true Conception of Relativity and Non-substantiality.

Now, "the individuals whose mind deviates from the true principle of Relativity" are the Bodhisattvas who have recently entered the Vehicle and who are deprived of (the cognition of) the Essence of the Buddha in the aspect of Universal Relativity. There are those who say that the subsequent annihilation, the destruction of elements which did really exist, represents Nirvāṇa. They thus understand "the Medium of Liberation of Non-substantiality"[1] as the destruction of real entities[2] [56 b. 1.]. Then there are such who say that the Non-substantiality[3] that is to be cognized and contem-

[1] *śūnyatā-vimokṣa-mukha = stoṅ-pa-ñid-kyi-rnam-thar-gyi-sgo.*

[2] Acc. to Dar. 164 a. 6. the Bodhisattvas who have not abandoned Hīnayānistic views.

[3] *śūnyatā = stoṅ-pa-ñid.*

plated, is some separate reality, differing from Matter and the other (elements). They thus, in their contemplation of Non-substantiality, cling to it as an absolute principle.[1] Now, what is the Essence of the Buddha, as it presents itself in the aspect of Relativity, (the true meaning of Non-substantiality).

152. Here there is nothing that is to be rejected,
And absolutely nothing to be added;
The Truth must only be directly perceived,
And he who sees the Truth becomes delivered.[2]

153. The element of Buddhahood is by nature devoid
Of the accidental (defiling forces), which are different from it,
But it is by no means devoid of the highest properties,
Which are, essentially, indivisible from it.

What is said by this?—There exists absolutely no real defiling element that is to be removed from the Essence of the Buddha, since it is from the outset devoid of all the accidental defilement, this being its nature. There exists likewise not the least purifying element that could be added to it, because it is itself the true essence of all the perfectly pure properties which are indivisible. Therefore it is said that the Essence of the Buddha is devoid of all the coverings of defilement which can be separated (from the spiritual element)[3] and stand apart from it, and that on the other hand it is not devoid of the properties of the Buddha, which are indivisible, inseparable, inconceivable, and greater in number than the sands of the Ganges. We know that an object is "devoid"[4] of something, if this does not exist with it [57 a. 1.], and that if something is added to it, it must always exist. These 2 verses demonstrate the essence of the

---

[1] Dar. 164 b. 1.—the Yogācāras.

[2] This verse is exactly the same as in the Abhisamayālaṁkāra (V, 21).
nā'paneyam ataḥ kiṁcit prakṣeptavyaṁ na kiṁ ca na
draṣṭavyaṁ bhūtato bhūtaṁ bhūta-darśī vimucyate.

[3] Dar. 166 b. 6. *sems-kyi-raṅ-bźin-las-rnam-par-dbye-ba-yod-pa ḥbral-bar ṅes-par-ḥbral-śes-pa.*

[4] *śūnya* = *stoṅ-pa.*

true Relativity, free from the extremities of imputed Realism and Nihilism.[1] Now, (the individuals) whose mind turns away from this principle, is distracted and not-concentrated upon it, we call "those that deviate from the principle of Relativity." Now, without the transcendental knowledge of the Relativity of the Ultimate Reality[2] it is impossible to intuit and realize the non-dialectical[3] Absolute. With regard to this subject it has been said:—The Transcendental Wisdom cognizing the Essence of the Buddha is the knowledge about the Relativity of the Buddhas. This essence of the Lord cannot be perceived and cognized by the Hīnayānists. As the Essence of the Buddha is the Essence of the Cosmical Body, it is spoken of as not being accessible to those who have fallen into the conception of a real individuality.[4] Indeed, (the intuition of) the unique Absolute is an antidote against such erroneous views. As the Cosmical Body represents the Transcendental Essence (of the Universe), it cannot be the object of those who indulge in a wrong view (regarding the Absolute Truth), since the Cosmical Body in its transcendental nature is put forth as the antidote of all the worldly properties as evanescence and the rest [57 b. 1.]. Then it is said that, as the Cosmical Body is the essence of all the purified elements,[5] it is not accessible to those whose mind deviates from the true principle of Relativity. Indeed, owing to their perfectly pure nature, the properties which are indivisible and characterize the Transcendental Cosmical Body are by their nature devoid of all the accidental defiling elements. Through the cognition of the unique spiritual medium which is inseparable from the Absolute in the aspect of monism, the perception of the Transcendental Cosmical Body, perfectly pure by nature, is

---

[1] *samāropa* = *sgro-ḥdogs* and *apavāda* = *skur-ḥdebs*. Cf. Abhisamayālaṁkāra IV. 52—*samāropāpavādānta-muktatā sā gabhīratā*.

[2] *paramārtha-śūnyatā* = *don-dam-pa-stoṅ-pa-ñid*.

[3] *nirvikalpaka* = *rnam-par-rtog-pa-med-pa*.

[4] *satkāya-dṛṣṭi* = *ḥjig-tshogs-kyi-lta-ba*.

[5] Cf. Abhisamayālaṁkāra VIII. 1. *sarvākārāṁ viśuddhim ye dharmāḥ prāptā nirāsravāḥ | svābhāviko muneḥ kāyas teṣāṁ prakṛtilakṣaṇaḥ*.

attained. As regards this perception it has been said that the Bodhisattvas abiding on the 10 Stages may slightly perceive the Essence of the Buddha. They are considered to intuit it by means of their Absolute Transcendental Wisdom.[1] We have it accordingly in Scripture:—

Thou hast here only a partly knowledge of the Truth[2]
Which is perceived like the sun in the sky covered with clouds;
Even the Saints possessed of pure spiritual vision cannot see it at all times.
O Lord, only they whose Wisdom is illimited, perceiving the Cosmical Body,
And pervades the Essence of everything cognizable that is infinite like space,—
They can perceive the Truth at all times.

Controversy.

It is said:—This Essence of the Buddha is thus not always accessible even to the Highest of Saints that abide on the Stages characterized by the full absence of Desire. If this be so, it is something exceedingly hard to be cognized. Therefore, what is the use of this teaching about it to the ordinary worldly beings?—[58 a. 1.] The necessity of this teaching is in short expressed in 2 verses, one containing the question, and the other being the reply given to it.

154. It has been said in these and those (parts of Scripture)[3]
That all the things cognizable are essentially unreal,
Being like clouds, like visions in a dream, and like an illusion.
Wherefore then has the Lord declared here[4]
That the Essence of the Buddha exists in all living beings.

---

[1] At the time of intense concentration.

[2] Dar. 168 a. 4.—perceiving it only at the time of intense concentration.

[3] Dar. 169 a. 4 and 172 a. 5.—in the Scripture of the intermediate period, the Śatasāhasrikā, Aṣṭasāhasrikā, &c.

[4] In the Scripture of the later period.

155. There are 5 kinds of defects (in a living being):—
Depression of the mind, contempt regarding those that are inferior,
Evaluation of the unreal, nihilistic views regarding the Absolute Truth.
(The teaching about the element of Buddhahood) has been exposed
In order that those with whom these defects exist
Might become rid of them.

The meaning of these 2 verses is, in short, explained by the following ten:—

156. The Ultimate Reality (is the Essence of the Buddha),
It is devoid of all the elements that are conditioned[1] in all their forms;
The passions, the Biotic Force and their consequences
Are described as resembling the clouds and the like.

157. The passions, they are like the clouds,
The Biotic Force that is produced (by ignorance)
Is (unreal) as the objects of enjoyment in a dream,
The consequence of the passions and of the Biotic Force,—
The groups of elements, they are like illusionary forms produced by magic.

158. So has it been ascertained before.[2]
Then, subsequently, in this Highest of Teachings,[3]
In order to remove the 5 kinds of defects (in a living being),
It is shown that the Essence of the Buddha exists.

159. Indeed, if one has not heard about it,
There may arise the defect of self-depreciation,[4]

---

[1] *saṁskṛta*. Dar. 173 b. 3—4. The Absolute Reality that is the spiritual element of a living being, perfectly pure by nature, is the Essence of the Buddha that is spoken of here. It is devoid of all the elements of Phenomenal Existence and their causes (*duḥkha-samudaya*).

[2] In the Scripture of the intermediate period. Dar. 174 b. 4.

[3] Or "the latest Teaching" (Uttaratantra = the Scripture of the latest period).

[4] Dar. 175 a. 2.—thinking oneself incapable of attaining Buddhahood.

Owing to which the mind becomes depressed in some,
And the spirit directed toward Enlightenment[1]
Is not aroused in them.

160. (There are others) who, having made the Creative Effort,
Are full of pride, thinking that they are the highest,
And have thoughts of extreme contempt
For those in whom the will of Enlightenment is not aroused.

161. With him who thinks like that [58 b. 1.]
Correct knowledge does not arise;
He perceives that which is unreal,[2]
And does not know the true state of things.

162. (Indeed), the defects of the real beings are unreal,
Since they are not-genuine and accidental.
As the defects are thus imputed,
Only the virtuous properties are pure by nature.

163. He who is possessed of a mind having regard for the defects that are unreal,
And depreciating the virtuous properties that are true,
Cannot perceive the equality of oneself and other living beings[3]
And become full of love for them.

164. Therefore, having heard about this[4]
(One can become possessed of) zeal,
Of regard (for all living beings)[5] as for the Teacher,
Of Highest Wisdom, Transcendental Intuition, and great Love.
These 5 properties having become originated,

---

[1] *bodhi-citta* = *byaṅ-chub-kyi-sems.*

[2] Dar. 175 a. 6.—He considers that which is unreal, i.e. the defects of the living beings, to have a real essence of its own.

[3] Dar. 173 b. 3.—In the sense of being possessed of the element of Buddhahood and of being capable of attaining the state of a Buddha.

[4] Ibid. 173 b. 4—5.—about the existence of the element of Buddhahood in all the living beings.

[5] Ibid. 173 b. 5. *saṅs-rgyas thob-ḥdod-kyi spro-ba daṅ sems-can gźan-la ston-pa-bźin-du-gus-pa.*

165. One becomes free from the defect (of self-depreciation),
Perceives the equality (of oneself and others),
Is devoid of (real)[1] defects and possessed of virtuous properties,
And having made one's aim the weal of others,
One attains Buddhahood at an early date.

Finished the explanation of Essence of Buddhahood, the summary of which is to be found in the first verse (concerning the subject).[2] So we have it, as a part of the investigation of the sources of the 3 Jewels as contained in the Treatise on the Sublime Science of the Great Vehicle.

End of the exposition of the Absolute mingled with defiling elements.

II. Enlightenment and the Absolute free from Defilement.

Now we shall speak of the undefiled Absolute. What is this undefiled Absolute?—It is the condition of a complete metamorphose[3] (of the elements of existence) which become fully merged in the unaffected Absolute Essence[4] of the Buddhas. This is brought about through the removal of the defiling elements in all their forms. In short, this (undefiled Absolute Essence) is to be considered from 8 points of view. What are these 8?—

1. Perfect purity,[5] the factors that bring it about,[6]
The removal (of all the stains,[7] the action in behalf of oneself and others,

---

[1] Ibid. 174 a. 1. *skyon-raṅ-bźin-gyis-grub-pa-med-ciṅ-yon-tan-ḥbyuṅ-ruṅ-du ldan-pa.*

[2] I. e. verse 27.

[3] *parāvṛtti* = *yoṅs-su-gyur-pa.*

[4] *anāsrava-dhātu* = *zag-pa-med-paḥi-dbyiṅs.*

[5] Dar. 176 b. 6.—Perfect purity, the essence of Enlightenment.

[6] The causes of Enlightenment. Dar. 176 b. 6.—The Transcendental Wisdom at the time of intense concentration (*samāhita-jñāna*), and the wisdom acquired after (the termination of the trance—*pṛṣṭha-labdha*).

[7] Dar. 177 a. 1. Enlightenment taken from the standpoint of the result.

And the foundation of these kinds of action,
The Profound,[1] the Magnificent,[2] and the Magnanimous[3] [59 a. 1.]
(The 3 Bodies) that endure as long as the world exists[4]
And manifest themselves in accordance (with the needs of the
converts).[5]

This verse indicates, respectively, 8 subjects which are as follows:—1) the essence, 2) the cause, 3) the result, 4) the functions, 5) the relations, 6) the manifestations, 7) the eternal, and 8) the inconceivable character (of Buddhahood).

Now, we know that the fundamental element, when it is not delivered from the coverings of defilement, is called "the Essence of the Buddha." This same essence, in the state of complete purification, has the character of a metamorphose (of all the elements). It is accordingly said:[6] O Lord, those who have no doubt as regards the Essence of the Buddha as it is concealed under all the millions of coverings of defilement, shall likewise not be doubting of the Cosmical Body of the Buddha delivered from all the bonds of the passions.

(The cause which brings about the attainment of Enlightenment is) the Highest Wisdom (of a Saint), which is of two kinds, viz. the supermundane,[7] non-dialectical,[8] and the mundane[9] that is acquired after (the termination of the trance).[10] This mundane and supermundane knowledge is the cause of the metamorphose (of the

---

[1] The Cosmical Body. Dar. 177 a. 3. *zab-pa-chos-kyi-sku* (= *dharma-kāya*).

[2] The Body of Bliss. Ibid. *rgya-che-ba-loṅs-spyod-rdzogs-paḥi-sku* (= *saṁbhoga-kāya*).

[3] The Apparitional Body (*nirmāṇa-kāya* = *sprul-sku*).

[4] Dar. 177 a. 3. The eternal character of Buddhahood.

[5] Ibid. 177 a. 4. The inconceivable character of Buddhahood.

[6] Śrī-mālā-siṁhanāda-sūtra. Kg. DKON. VI. 277 a. 5—6.

[7] *lokottara* = *ḥjig-rten-las-ḥdas-pa*.

[8] *nirvikalpaka* = *rnam-par-rtog-pa-med-pa*.

[9] *laukika* = *ḥjig-rten-pa*.

[10] *pṛṣṭha-labdha* = *rjes-las-thob-pa*.

elements).[1] The idea of the cause is expressed by the word ("factors for the) attainment,"—"that by which something is attained."[2]

The result (produced by) these (factors) is of 2 kinds, viz. the removal of the Obscuration of Moral Defilement,[3] and the removal of the Obscuration of Ignorance.[4]

The accomplishment of one's own aim and of that of others,—these are the functions (of the supermundane and the mundane Wisdom) respectively.

The connexion of the foundation of these 2 forms of activity with its properties is the relation (spoken of here) [59 b. 1.]. The manifestations are those of the 3 Bodies of the Buddha which are respectively characterized by profundity, magnificence, and magnanimity. They are realized in an inconceivable manner and endure as long as the world exists.

Summary.

2. The essence, the cause, and the result,
The functions, the relations, and the manifestations,
The eternal and the inconceivable character,—
By these the state of the Buddha is characterized.

Now, (first of all) we have a verse referring to Buddhahood and the means for the attainment of it, that is to say, the essence and the causes (of Enlightenment)—

3. Buddhahood[5] is that which is called pure and radiant,
(Shining) like the sun and (immaculate) like the sky,
Which was darkened by the Obscurations
Of defilement and ignorance as by dense multitudes of clouds,

---

[1] Cf. Sūtrālaṁkāra IX. 12 and Vasubandhu thereon—*suviśuddha-lokottara-jñāna-mārga-lābhāt tat-pṛṣṭha-labdha-ananta-jñeya-viṣaya-jñeya-mārga-lābhāc ca.*

[2] *ḥdis thob-pas-na thob-paḥo* = *prāpyate anena iti prāptiḥ.*

[3] *kleśa-āvaraṇa* = *ñon-moṅs-paḥi-sgrib-pa.*

[4] *jñeya-āvaraṇa* = *śes-byaḥi-sgrib-pa.*

[5] In its essence.

And is now perfectly pure, possessed of all the properties of the Buddha,
Is eternal, firm and indestructible.
It is attained on the foundation of the knowledge of the Truth,
Which is free from dialectical thought-construction,
And the knowledge analyzing (the elements of existence).[1]

The meaning of this verse is in short explained by the following 4—

4. The state of the Buddha is characterized
By the indivisible purest properties.
It has a resemblance with the sun and the sky
In its character of wisdom and of purity.[2]

5. It is radiant and uncreated,[3]
It manifests itself in its indivisible essence,[4]
And is possessed of all the properties of the Buddha,
Which excel in their number the sands of the Ganges.

6. Being by their very essence unreal,
Pervasive and occasional,
The Obscurations of Defilement and of Ignorance
Are spoken of as resembling clouds.

7. The causes for the removal of these 2 Obscurations
Are the two kinds of Highest Wisdom,—
That which is free from (dialectical) construction,
And that which follows (the concentrated trance).

[60 a. 1.] It is said that the state of perfect purity represents the complete metamorphose (of the elements). Now, this purity, to speak briefly, appears in 2 forms, viz. the natural purity, and the

---

[1] Sic acc. to Dar. 178 b. 3.

[2] Lit. the removal (of the Obscurations—*prahāṇa* = *spaṅs-pa*).

[3] Dar. 179 a. 3—4.—It is not produced anew by causes and conditions.

[4] Dar. 179 a. 4. *raṅ-bźin-rnam-dag-gi-chos-ñid-la-ṅo-boḥi sgo-nas dbyer-med-par ḥjug-pa-can.*

purification from (the accidental) defilement.[1] As regards the natural purity, it represents (the Absolute as the beginningless fundamental element), which is essentially free (from every real contact with the defiling elements), but is not separated from the (accidental) Obscurations. Indeed, this spiritual essence, being pure by nature, is at the same time not necessarily devoid of the stains of an occasional character. The purification from these occasional defiling forces is complete deliverance and the removal of all the stains, as water is purified from dust and the like. Indeed, the spiritual essence which is pure and radiant finally becomes devoid of all the accidental defilement. Now, with regard to the purification from defilement which represents the result, we have the following verse:—

8. Like a lake full of the purest water
And covered by lotuses that have developed gradually,[2]
Like the full moon delivered from the jaws of Rāhu,[3]
Like the sun free from all obscuration
Caused by the dense multitude of clouds,[4]
It is possessed of immaculate properties,
Is radiant and illuminating.

9.[5] Like the Highest of Sages,[6] like honey, and like the kernel (of a fruit),
Like precious gold, like a treasure and like a tree,
Like the immaculate images of the Buddha,
Like the ruler of the earth and like a golden statue—such is Buddhahood.

---

[1] Cf. Sūtrālaṁkāra, XII. 15.—*svabhāva-śuddhaṁ mala-śuddhitaṁ ca.*

[2] Dar. 179 b. 5—6.—being possessed of immaculate properties, owing to the complete extirpation of desire (*rāga*).

[3] Ibid. 179 b. 6.—being endowed with the light of immaculate love and Commiseration, owing to the removal of hatred (*dveṣa*).

[4] Ibid. 179 b. 6.—180 a. 1.—being possessed of the immaculate lustre of wisdom through the complete removal of infatuation (*moha*).

[5] The 9 examples illustrating the fundamental element now applied to Buddhahood.

[6] *muni-ṛṣabha = thub-paḥi-khyu-mchog.*

The meaning of these two verses is, in short, explained by the following 8:—

10. Similar to the waters of a lake and the like[1]
Is the state of perfect purity, (the liberation)
From desire and the other occasional defiling forces.
It is, in short, spoken of as the result
Of the Wisdom free from thought-construction. [60 b. 1.]

11. The certain attainment of the (3) Bodies of the Buddha
Possessed of the highest of all the forms of existence
Is demonstrated as being the result
Of the Wisdom following the transcendental contemplation.

12. Through the removal of the dust of Desire,
And by pouring forth the waters of transic meditation,
To the converts that resemble lotuses,
(Buddhahood) is like a lake of purest water.

13. Being delivered from the Rāhu of enmity,
It pervades all that exists
By the rays of Commiseration and Highest Love.
Therefore it is like the immaculate full moon.

14. Being free from the clouds of infatuation,
Buddhahood removes all darkness in the living beings
By the rays of its Divine Wisdom,
Having thus a resemblance with the sun free from every stain.

15. It is possessed of properties incomparable (with others)
And equal (only with the Buddhas),
It spreads the flavour of the Highest Doctrine
And is free from the coverings (of the Obscurations),
Therefore it is like the Body of the Buddha,[2]
Like honey and like the kernel of a fruit.

---

[1] Dar. 180 b. 2.—the moon delivered from Rāhu and the sun freed from the clouds.

[2] As incomparable with anything else.

16. It is pure; by the richness of its properties
It removes all (moral) poverty,
And brings to maturity the fruit of deliverance.
It is thus like gold, like a treasure, and like a tree.

17. As it represents the precious Cosmical Body,
Is the Highest Lord of all the bipeds,
And appears in the most precious of forms,
It is like a precious image, a king and a golden statue.

The Functions of Enlightenment.

The supermundane, non-dialectical knowledge, and the knowledge which is acquired after the transcendental contemplation are the causes of the metamorphose (of the elements) which is called "the result consisting in the separation" (from the defiling forces).[1] The functions of these (2 kinds of wisdom) is that which we call the complement of one's own weal and of that of others. Now, what is this complement of one's own weal and of that of others?—(Answer): That which represents the attainment of the undefiled Cosmical Body and the deliverance from the Obscurations of passion and of ignorance [61 a. 1.] is called "the complement of one's own weal." That which, being founded on the latter, consists in a twofold manifestation, viz. the activity free from effort[2] by appearing in (either of the) two (corporeal) forms[3] as long as the world exists and the miraculous power of teaching,[4]—is the complement of the weal of other living beings. With reference to these functions we have the following 3 verses:—

---

[1] *visaṁyoga-phala* = *bral-baḥi-ḥbras-bu*, i.e. the Extinction of the elements of Phenomenal Life (*nirodha-satya*). Cf. Abhidharmakośa I. 6.

[2] *anābhoga* = *lhun-gyis-grub-pa*.

[3] The Body of Bliss and the Apparitional Body.

[4] Dar. 181 b. 2.—The act of teaching the Doctrine in such a manner that, being communicated in one way, it is understood by all the different converts, each in his own language.

18. Immaculate, of all-pervading Wisdom, imperishable,
Firm, quiescent, eternal, and motionless,
The Buddha (in his corporeal forms) is the cause
That the pure faculties of sense perceive their objects
As space is the receptacle for all things.[1]

19. He conveys the perception of (his) miraculous apparitions,
The pure audition of the most sublime words,
The pure scent of the Buddha's morality,
The relish of the flavour of the Highest Doctrine,
The enjoyment of the felicitous feeling of transic meditation,

20. And the cognition of the subject profound by its very nature.[2]
But, if closely investigated,
The Buddha who grants thus the true and highest bliss
Is (in his Cosmical Essence) uncaused and unconditioned.

The meaning of these 3 verses is, in short, made known by the following eight:—

21. In short, such do we know to be the functions
Of the 2 kinds of Highest Wisdom,—
The attainment of the fully accomplished Cosmical Body
Which is free (from all defiling elements)
And the activity of this Cosmical Body.

22. The perfectly delivered Cosmical Body and its manifestations[3]
Are to be known in two aspects and in one,
Being free from all defilement, all-pervading,
And the substratum of eternal properties.[4]

23. They are undefiled owing to the extirpation
Of all the passions and their residues,

---

[1] Dar. 181 b. 6. As, on the background of space, the 6 forms of consciousness of the living beings perceive each their own object.

[2] The meaning of universal Relativity and Non-substantiality.

[3] Dar. 182 b. 6.

[4] Sic acc. to Dar. 183 a. 1—2.

Being free from every attachment and hindrance[1]
[61 b. 1.] They are all-pervading in their wisdom.

24. They are eternal, being
Of a totally indestructible nature;
This imperishable character, being demonstrated in short,
Is expressed by the ideas of firmness and the rest.

25. Now, evanescence is known to be of 4 kinds,
Which are the reverse of firmness, &c.,—
Putrification, the changes caused by illness, birth,
And migration which takes place in an inconceivable way.

26. Owing to the absence of these, (the Cosmical Body) is firm and quiescent,
It is eternal and knows no migration.
This immaculate spiritual element, being the support
Of all the purest properties,[2] represents their substratum.

27. As space, being itself uncaused,
Is the cause for the perception of visible forms,
And, with regard to the sounds, smells, tangibles and mental elements,[3]
The cause of their audition and the rest.

28. So the 2 Bodies,[4] in their unimpeded activity,
Represent the cause for the origination
Of all the purest virtuous properties
Accessible to the perception of the Bodhisattvas.

It is said:[5]—The Buddha has the character of space.—This refers to the special absolute character of the Buddha, which has nothing in common with anything else. Indeed, if we were to recognize the Buddha only by the 32 corporeal marks of a super-

---

[1] *asakta* = *chags-pa-med-pa*, and *apratihata* = *thogs-pa-med-pa*.

[2] *śukla-dharma* = *dkar-poḥi-chos*.

[3] *dharma-āyatana* or *dharma-dhātu*.

[4] The Body of Bliss and the Apparitional Body.

[5] In the Jñāna-āloka-alaṁkāra-sūtra.

man,[1] the universal monarch[2] would turn to be a Buddha as well.— Now, with reference to the relations (of Buddhahood to the properties) of an absolute character, we have the following verse:—

29. Inconceivable, eternal, quiescent, indestructible,
Perfectly pacified, all-pervading, free from (dialectical) construction, and akin to space,
Free from attachment and impediments whatever, and devoid of rough sensation,
Imperceptible, incognizable, sublime, immaculate,—such is the Buddha [62 a. 1.].

The meaning of this verse is, in short, made known by the following eight:—

30. The Cosmical Body, perfectly delivered, and its manifestations
Represent the fulfilment of one's own aim and of that of others.
This support of the twofold aim
Is possessed of properties inconceivable and the like.

31. Buddhahood is accessible only to the Wisdom of the Omniscient,
Is not the object of the 3 (kinds of ordinary) knowledge,[3]
Therefore those, endowed with spiritual bodies[4]
Cognize it as being inconceivable.

32. Owing to its subtle transcendental character,
It cannot be made the object of study,
Being the Absolute Truth, it cannot be investigated,[5]
And, as the profound Ultimate Essence, it is not accessible
To mundane meditation and the like.

33. Indeed, as the visible forms for those that are born blind,
It is not accessible to the perception of ordinary beings;

---

[1] *mahā-puruṣa-lakṣaṇa.*

[2] *cakravarti-rāja = ḥkhor-los-bsgyur-baḥi-rgyal-po.*

[3] The knowledge which is a result of study, analysis, and meditation (*śruti-cintā-bhāvanā-mayī prajñā*).

[4] The Saints who have not attained the final Enlightenment.

[5] Cf. Bodhicaryāvatāra IX. 2. *buddher agocaras tattvam.*

And even to the Saints who, though they perceive it (a little),
Are with respect to it like new-born infants
Perceiving the sun from the house where they are kept.

34. It is eternal, as it is not subjected to birth,
And firm, since it does not disappear;
It is quiescent, being free from both (search and thought-construction),[1]
And indestructible as the Ultimate Essence (of the elements).

35. It represents the Perfect Peace, being the negation (of Phenomenal Existence),[2]
It is all-pervading, as it cognizes everything,
It is free from thought-construction through the non-insistence (upon the reality of the elements),[3]
Devoid of all attachment, owing to the extirpation of defilement.

36. Through the complete removal of the Obscuration of Ignorance,
It is free from impediments regarding everything (cognizable),[4]
And devoid of both (languor and distraction),[5] and duly purified,
It is free from every rough sensation.

37. Being immaterial, it is not perceptible,
And, as it has no real characteristic marks,
It cannot be cognized by inference.
It is sublime, being perfectly pure by nature,
And free from every stain through the complete removal of defilement.

Now, Buddhahood [62 b. 1.] manifests itself as indivisible from its properties and as being (unique and undifferentiated) like space. At the same time it applies, as long as the world exists, in an inconceivable manner, great skill, commiseration and Highest Wisdom, being the cause for the realization of the welfare and happiness of

---

[1] *vitarka-vicāra* (Dar. 185 a. 2.).
[2] *nirodha-satya* = *ḥgog-bden.*
[3] Sic acc. to Dar. 185 a. 4.
[4] Ibid.
[5] Cf. below.

all living beings. (In this activity) it is to be viewed as manifesting itself, uninterruptedly and free from effort and hindrance, in the 3 immaculate forms, viz. the Body of Absolute Existence,[1] the Body of Bliss,[2] and the Apparitional Body.[3] This is due to the fact of its being endowed with the (18) exclusive properties.[4] With reference to these manifestations we have the following 4 verses, which describe the 3 Bodies of the Buddha:—

The Body of Absolute Existence.

38. It has neither beginning, middle, nor end, is indivisible,[5]
Devoid of the 2 (extremities), delivered from the 3 (Obscurations),
Immaculate and free from thought-construction,
Is that which represents the Essence of the Absolute, and is perceived
By the Saint,[6] who cognizes it in concentrated trance.

39. Possessed of properties, inconceivable, unequalled,
Immeasurable, and excelling the sands of the Ganges,
This immaculate Essence of the Buddha
Is devoid of all defects and defiling forces.[7]

40. The Body endowed with the numerous rays of the Highest Doctrine
Exerts itself in working for the salvation of all that lives;
In its acts it is like the king of wish-fulfilling gems,[8]
Appearing in various forms, which, however, are not identical with it.

41. Acting on the Path that leads to the pacification of worldly existence,

---

[1] *svabhāva-kāya* = *ṅo-bo-ñid-sku.* [2] *saṁbhoga-kāya* = *loṅs-sku.*

[3] *nirmāṇa-kāya* = *sprul-sku.* [4] *āveṇika-dharma* = *ma-ḥdres-paḥi-chos.*

[5] From the Unique Absolute (*dharma-dhātu*). Dar. 188 b. 6—189 a. 1. *chos-dbyiṅs-las ṅo-bo tha-dad-paḥi-tshul-du rnam-par-dbyer-med-pas tha-mi-dad-pa.*

[6] *yogin* = *rnal-ḥbyor-pa.* [7] *vāsanā* = *bag-chags.* [8] *cintāmaṇi-ratna-rāja.*

The Body,[1] which is the cause of Salvation and of the Highest
Teaching,
Abides here in this world, uninterruptedly
As the visible forms in the element of space. [63 a. 1.]

The meaning of these 4 verses is explained by the following twenty:—

42. The Omniscience of the Divine is
That which is called the state of the Buddha,
The Ultimate, Highest Nirvāṇa,
The Buddha's inconceivable introspection;—

43. Its varieties are the Profound,[2] the Magnificent,[3]
And the Magnanimous;[4] owing to these
It manifests itself in the 3 Bodies,—
The Body of Absolute Existence and the rest.

44. Now, the Body of Absolute Existence of the Buddhas,[5]
Characterized by 5 distinctive features,
Is, in short, known to be possessed
Of 5 kinds of virtuous properties.

45. It is eternal and indivisible,
Is devoid of the 2 extremities,[6]
And completely free from the 3 Obscurations,
Of defilement, ignorance, and distraction.[7]

46. Free from all stains and thought-construction,
Accessible to the introspection of the Saints,
Representing the Essence of the Absolute,
Immaculate by nature,—it is pure and radiant.

---

[1] The Apparitional Body of the Buddha (*nirmāṇa-kāya*).

[2] The Body of Absolute Existence (*svabhāva-kāya*).

[3] The Body of Bliss (*saṁbhoga-kāya*). [4] The Apparitional Body.

[5] The Body of Absolute Existence is unique and undifferentiated with all the Buddhas. Cf. Vasubandhu on Sūtrālaṁkāra IX. 62. *svābhāvikaḥ sarva-buddhānāṁ samo nirviśiṣṭatayā.*

[6] Of imputed Realism and Nihilism (*samāropa-apavāda*).

[7] *samāpatty-āvaraṇa* = *sñoms-ḥjug-gi-sgrib-pa.*

47. Immeasurable, innumerable, inconceivable,
Incomparable, and representing the highest point of purity,—
With these kinds of virtuous properties
The Body of Absolute Existence is fully endowed.

48. Being great, extensive, and numberless,
Inaccessible to discursive thought,
Unique and devoid of the force of Illusion,
It is immeasurable and so on, respectively.

The Body of Bliss.

49. By its nature enjoying the Doctrine in its various forms,
It appears uninterruptedly, as this Doctrine enjoyed by it,
Being the natural outflow of purest Commiseration,
It works uninterruptedly for the weal of all that lives.

50. Free from constructive thought and without effort,
[63 b. 1.] Fulfilling the desired aim (of the converts),[1]
It abides, enjoying the miraculous power[2]
Similar to that of the wish-fulfilling gem.

51. Teaching, manifesting itself, and acting uninterruptedly,
Devoid of a will (connected with exertion)[3]
It appears here in various forms,
Without demonstrating its true nature;—
Such are its 5 distinctive features.

52. Just as if a precious stone,
Being dyed with various colours,
Does not make manifest its real essence,
In a like way (the Buddha), pervading all that lives in various forms,
Is not perceived in his true nature.

53. Full of Commiseration, with a perfect knowledge of the world,
He has (mercifully) looked down upon the living beings,

---

[1] Dar. 191 a. 4. [2] *ṛddhi* = *rdzu-ḥphrul.*

[3] Cf. Abhisamayālaṁkāra II. 25. *sarvasyā'nabhisaṁskṛtiḥ.*

And, without stirring from his Cosmical Body,
Has manifested himself in various emanations.

The 12 Acts of the Buddha as a mere Manifestation of His Apparitional Body.

54. He became born (in the form of Śvetaketu)[1],
Descended from the abode of Tuṣita,
Entered (his mother's) womb, and was born (again);
He showed his skill in dexterous acts,

55. Led a merry life in the circle of noble women,
(Then) departed from home, practised asceticism,
Made his apparition at Bodhimaṇḍa,
Vanquished the hosts of the Evil-One,

56. Attained the Perfect Supreme Enlightenment,
Swung the Wheel of the Doctrine,
And departed into Nirvāṇa.—
Such acts he exhibits in the impure spheres,
As long as dures this world's existence.

57. He perfectly knows the means of conversion,
By teaching about Evanescence, Uneasiness,
About Impersonality and Quiescence,[2]
He creates aversion in the living beings
With regard to the 3 Spheres of Existence
And directs them toward Nirvāṇa.

58. To those who have entered the Path
That leads to the (egoistic) Quiescence,
And think they have attained (the true) Nirvāṇa,
He teaches about the true essence of the elements[3]
As in the White Lotus of the Highest Doctrine,[4] &c.

---

[1] Dar. 192 a. 3.

[2] The 4 main aphorisms of the Doctrine.

[3] The separate unreality of subject, object, and act (*trimaṇḍala-viśuddhi*).

[4] The Saddharma-puṇḍarīka.

59. He diverts them thus from their selfish desires,
And, using his Highest Wisdom and Skill,[1]
[64 a. 1.] Converts them to (the teaching of) the Highest Vehicle,
And prophecies Supreme Enlightenment for them.

60. Profound, displaying manifold power,
And guiding the ordinary beings, making his aim their weal,
(The Buddha is known) in these 3 forms, respectively,
As the Profound, the Magnanimous, and the Magnificent.

61. The first of these is the Cosmical Body,
And the latter two are the corporeal forms;
As visible matter abides in space,
So are the latter two supported by the former.[2]

The Eternal Character of the 3 Bodies.

The 3 Bodies (of the Buddha) manifest themselves by working for the weal of all living beings and having as such an eternal character. With reference to this subject we have the following verse:—

62. Called forth by causes that are infinite,[3]
Having an endless number of living beings to convert,[4]
Possessed of mercy, miraculous power, wisdom and of the complement of Bliss,
Governing all the elements,[5] vanquishing the demon of Death,
And transcendental by nature,[6]—the Lord of the World is eternal.[7]

The subject spoken of here in short is explained by the following 6 verses:—

---

[1] *prajñā-upāya.*

[2] Cf. Sūtrālaṁkāra IX. 60.—*prathamas tu dvayāśrayaḥ.*

[3] Dar. 195 b. 1.—The Accumulations of Virtue and Wisdom (*puṇya-jñāna-saṁbhāra*).

[4] Dar. 195 b. 2.

[5] *dharmeśvara* = *chos-kyi-dbaṅ-phyug.*

[6] Lit. unreal as an empirical, worldly entity (*niḥsvabhāva*).

[7] Cf. Abhisamayālaṁkāra VIII. 11.

63. Giving up his body, his life and his property,
He has preserved the Highest of Doctrines;
He administers help to all living beings,
And fully accomplishes his previous vows.

64. The Buddha thus makes manifest
His Commiseration, pure and immaculate,
And shows his miraculous activity,
Which he applies in his acts, abiding eternally.

65. Owing to his Wisdom, he is free from the conception
Of Saṁsāra and Nirvāṇa (as 2 separate entities);
As he constantly partakes of the complement of bliss
Of the inconceivable concentrated trance,
He, whilst acting in this world,
Is unaffected by the worldly elements.

66. He has attained the state of immortality and quiescence,
Leaving no room for the activity of the Demon of Death;
[64 b. 1.] Therefore, the Lord, being of an immutable[1] nature,
Is perfectly quiescent from the outset.

67. Thus, eternal, he is fit to be
A refuge for the helpless and the like.—
The first 7 of these motives show
The eternal character of the corporeal forms,
And subsequent 3 demonstrate
The Eternity of the Cosmical Body.

The inconceivable Character of Buddhahood.

This character of the Buddha, representing the complete metamorphose (of the elements of existence) we avow to be inconceivable. The following verse refers to the fact of its being such:—

---

[1] *asaṁskṛta* = *ḥdus-ma-byas*. Dar. 196 b. 1.—merged for ever in the immutable Absolute.

68. Unutterable, representing the Absolute Truth,
Inaccessible to constructive thought and incomparable,[1]
Being the highest point of perfection,
Relating neither to the Phenomenal World,
Nor to the (Hīnayānistic) Nirvāṇa,
The sphere of Buddhahood is inconceivable even for the Saint.

The subject expressed here in short is to be known from the following 4 verses:—

69. (The Buddha) is inconceivable, since he is unutterable,
He is unutterable, being the Absolute Truth,[2]
He is the Absolute Truth, being inaccessible to thought-construction,
And is inaccessible to thought-construction, since
He cannot be cognized through inference.

70. He cannot be made the object of inference,
Being the Highest Point of Perfection standing above all,
And he is highest of all, since he is not included
(Neither in the elements of the world, nor in Hīnayānistic Nirvāṇa),
He is such, as he does not abide (in either of them),
Having no view for the defects (of the former) and the merits (of the latter).

71. The Cosmical Body is inconceivable,
Being subtle and transcendental out of 4 motives,
And the corporeal forms are likewise beyond the reach of human intellect,
This owing to a sixth motive, (as they represent
Mere reflections of the Cosmical Body),[3]
Which have no real essence of their own.

---

[1] Dar. 197 a. 2.—he cannot be cognized on the foundation of dist. marks.

[2] Cf. Bodhicaryāvatāra IX. 2. *buddher agocaras tattvam.*

[3] *pratibimba* = *gzugs-brñan.*

72. Being possessed of Wisdom, higher than which there is none,
Of greatest Commiseration and all the other properties,
The Lord, who has attained the highest point of perfection,
Is inaccessible to human thought.
Therefore this Ultimate Essence of the Buddha
Cannot be cognized even by the highest sages
Who have attained the controlling power[1] over the elements.
[65 a. 1.]

Finished the exposition of Supreme Enlightenment, the second chapter of the Analysis of the sources of the 3 Jewels, called "The Sublime Science of the Great Vehicle." Finished the description of the Absolute free from defilement.

III. The Properties of the Buddha.

Now we have to describe the properties (of the Buddha, which are perfectly immaculate by nature). (These properties) have for their foundation (Supreme Enlightenment), with which they form one inseparable whole, like the form and the colour of a precious stone. Therefore, after (the exposition of the Immaculate Absolute)—we have a verse referring to the varieties of the properties of the Buddha:—

1. The ultimate aim of oneself and of others (respectively)
(Consists in) the Body which represents the Absolute Reality,[2]
And the worldly emanations which are founded upon it.[3]
These Bodies are the result of purity[4] and perfection,[5]
Possessed of the properties that appear in 64 varieties.—
What is said here?

2. The position of perfect bliss for one's own self
Is the Body which represents the Absolute Truth,[6]

---

[1] *vaśitā-prāpta* = *dbaṅ-thob*—the Bodhisattvas on the 3 last Stages.

[2] The Cosmical Body as the attainment of one's own aim Dar. 198 b. 1—2.

[3] The corporeal forms of the Buddha as the complement of the weal of others. Ibid.

[4] *visaṁyoga* = *bral-ba*—the removal (of the Obscuration).

[5] *vipāka* = *rnam-par-smin-pa*.

[6] Dar. 198 b. 3—4.—The immutable Body of Absolute Existence (*svabhāva-kāya*) and the Body of Absolute Wisdom (*jñāna-dharma-kāya*).

And the foundation for the complement (of the weal) of others
Are the emanational[1] forms of the Divine.

3. The first of these Bodies is possessed
Of the Powers and other attributes of perfect purity,
And the latter two (Bodies) are endowed
With the properties of perfection,—the marks of the super-man.

The following text refers to the character of the (10) Powers and the other properties, and the manner in which they are to be cognized.

Summary.

4. The Powers (of the Buddha) are like a thunderbolt,
Breaking the impediments caused by ignorance;
His intrepidity in the circle of hearers is like that of a lion;
The Buddha's exclusive properties are like space,
And the corporeal forms of the Lord are like
The moon and its reflection in the water.

The 10 Powers.

It is said that the Buddha is possessed of the (10) Powers.[1]

5. These are the 10 Powers of Cognition—
Of the possible and the impossible,[2]
Of the fruit of one's former deeds,[3] and of the faculties,[4]
[65 b. 1.] Of the component elements (of the Universe),[5]
And of the inclinations (of the converts),[6]
Of all the different paths,[7] of that which is defiling and purifying

---

[1] *sāṁketika-kāya* = *brdaḥi-sku*—" the conventional Bodies."

[1] Cf. M. Vyutp. § 7.

[2] *sthāna-asthāna-jñāna-bala* = *gnas-daṅ-gnas-min-mkhyen-paḥi-stobs.*

[3] *karma-vipāka-jñāna-bala* = *las-rnams-kyi-rnam-smin-mkhyen-paḥi-stobs.*

[4] *indriya-parāpara-jñāna-bala* = *dbaṅ-po-mchog-daṅ-mchog-ma-yin-pa-mkhyen-paḥi-stobs.*

[5] *nānā-dhātu-jñāna-bala* = *khams-sna-tshogs-mkhyen-paḥi-stobs.*

[6] *nānā-adhimukti-jñāna-bala* = *mos-pa-sna-tshogs-mkhyen-paḥi-stobs.*

[7] *sarvatra-gāminī-pratipaj-jñāna-bala* = *kun-tu-ḥgro-baḥi-lam-mkhyen-paḥi-stobs.*

In the states of mystic absorption and the like,[1]
The power of remembering the place of former residence,[2]
The Divine Vision[3] and the Wisdom that pacifies (all the defiling forces).[4]

It is said that (these Powers) resemble a thunderbolt.—

6. The cognition of that which is possible and impossible,
Of the fruit of former deeds, of the elements,
Of the paths, and the different inclinations,
Of the defiling and purifying, of the complex of faculties,
And the remembrance of the place of former residence,
The Divine Vision, and the means of removing defilement,—
These powers pierce, break, and cut down
The armour, the massive wall, and the tree of ignorance.—
Therefore they have resemblance with a thunderbolt.

The 4 Forms of Intrepidity.[5]

It is said that (the Buddha) has attained the 4 kinds of intrepidity.—

7. The intrepidity (of the Buddha) is of 4 kinds:
That of cognizing all elements of existence,
Of removing all the impediments,
Of showing the Path, and the annihilation of defilement.

8. He knows himself and makes known to others
All the things cognizable in all their forms,

---

[1] *sarva-dhyāna-vimokṣa-samādhi-samāpatti-saṁkleśa-vyavadāna-vyutthāna-jñāna-bala* = *bsam-gtan daṅ rnam-par-thar-pa daṅ tiṅ-ṅe-ḥdzin daṅ sñoms-par-ḥjug-paḥi kun-nas-ñon-moṅs-pa-daṅ-rnam-par-byaṅ-ba-mkhyen-paḥi-stobs.*

[2] *pūrva-nivāsa-anusmṛti-jñāna-bala* = *sṅon-gyi-gnas-rjes-su-dran-pa-mkhyen-paḥi-stobs.*

[3] The power of premonition of birth and death by means of supernatural perception—*cyuty-upapatti-jñāna-bala* = *ḥchi-ḥpho-daṅ-skye-ba-mkhyen-paḥi-stobs.*

[4] *āsrava-kṣaya-jñāna-bala* = *zag-pa-zad-pa-mkhyen-paḥi-stobs.*

[5] *vaiśāradya* = *mi-ḥjigs-pa.* M. Vyutp. § 8.

He has removed all the Obscurations and causes others to
remove them,
Has entered the Path and induces others to do the same,
And has attained himself and causes to attain
The purest and highest of all aims.
Thus, teaching the Truth for himself and for others,
The Sage, wherever he might be, meets with no opposition.

It is said that (this intrepidity of the Buddha) is akin to (that of) the lion.—

9. As the king of beasts in the forest is always free from fear,
And, fearless, roams about amidst the other animals,
Similarly, in the multitude of hearers, that lion who is the
Lord of Sages,
Abides without depending on others,
And endowed with firmness and dexterity.

The 18 Exclusive Properties.[1]

It is said that he is possessed of the 18 Exclusive Properties peculiar only to the Buddha.—

10. (With the Buddha) there is no error,[2] and no ill-sounding
speech,[3] [66 a. 1.]
The Teacher knows no loss of memory,
He is not possessed of a non-concentrated mind,
Nor has he a pluralistic outlook.[4]

11. He has no ill-considered indifference,[5]
Knows no bereavement of his zeal, his energy, and his memory,
Of Highest Wisdom, of his freedom (from the Obscurations),
And of the intuition of this freedom.

12. His acts preceded by Divine Wisdom,
His unimpeded knowledge regarding time,

---

[1] *āveṇika-dharma = ma-ḥdres-paḥi-chos.* [2] *skhalita = ḥkhrul-ba.*

[3] *ravita = ca-co.* [4] *nānātva-saṁjñā = sna-tshogs-paḥi-ḥdu-śes.*

[5] *apratisaṁkhyāyopekṣā = ma-brtags-btaṅ-sñoms.*

These 18 are the properties of the Teacher
Which have nothing in common with anyone else.

13. Error, unmelodious speech, forgetfulness,
A distracted mind, a pluralistic outlook,
And ill-considered indifference—these do not exist with the Sage;
He is not deprived of zeal, of energy,
Of pure, immaculate Wisdom,
Of eternal freedom (from all the bonds),
And of the intuition of one who has attained this freedom,
And the perception of the true essence of all things.

14. He makes manifest the 3 kinds of acts
Which are preceded by Transcendental Knowledge,[1]
And of the Knowledge great, extensive and certain,
Regarding present, past and future.
The position of the Lord who, possessed of these properties,
Free from fear, swings the Wheel of the Highest Doctrine
For the sake of all living beings
And is endowed with the Highest Commiseration,—
This is attained by the Buddha.

It is said that (these properties) have a resemblance with space.—

15. The properties which characterize
The elements of Matter, the solid[2] and the rest,
Are absent in the element of space.
And the property of space which consists in its being penetrable[3]
Does not exist with the elements of Matter.
However the solid, the liquid,[4] the hot,[5] the moving,[6] elements and that of Space likewise,

---

[1] *jñāna-pūrvaṁgama-jñāna-anuparivarti (kāya-vāṅ-manas-karma).*

[2] *pṛthivī-dhātu* = *saḥi-khams.*

[3] Cf. Abhidharmakośa. I. 5. *tatrā'kāśam anāvṛtiḥ.*

[4] *ab-dhātu* = *chuḥi-khams.*

[5] *tejo-dhātu* = *meḥi-khams.*

[6] *vāyu-dhātu* = *rluṅ-gi-khams.*

Are common to all the (material) worlds,
But the Exclusive Properties have not in the least
Anything in common with the worldly elements.

The Body of Bliss.
The 32 Characteristics of the Super-man.[1]

It is said that the Buddha is possessed of the corporeal form endowed with the 32 marks of the super-man. [66 b. 1.]

16. Firm and steady feet,[2] palms and soles marked by circles,[3]
Broad (heels),[4] and ancles with invisible joints,[5]
Fingers long,[6] and hands and feet likewise long,
(The fingers and the toes) connected by a web,[7]

17. With fine, soft, and juvenile skin,[8]
Seven spans in stature,[9] legs like those of the deer,[10]
The private parts concealed as with the elephant,[11]

18. The upper part of the body is like that of the lion,[12]
His shoulders and his breast are broad,
He has well-rounded shoulders,[13] long and tender arms,

19. The (body) standing upright, and not bending,[14]
Perfectly pure and surrounded by a nimb,
His neck is pure and resembles a shell,
His jaws are like those of the king of beasts,[15]

20. The teeth are 40 in number and equal,
Well arranged and closely set;
These pure and uniform teeth
Are above all of an exceeding whiteness.

---

[1] M. Vyutp. § 17. These marks evidently refer to the statue of the Buddha.
[2] *supratiṣṭhita-pāda.* [3] *cakrāṅkita-hasta-pāda-tala.*
[4] *āyata-pāda-parṣṇi.* [5] *ucchankha-pāda.* [6] *dīrghānguli.*
[7] *jāla-avanaddha-hasta-pāda.* [8] *mṛdu-taruṇa-hasta-pāda-tala.*
[9] *saptotsada.* [10] *aiṇcya-jangha.* [11] *kośa-gata-vasti-guhya.*
[12] *siṁha-pūrvārdha-kāya.* [13] *susaṁvṛtta-skandha.*
[14] *sthita-anavanata-pralamba-bāhutā.* (?) [15] *siṁha-hanu.*

21. A long tongue, the best taste, infinite and unthinkable,
A voice self-originated and clear like that of the Kalavinka;
22. His eyes are beautiful like a lotus with eyelashes like those of a bull,[1]
His face is handsome and has the immaculate hair of treasure,[2]
His head is adorned with a crest,[3] and the skin
Of the highest of beings is delicate and gold-like.[4]
23. The hairs (on his body) are fine and soft,
Each of them turning upward and to the right,
The hair on his head is pure and like precious sapphires,
And rounded like the full-grown Nyagrodha-tree
24. Is the sublime and incomparable body of the Sage,
Which is firm and possessed of the power of Vishṇu.[5]
[67 a. 1.] These 32 inconceivable features
The Teacher has declared to be the marks of the Lord of Men.

It is said that (these 32 marks) are like the reflection of the moon in the water—

25. As the form of the moon in a cloudless sky
Is seen in the blue waters of a lake in autumn,
In a similar way the Body that is surrounded by the multitudes of Bodhisattvas
Can be perceived (in its reflected form on earth)
Within the circle of adherents of the Supreme Buddha.[6]

Thus, the 10 Powers, the 4 kinds of intrepidity, and the 18 exclusive properties of the Buddha, as well as the 32 marks of the super-man, being united under one head, make up the number sixty-four.

---

[1] *atinīla-netra gopakṣma.* [2] *ūrṇā-keśa.*

[3] *uṣṇīṣa-mūrdhā.* [4] *sūkṣma-suvarṇa-cchaviḥ.* [5] Tib. *sred-med-bu.*

[6] Dar. 204 b. 2—3.—In a like way this Body of Bliss which is surrounded by the multitude of Bodhisattvas can be perceived in its reflected form, as the Apparitional Body, in the circle of adherents of the Supreme Buddha, by the Śrāvaka and Pratyekabuddha Saints, and by some of the ordinary beings.

26. These 64 distinctive features
Each taken separately with their causes
Are in gradual order to be known
From the Ratna-dārikā-sūtra.

These 64 properties of the Buddha in their variety are contained in the *Ratna-dārikā-sūtra*,[1] being indicated in the same order in which they have just been described. These points are spoken of as resembling, respectively, a thunderbolt, the lion, space, and the moon, and her reflection in the water. This subject which has been indicated in short is explained in the following 10 verses:—

27. (Being respectively) unbreakable, knowing no failure,
Incomparable and unchangeable,
(The Buddha's properties) are illustrated
By the examples of the thunderbolt, the lion,
Of space, and of the moon with her reflection in the water.

28. Of the complex of the Buddha's powers, six,
Three, and one, taken respectively, [67 b. 1.]
Remove (the Obscurations of) Ignorance, Distraction,
And (that of Defilement) with its residues,

29. As if they were piercing an armour,
Breaking a wall, and cutting down a tree.
The powers of the Sage are like a thunderbolt,
Being steady, essential, firm, and unbreakable.

30. Why are they steady?—Because they are essential.
Why are they essential?—Because they are firm.
Why are they firm?—Because they are unbreakable.
And being unbreakable, they are like a thunderbolt.

31. Being free from fear and independent,
Being firm and (possessed of) the highest dexterity,
The Lion of Sages is like a (real) lion,
Always fearless within the circle of hearers.

---

[1] Tib. Bu-mo-rin-po-cheḥi-mdo.

32. He has a clear knowledge of everything,
Therefore he abides without fearing anything, whatever it might be,
And he is fully independent,
Since his perception is by nature incomparable
Even with that of those who are purified.[1]

33. He is firm (in his knowledge) since his mind
Is always concentrated upon all the elements of existence,
And as he has overcome the force of illusion,[2]
He is possessed of the highest dexterity.

34. With the worldlings, with the Śrāvakas,
With those that act in solitude,[3] with the Sages,[4]
And with those of self-originated knowledge,[5]
The wisdom is (respectively) higher and higher,
And is of a more and more subtle character;
It is therefore illustrated by 9 examples.

35. (The first four)[6] are common in these worlds,
They are therefore similar to the solid,
The liquid, the hot, and the moving elements.
(But the properties of the Buddha), as they surpass
Everything mundane and supermundane,
Have a resemblance with the element of space.

36. Of these properties, thirty-and-two
Represent the Buddha's Cosmical Body,
Being inseparable from it like the form,
The shine, and the colour of a precious stone.

37. The other 32 distinctive features,
Which, being perceived, arouse delight,

---

[1] Sic acc. to Dar. 205 b. 5.

[2] *avidyā-vāsanā* = *ma-rig-paḥi-bag-chags.*

[3] The Pratyekabuddhas. [4] The Bodhisattvas. [5] The Buddhas.

[6] Dar. 206 a. 1—2.—The properties of the first four.

Are those peculiar to the Apparitional Body
And to that which completely enjoys the Truth,[1]

38. To those that are far and near from purification
[68a.1.] Abiding in the circle of the Victor of the World,
These Bodies appear in two forms,
Like the moon's reflection in the water,
And like her true form in the skies.

Finished the exposition of the properties of the Buddha, the 3rd chapter of the analysis of the sources of the 3 Jewels called "The Sublime Science of the Great Vehicle." Described the immaculate attributes of the Buddha.

IV. The Acts of the Buddha.

Now we have to speak of the functions (peculiar to the Buddha's Properties, viz. the acts) of the Lord. These acts, in short, manifest themselves in 2 ways,—without effort,[2] and uninterruptedly.[3] Therefore, after (the description of the properties of the Buddha), we have a verse referring to the Buddha's acts performed without effort and interruption:—

1. The constitution of the converts, the means of conversion,
The benefit of the convert in accordance with his nature,
The place and time at which he is to act,—
The Lord pervades (by his Wisdom)
And constantly manifests himself without effort.[4]

2. The ocean of Wisdom bearing the most precious jewels—his sublime properties,
Endowed with the light of the sun
Of Virtue and of Highest Wisdom,
Realizing the Paths of all the Vehicles,

---

[1] The Body of Bliss (*saṁbhoga-kāya*).

[2] *anābhoga* = *lhun-gyis-grub-pa.* [3] *anucchinna* = *rgyun-mi-ḥchad-pa.*

[4] Cf. Abhisamayālaṃkāra VIII. 9.—*paripākaṁ gate hetau yasya yasya yadā yadā*[1] *hitaṁ bhavati kartavyaṁ prathate tasya tasya saḥ.*

Having neither middle nor end,
Extensive and all-pervading like space,—
The Buddha perceives the treasury
Of immaculate virtues in all that lives,[1]
And, by the wind of his Divine Commiseration,
Disperses that web of clouds,—the Obscurations of Defilement and of Ignorance.

The summary given in these 2 verses is respectively explained in the following eight and ten:—

3. Who and by what means is to be converted,
What is to be the aim,[2] and at what place and time,—
Without having any constructive thought regarding all of this,
[68 b. 1.] The Sage always acts completely free from effort.

4. Indeed he does not give himself up to thoughts
As to what may be the constitution of the convert,
Which of the many means of conversion is to be used,
Where and when it is to be accomplished, the place and the time,

5. And, as concerns the factors of deliverance[3] and their foundation,
Their result and the favourable object,[4]
The Obscurations and the conditions for their removal.

6. The factors of deliverance are the 10 Stages,
And the 2 Accumulations[5] are their cause,
The result—it is Supreme Enlightenment,
And the living being (fit for the attainment of it)
Represents the favourable sphere.

7. The Obscurations are the innumerable forms of defilement,
The secondary defiling forces[6] and their residues,[7]

---

[1] The fundamental element or Essence of the Buddha.

[2] Of the conversion.

[3] *nairyāṇika* = *ṅes-ḥbyin.* [4] *parigraha* = *yoṅs-ḥdzin.*

[5] Of virtue and wisdom (*puṇya-jñāna-saṁbhāra*).

[6] *upakleśa* = *ñe-baḥi-ñon-moṅs.* [7] *vāsanā* = *bag-chags.*

And the factor which always suppresses them
Is the great Commiseration (of the Buddha).

8. These 6 points, taken respectively,
Are known to have a resemblance
With the ocean, with the sun, with space,
With a treasure, with clouds, and with the wind.

9. Being endowed with the waters of Wisdom,
And with the jewels of virtuous properties,
The stages of perfection resemble the ocean;
By administering help to all living beings,
The two accumulations are akin to the sun.

10. Great and extensive, without middle or end,
Supreme Enlightenment is like the element of space;
Being the Essence of the Supreme Buddha,
The element of the living beings resembles a treasure.

11. Accidental, pervasive, and essentially unreal,
The defiling elements are like a multitude of clouds,
And, bringing about the removal of these,
The Great Commiseration is like a mighty wind.

12. Performing acts of deliverance for the sake of others,
Perceiving the identity of himself and the living beings,
And, knowing no termination in his (altruistic) work,
The Buddha acts uninterruptedly, as long as the world exists.[1]

The 9 Examples illustrating the Acts of the Buddha.

It is said[2] that the Buddha is characterized as neither becoming originated nor disappearing (anew). Being thus immutable, he cannot be regarded as acting (in the ordinary sense) [69 a. 1.]. But, free from all (dialectical) thought-construction, he, without any effort, uninterruptedly exercises the special activity of the Buddha. Such

---

[1] *āsaṁsāram* = *ḥkhor-ba-ji-srid-du.*

[2] In the Jñāna-āloka-alaṁkāra sūtra. Kg. MDO. III. 278 b. 6.

is his magnanimous nature. The following verse illustrates this magnanimity (of the Buddha) by examples in order to arouse faith in the inconceivable sphere of the Buddha with those who are free from doubt and error.—

13. Like Indra,[1] like the celestial drum,[2] like a cloud,[3] and like Brahma,[4]
Like the sun,[5] and like the wish-fulfilling gem,[6]
Like the echo,[7] like space,[8] and like the earth,[9]—
Such is the Buddha in his acts.

This verse has a resemblance with a main aphorism. The variety (of examples) is now to be demonstrated in detail. This we have in successive order in the remaining part of the text:—

I. It is said that the Buddha appears like the form of Indra.[10]—

14. Suppose here were a surface
Of the purest Vaiḍūrya stone,
And, owing to its purity, the chief of the gods,
With the multitude of the daughters of the gods,

15. The great palace of Vijaya,
And the other abodes of the gods,
With all their various dwellings,
And their manifold objects of enjoyment
Were to be perceived on that surface.

---

[1] The example illustrating the miraculous essence of the Buddha's Body. Dar. 211 a. 2—4.

[2] Ditto—of the Buddha's Word. Ibid.

[3] Ditto—of the Buddha's Mind. Ibid.

[4] Ditto—of the corporeal and oral acts. Ibid.

[5] Ditto—of the mental acts. Ibid.

[6] Ditto—of the inconceivable nature of the Mind. Ibid.

[7] Ditto—of the inconceivable nature of the Word. Ibid.

[8] Ditto—of the inconceivable nature of the Body. Ibid.

[9] Ditto—of the foundation of the Buddha's activity. Ibid.

[10] Jñana-āloka-alaṁkāra-sūtra. Kg. MDO. III. 278 b. 6—280 b. 1.

16. Suppose then, that multitudes of men and women,
Abiding on that surface of the earth,
Would come to see the vision,
And utter the following entreaty:

17. May we, at an early date
Become like that chieftain of the gods!—
And, in order to attain such a state,
They would abide in the practice of virtue.

18. Owing to these their virtuous deeds,
They, without having a notion
That (the form perceived by them) was only a vision,
Would, after passing away from this earth,
Become reborn in the realm of the gods. [69 b. 1.]

19. That vision (of Indra), by itself,
Would be devoid of thought and motionless;
Nevertheless, (appearing) on the surface of the earth,
It would aid in the attainment of a great aim.

20. Similarly, if one is possessed of purest virtue, faith, &c.,
Conditioned by the practice of these virtues,
Appearing in one's mind, the Supreme Buddha,
Endowed with all his marks and features,

21. Walking and rising,
Sitting and lying,
Exercising different forms of activity,
Preaching the Doctrine of Quiescence,

22. Silent and abiding in concentrated trance,
Showing many miraculous apparitions,[1]
Possessed of majesty and glory in his acts,
Can be perceived by the living beings.

23. Having seen him, one becomes full of desire,
And acts for the attainment of Buddhahood;

---

[1] *prātihārya* = *cho-ḥphrul.*

And, having brought to development all the factors,
One comes to attain the desired position.

24. Thus, the apparition of the Buddha,
Completely free from constructive thought and motionless,
Abides, nevertheless, here in this world,
And aids in the attainment of the highest aim.

25. The ordinary beings, they do not know
That this is a reflection of their own mind,[1]
But they perceive the form (of the Buddha),
And this leads to the fulfilment of their aim.

26. Gradually, on the foundation of this perception,
Those that abide in this (great) Vehicle
Come to see, by transcendental vision,
The sublime Cosmical Body within themselves.

27. Suppose the whole of the earth would become
Free from all unevenness and stain,
And grow smooth, shining and pure
Like a clear and beautiful Vaiḍūrya stone.
And, owing to its purity, the numerous abodes of the gods
And the form of Indra would appear on it;
But, as this surface would gradually lose its smoothness,
The vision (thereon) would subsequently disappear.

28. However, anxious to attain (the desired state),
Devoting themselves to worship,
To obeissances, charity and the like, [70 a. 1.]
The multitudes of men and women
Would offer flowers with minds full of sublime desire.
Like that, in order to attain (the state of) the Lord of Sages,
Whose form appears in the mind as in a pure Vaiḍūrya stone,
The sons of the Buddha, with minds full of delight,
Direct their minds toward Supreme Enlightenment.

---

[1] A very pregnant expression of Āryāsanga's idealistic views.

29. As on the pure surface of Vaiḍūrya
The reflection of the highest god's body is perceived,
Similarly on the pure surface of a living being's mind
There appears the reflection of the Body of the Highest Sage.

30. The appearance and disappearance of this reflection of the living beings
Proceeds in accordance with their own mind,
Which can be either serene or turbid;
And as the reflection (of Indra)
Only appears as arising and vanishing,
So the existence and disappearance (of the Buddha's form)
Is not to be perceived as a reality.

II. It is said that (the Word of the Buddha) has a resemblance with the celestial drum.[1]

31. Just as, amongst the gods,
By the force of their previous virtues,
Without effort, without a special place,
Without form, without consciousness,
And without any constructive thought,

32. The drum of the Doctrine, again and again,
Summons the inattentive gods
By the sounds of "evanescence," of "suffering,"
Of "impersonality," and of "quiescence."[2]

33. In a similar way, being all-pervading
And free from effort and the like,
The Buddha comprises all living beings by his Word,
And shows his Doctrine to the worthy.

34. As, amidst the gods, the sound of their drum
Arises as the result of their own virtuous deeds,
In a like way, in this world, the Doctrine of the Lord,

---

[1] Jñāna-āloka-alaṁkāra-sūtra. Kg. MDO. III. 280 b. 1—282 a. 4.

[2] The 4 main aphorisms of the Doctrine.

Is, though preached by him, a result
Of the (virtuous) deeds of the living beings.

35. Devoid of effort, place, form, and constructive thought,
[70 b. 1.] The sound (of the celestial drum) is conducive to quiescence,
Similarly the Doctrine, devoid of these 4 (properties),
Conveys the realization of Nirvāṇa.

36. In the city of the gods the sound of their drum,
Beating uninterruptedly, arouses their fearlessness,
And at the time of their starting to battle with the passionate (Asuras)
Vanquishes these and keeps off distraction.
In a similar way, in this world, the Word of the Buddha,
Speaks of the Path for overcoming the passions
And the sufferings of a living being,
Which Path is conditioned by profound meditation
And mystic absorption in the Immaterial Sphere.[1]

Now, why has the drum of the Doctrine only been referred to (as an example), and not the cymbals and the other forms (of celestial music). These are likewise a product of the previous (virtuous) deeds of the gods, and appear in this Sūtra as accompanying the drum which is delightful to the ears of the gods.—(We answer:—They are not referred to, since) they have 4 points of dissimilarity with the voice of the Buddha. What are these?—(The fact of) being limited,[2] of not affording help, of not causing (real) felicity, and of not being conducive to deliverance. On the other hand, the drum of the Doctrine summons all the multitudes of inattentive gods, and its sound never ceases. For this reason it is demonstrated as not being limited (or local). Then it protects from the fear of being harmed by the Asuras and the other hosts of adversaries, and directs toward the sphere of attention. Therefore it appears as administering real help. Further-

---

[1] *catvāri dhyānāni* and *ārūpya-samāpattayaḥ*.

[2] *prādeśika* = *ñi-tshe-ba*.

more, it puts an end to the impure joy of sensual desire and is conducive to the true bliss, the supreme delight of the Doctrine. It thus brings about the attainment of (real) felicity. And, (finally) it utters the sounds, the words "evanescence," "suffering" [71 a. 1.], "impersonality," and "non-substantiality," and brings about the pacification of all harm and misfortune. Consequently, it appears as being conducive to deliverance. In short, the sphere of the voice of the Buddha has a resemblance with the drum of the Doctrine through these 4 characteristic properties, and is superior (to all other sounds). Accordingly, we have now a verse referring to the spherial potency of the Buddha's voice:—

37. As it has regard for all living beings,
Administers help, grants the Highest Bliss,
And manifests the 3 miraculous powers,[1]
The voice of the Lord is superior
To the sounds of the celestial music.

These 4 points of superiority are in short demonstrated in the 4 following verses in successive order:—

38. The tremendous sound of the celestial drum
Does not reach the ears of the inhabitants of the earth,
But the drum-like voice of the Buddha
Reaches the living beings who abide
Even in the lowest spheres of the world.

39. In the region of the gods, the celestial music,
Of which there are many millions of forms,
Sounds only in order to kindle the flames of desire,
But the unique voice of those
Whose essence is Highest Mercy
Sounds in order to calm the fire of suffering.

40. Amongst the gods, the sweet and pleasant sounds of their music
Only enhance the emotion of the mind,

---

[1] *prātihārya* = *cho-ḥphrul.* Cf. below.

(On the contrary) the voice of the merciful Buddha
Summons one to give up the mind
To the practice of profound meditation.

41. In short, that which is the cause of bliss,
In all the regions of the world, the celestial and the earthly,
Is said to have its foundation in the unique voice
Which pervades the whole of the world without exception.
[71 b. 1.]

Now, (as regards the miraculous manifestations of the Buddha) we have first of all the corporeal manifestation; as it pervades all the regions of the world in the 10 quarters of the sky, it is called "the manifestation of the Buddha's miraculous power."[1] Then there is the miraculous manifestation of (the faculty of) revealing the secret mental acts of the living beings.[2] It is due to the knowledge of all the varieties of the spiritual element. And finally we have the miraculous manifestations of (the Buddha's Teaching). These are the precepts and instructions[3] delivered by utterances of the Buddha's voice, which refer to the Path conducive to deliverance. Thus, the unimpeded voice of the Buddha manifests itself as illimited, akin to the element of space. It cannot however be heard in all its forms and everywhere. The reason consists in the defects of the living beings, but not in those of the voice (since there are none). The following verse demonstrates this, and shows that the defects are to be found only with those who are not able to hear:—

42. Those that are deprived of the faculty of audition
Cannot hear the subtle sounds,
And, likewise not all the sounds can reach,
Even the ears of those who are possessed
Of divine, superhuman audition.

---

[1] *ṛddhi-prātihārya* = *rdzu-ḥphrul-gyi-cho-ḥphrul*. M. V. § 16. 1.

[2] *ādeśanā-prātihārya* = *kun-brjod-paḥi-cho-ḥprul*.

[3] *anuśāsanī-prātihārya* = *rjes-su-bstan-paḥi-cho-ḥphrul*.

43. In a similar way the Doctrine, exceedingly subtle,
As it is the object of Transcendental Knowledge,
Can reach only the ear of one
Whose mind is free from defilement.

III. It is said that (the mind of the Buddha in its activity) is like a cloud.[1]—

44. As, in summer-time, the clouds,
The cause of an abundant harvest,
Discharge, without any effort,
Their torrents of water upon the earth,—

45. In a like way, from the clouds of Commiseration
The rain of the waters of the Lord's Highest Doctrine
Is the cause of the harvest of virtue with living beings,
And descends without any searching thought.

46. [72 a. 1.] As, amidst the living beings
Who venture on the path of virtue,
The clouds, agitated by the wind,
Discharge their torrents of rain;
Similarly, as the virtues of the living beings
Grow through the wind of Commiseration,
The rain of the Highest Doctrine
Descends from that cloud which is the Buddha.

47. Representing Highest Wisdom and Mercy
Abiding in the inalterable pure celestial sphere,
And having for his essence the immaculate waters of concentration and memory,
The Lord of Sages is like a cloud
The cause of the harvest of virtue in this world.

With regard to the varieties of the "receptacles"[2] (of the waters of the Doctrine), we have:—

---

[1] Jñāna-āloka-alaṁkāra-sūtra. Kg. MDO. III. 282 a. 4—283 a. 5.

[2] *bhājana* = *snod.*

48. Cool, sweet, soft, and light
Is the water descending from the clouds,
But having touched on earth such places
That are filled with salt and the like,
It becomes possessed of many different tastes.

49. Similar is the rain of the Doctrine
Concerning the eightfold Path of the Saint;[1]
Abundant, it issues from the clouds of mercy,
But, owing to its repositories, the hearts of the living beings,
It subsequently assumes a variety of forms.

With regard to the manifestations (of the Buddha's mind), which are independent (from the character of the converts), we have:—

50. The three categories of living beings,
Those that have faith in the Great Vehicle,
Those of intermediate character, and the hostile,
Are (respectively) like men, like the peacocks,
And like the ghosts[2] (with regard to the rain).

51. When, at the end of spring, there are no clouds,
The human beings and the birds that do not move in the skies are distressed,
And, on the contrary, when, in summer-time,
The rain descends on earth, the ghosts are suffering;
Similar is the state of the living beings
Desirous of the Doctrine and hostile to it,
When, from the clouds of Commiseration,
The waters of the Doctrine descend or not.

52. Discharging thick drops of rain, hail and lightening,
The clouds have no special regard
[72 b. 1.] For the small insects and the inhabitants of the caves,
Similar are the clouds of Wisdom and Mercy
With their subtle and their grand methods and means.

---

[1] *ārya-aṣṭānga-mārga* = *ḥphags-paḥi-lam-yan-lag-brgyad.*

[2] *preta* = *yi-dvags.*

They (eject the rain of the Doctrine) independently
From those that are purified from passion
And those who indulge in egoistic views.

As concerns the fact that (the rain of the Doctrine) quenches the fire of suffering, it is said:—

53. Five are the paths by which one travels
Through beginningless and endless birth and death in the Saṁsāra,
And there is no happiness in these 5 states of existence,
As there cannot be a sweet odour with impurities.
The suffering is constant, it is like the feeling
Which is produced through the contact with fire,
With weapons, ice, salt,[1] and the like;
But the rain of the Doctrine which descends
From the clouds of mercy can pacify it.

54. With the gods,—transmigration, and with men—
The constant search of objects of desire—,
This is suffering; having come to this conviction,
Even the highest of gods and men,
Grown wise, will have no desires;
Guided by wisdom and by the Word of the Buddha,
They perceive: "This is suffering, this its cause,
And this is its extinction."

55. The illness is to be cognized, its cause removed,
The state of happiness attained, and the remedy used;
Like that, Phenomenal Life, its Cause, Extinction, and the Path[2]
Are to be cognized, removed, realized, and resorted to.

IV. It is said that (the Buddha in his acts) is like the great Brahma:[3]—

---

[1] Dar. 118 b. 1.—Like salt put on a wound.

[2] The 4 Truths of the Saint.

[3] Tib. *tshaṅs-pa-chen-po*. Jñāna-āloka-alaṁkāra-sūtra. Kg. MDO. III. 284 b. 5—286 a. 7.

56. As Brahma, without moving from his abode,
In all the regions of the gods
Demonstrates his apparition without effort,

57. In a similar way, in all the regions of the world,
The Lord, though motionless in his Cosmical Body,[1]
Shows himself in apparitional forms
Without effort to those that are worthy. [73 a. 1.]

58. Just as Brahma, never moving from his abode,
Manifests himself in the World of Desire,[2]
Is seen by the gods, and this perception
Pacifies the desire of the objects (of enjoyment),—
Similarly the Lord, though motionless in his Cosmical Body,
Is seen by the worthy in all the regions of the world,
And this his vision removes for ever all defilement.

59. As owing to the vows of Brahma himself[3]
His vision is perceived without effort,
So is the Apparitional form (of the Buddha),
Which becomes originated by itself.

With regard to the fact of the Buddha's being invisible (for some) we have:—

60. Manifesting the descent from Tuṣita, the entrance into the womb,[4]
Birth, and the arrival at his father's palace,
His merry life (amongst noble women),
His existence in solitude, the victory over the Evil One,
The attainment of Supreme Enlightenment,
And the teaching of the Path that leads to the city of Peace,
The Lord is inaccessible to the eyes of the unworthy.

V. It is said (that the Buddha in his mental acts) is akin to the sun:[5]—

---

[1] Cf. above.
[2] *kāma-dhātu* = *ḥdod-khams.*
[3] Dar. 120 a. 1.
[4] *garbha-avakrānti* = *lhums-su-ḥjug-pa.*
[5] Jñana-āloka-alaṁkāra-sūtra. Kg. MDO. III. 284 b. 5—286 a. 7.

61. Warmed by the sun, at one and the same time,
The lotus flower expands and the Kumuda folds its leaves;
But the sun, it has no searching thought
About the qualities and the defects
Of the water-born flowers as they open and fold.
Similar to that is the Saint (in his acts).

The living beings are by nature of 2 kinds, viz. the converts and the non-converts. Now, as concerns the converts, they appear as similar to a lotus flower and to a receptacle of pure water:—

62. Free from any searching thought,
The sun, expanding its light, simultaneously, everywhere
Makes the lotus flower unfold its leaves
And causes to ripen (other kinds of plants).

63. Similar is that sun which is the Buddha
With its rays—the Highest of Doctrines;
Free from a searching thought, they are directed
Upon the converts resembling lotus flowers.

64. Arising in the heavens of Enlightenment
As the Cosmical Body and the visible forms, [73 b. 1.]
The Sun of Omniscience casts the rays
Of Divine Wisdom over all living beings.

65. Indeed, in (the minds of) all the converts
That are like receptacles of purest water
The innumerable reflections of that sun
Which is the Lord simultaneously appear.

Thus, the Buddhas, though they are free from dialectical thought-construction, appear to the 3 categories of living beings,[1] and teach their Doctrines. With respect to this their character they have a resemblance with the sun:—

---

[1] Dar. 221 a. 3.—Those who have a firm conviction regarding that which is right, those that are uncertain, and those who are definitely rooted in error.

66. Being always all-pervading
In the sphere of the Absolute, infinite like space,
The sun of the Buddha casts (its rays) on the converts,
As if they were mountains, in accordance with their merit.

67. The sun, great, radiant, and shining,
And illuminating the whole of the world,
Gradually casts (its rays) on the high,
The intermediate, and the lower mountains;
Similar is the sun of the Buddha which gradually
Casts its rays on the multitudes of living beings.

The light of the Buddha is superior to that of the sun. Indeed—

68. (The power of) penetrating into all the different worlds
And all the regions of the sky does not exist with the sun,
And it likewise cannot remove the darkness of ignorance
And demonstrate the essence of everything cognizable;
But the multitudes of rays which, in a variety of colours,
Emanate from him who is endowed with Highest Mercy.—
They illuminate and show the essence of all things.

69. The living beings who, at the time of the arrival of the Buddha,
Are like blind, obtain sight and, free from all harm,
Cognize the truth by this perception,
And those blinded by ignorance,
Who have fallen into the sea of worldly existence,[1]
And are obscured by the darkness of false views,
Have their minds illuminated by the light of the sun of the Buddha
And come to perceive the Truth unseen before.

VI. It is said that the Buddha in his acts is like the wish-fulfilling gem:[2]—

---

[1] *bhava-ārṇava = srid-paḥi-mtsho.*

[2] Jñāna-āloka-alaṁkāra-sūtra. Kg. MDO. III. 286 a. 7—287 a. 4.

70. Just as the wish-fulfilling gem [74 a. 1.]
Free from a searching thought, simultaneously,
Fulfills, in every case separately, all the desires
Of those who have in view a special aim,—

71. In a similar way, through reliance upon the Buddha,
Those possessed of different thoughts and inclinations
Come to hear the Doctrine in its various forms.—
But the Buddha has no searching thought regarding them.

72. As the jewel fulfilling all wishes, without effort,
Grants to others the objects desired by them,
Similarly the Sage abides as long as the world exists,
Acting without effort for the sake of others in accordance with their merits.

It is said that the appearance of the Buddha (in this world) occurs very rarely. Indeed:—

73. Just as precious jewels, concealed
Under the ground or in the depths of the ocean,
Are hard to be obtained here by those who are desirous of them;
Similarly we know that with the living beings
Who are unworthy and overpowered by the passions
The perception of the Buddha by their mind
Is exceedingly hard to be secured.

VII. It is said that (the voice of the Buddha) is like the sound of the echo.[1] Indeed:—

74. Just as the sound of the echo
Arising from vocal intimation[2]
Is free from searching thought, is not articulated,
And has no real foundation, neither external nor internal,

---

[1] Ibid. 287 a. 4—288 a. 5.

[2] *vijñapti* = *rnam-rig*.

75. Similar to it is the voice of the Buddha.
It arises through the intimations of others,[1]
Is devoid of searching thought, is inconceivable,
And has no real foundation, neither within, nor without.

VIII. It is said that (the inconceivable character of the Buddha's Body) has a resemblance with space:[2]—

76. Immaterial, invisible,
Inaccessible to the senses,
Without support and without foundation,
Formless and incapable of being pointed to—such is space.

77. Although it is experienced (as divisible)
In higher and in lower (parts),
This is not its true nature,
Which is that of being one whole. [74 b. 1.]
Similarly, though the Buddha is seen in all his different forms,
He is not such as we perceive him
(Being unique and undifferentiated).

IX. It is said that (the true Essence of the Buddha as the foundation for his activity) is like the earth:[3]—

78. As all that is produced by the earth,
Being, unconsciously, supported by it,
Can thrive, show (its growth), and expand,
In a like way, having, without any searching thought,
Their foundation in that soil which is the Supreme Buddha,
The roots of virtue of the living beings
Can thrive in all their different forms.

The meaning of all these examples is in short as follows:—

79. The performance of these and those acts without effort
Is not to be perceived (by us). Therefore,

---

[1] Dar. 222 b. 5. The acts of worship and reverence produced by faith, &c.

[2] Jñāna-āloka-alaṁkāra-sūtra. Kg. MDO. III. 288 b. 4—289 a. 5.

[3] Ibid. 288 a. 5—288 b. 4.

For the sake of clearing the doubts of the converts,
These 9 examples have been demonstrated.

80. And the discourse in which these examples
Are shown in detail, by its very name,[1]
Shows the necessity of their indication.

81. Adorned[2] by this magnificent light[3]
Of the knowledge[4] which is the result of study,
The wise will speedily penetrate[5]
Into the whole of the sphere of Buddhahood.[6]

82. The subject discussed is illustrated
By the form of Indra on the Vaiḍūrya surface,
And the other examples, nine in number;
Apprehend thou, in short, their meaning.

83. The apparition, teaching, and the all-pervading character,
The miraculous manifestations (of the corporeal and mental acts),
The emanation of the Highest Wisdom,
The inconceivable nature of body, speech, and mind,
And the character of Great Commiseration
All this is demonstrated here.

84. The mind of the Buddha with which all exertion
Is completely purified, since it is free
From every kind of thought-construction,
Is like the apparition of the reflected form
Of Indra on the surface of the Vaiḍūrya stone.

85. The proposition[7] is here the pacification of effort,
And the mind free from searching thought is the logical reason,[8]

---

[1] Sarva-buddha-viṣaya-avatāra-jñāna-āloka-alaṁkāra-sūtra.

[2] *alaṁkṛta* = *brgyan-pa.* [3] *āloka* = *snaṅ-ba.*

[4] *jñāna* = *śes-pa* or *ye-śes.* [5] *avatariṣyanti* = *ḥjug-par-ḥgyur.*

[6] *sarva-buddha-viṣaye* = *saṅs-rgyas-kyi-spyod-yul-kun-la.*

[7] *pratijñā* = *dam-bcaḥ.* [8] *hetu* = *gtan-tshigs.*

And, in order to prove its analytical character,[1]
The examples[2] of the form of Indra, &c., are given.

86. Here the meaning of the subject is as follows:—
The apparition of the Buddha's Body and the other aspects
Are manifested without any effort whatever,
Since the Teacher is not liable to birth and death.

[75 a. 1.] Now, with reference to this subject, we have moreover the following 4 verses which contain the summary of all the examples:—

87. He who appears like Indra,
Like the celestial drum, and like a cloud,
Like Brahma, the sun, and the king of wish-fulfilling gems,
Like the echo, like space, and like the earth,
And acts without effort for the sake of others
As long as dures this world's existence,—
He is cognized by the Saint in meditation.

88. The apparition is like the reflected form
Of the chief of the gods on a precious stone,
And the excellent teaching is like the celestial drum,
The all-penetrating Wisdom and Love, they are like clouds,
Pervading all that lives up to the highest limits of existence.[3]

89. Like Brahma, the Lord is motionless in the immaculate plane,
But shows himself in many apparitional forms,
Like the sun is the Divine Wisdom that ejects its light,
And similar to the pure wish-fulfilling gem is the Buddha's mind.

90. Like the echo, the Buddha's Word is not produced by effort,
His Body is, like space, all-pervading and eternal,
And the state of Buddhahood[4] is like the earth,

---

[1] *svabhāva-hetu* = *raṅ-bžin-gtan-tshigs.* As this verse shows, the *svabhāva-hetu* and the syllogism founded upon it were already known to Āryāsanga.

[2] *dṛṣṭānta* = *dpe.*

[3] *bhavāgra* = *srid-rtse.*

[4] *buddha-bhūmi* = *saṅs-rgyas-kyi-sa.*

Being the ground for the growth of those remedies
Which are the virtuous elements of the living beings.

Now, according to these examples, Buddha the Lord is, for ever, unsubjected to birth and disappearance. How is that? We perceive (the Buddha) as becoming born and disappearing, and in such a form he makes manifest, without effort and uninterruptedly, his activity amongst the living beings. To this we say:—

91. The causes for the perception of the Buddha
In the mind, pure like the Vaiḍūrya stone,
Is the intensity of the faculty of faith
Owing to which this purity of the mind is preserved.

92. In accordance with the origination and bereavement of virtue
[75 b. 1.] The form of the Buddha appears and disappears;
But, similar to Indra, the Lord
In his Cosmical Body neither becomes born, nor does he vanish.

93. Thus, without any exertion and effort,
(Emanating) from the Cosmical Body which neither arises nor disappears anew,
He manifests as long as the world exists
The apparition (of his body) and his other acts.

The Points of Dissimilarity between the Examples and the Manifestations of the Buddha.[1]

94. Such is the meaning of all these examples,
And such the order (in which they are given);
However the subject has not been discussed
With regard to the dissimilarity that exists
Between the examples and the topics expressed by them.

95. (Indeed), the Buddha is like a reflected form,
But the latter, being voiceless, cannot match him;
He is like the drum of the gods, but this one

[1] The following verses contain the so-called *vyatireka-alaṁkāra*.

Is not like him in every respect,
Since it is not always efficient.

96. (His mind) resembles a great cloud,
But (the cloud) is not completely like it,
Since it does not remove the seed of all that is harmful;
He has a similarity with the great Brahma,
But the latter is not perfectly akin to him,
Since he does not bring (all living beings) to maturity.

97. He is similar to the form of the sun, but as the sun
Does not completely dispel all darkness, it cannot match him;
He appears like the jewel that fulfills all wishes,
But this jewel is not completely like him, as it is not so hard to be obtained.

98. He resembles the echo, but as the latter
Is a product of causes, there is no perfect similarity;
He is like space, but space is not the foundation
Of virtue; therefore it is not akin to him.

99. (The Buddha) is like the surface of the earth,
But as he is the support for the continuance
Of the welfare of all that lives, mundane and supermundane,
(There is no perfect similarity between them).

100. Indeed, on the foundation of the Buddha's Enlightenment,
The Path that leads out of this world takes its origin,
And, by the deeds of virtue, the saintly Path,
The degrees of mystic trance,[1] the immeasurable feelings,[2]
And the absorption in the Immaterial Sphere[3] is conditioned.

Finished the exposition of the acts of the Buddha, the 4th chapter of the investigation of the sources of the 3 Jewels called "The Sublime Science of the Great Vehicle to Salvation." [76 a. 1.] Finished the explanation of the subjects contained in the verses.

---

[1] *dhyāna* = *bsam-gtan.* [2] *apramāṇa* = *tshad-med-pa.*

[3] *ārūpya-samāpatti* = *gzugs-med-kyi-sñoms-ḥjug.*

V. The Merits of Founding one's Belief in the Doctrine of the Essence of Buddhahood.

After this we have 6 verses referring to the merits of those who found their belief in the 4 topics[1] which have been described:—

1. The element of Buddhahood, the Enlightenment of the Buddha,
The Buddha's properties, and the Buddha's acts,—
They are inaccessible even to the purest minds,
Being the exclusive sphere of the Leaders (of the world).

2. But the Sage[2] who is full of faith in these features of Buddhahood
Becomes a receptacle of all the mass of the Buddha's properties,
And, experiencing the highest delight in these unthinkable virtues,
Surpasses the merits of all other living beings.

3. One, being desirous to attain Enlightenment,
And possessed of gold and jewels
Equal in number to the sands in all the worlds of the Buddhas,
Daily offers them to the Lord of the Doctrine;
Another, if he hears but one word (of this Teaching)
And through this attains faith, will reap merit
Greater than that of such an offering.

4. One, wise and striving for Supreme Enlightenment
During numerous æons, without effort,
Preserves body, speech and mind in stainless chastity,—
Another, if he hears but a word of this teaching
And through this comes to faith, can reap
Merit, greater than that of the purest morals.

5. One gives himself up to mystic absorption
Suppressing the fire of passion in the 3 spheres of this World,

[1] The Essence of Buddhahood, Supreme Enlightenment, the Properties and the acts of the Buddha.

[2] The Bodhisattva.

And, transferred to the limits of the abode of the gods and of Brahma,
Meditates upon the means of attaining
The inalterable state of Supreme Enlightenment;
Another, if he hears but one word (of this teaching)
And through it comes to faith, will reap [76 b. 1.]
Merit, greater than that of deepest meditation.

6. Charity, it secures objects of worldly enjoyment,
Morality leads to blissful existence,[1]
And deep meditation is conducive to the removal of defilement;
But Highest Wisdom completely removes all defilement and ignorance,
Therefore it is superior (to all other virtues),
And its source is the study (of the Doctrine).

The meaning of these verses is explained in the following nine:—

7. The fundamental element, its metamorphose,[2]
The properties, and the acts pursuing the welfare (of the living beings)
These are the 4 points discussed,
Which are accessible only to the Wisdom of the Buddha.

8. But the Sage who becomes full of faith,
As regards their existence, power, and virtuous qualities,
Becomes worthy of attaining the position
Of the Buddha at an early date.

9. Indeed, he is full of devotion and faith
That this inconceivable sphere exists,
That one like himself can realize it,
And, having once attained it, becomes endowed with such properties.

---

[1] *svarga* = *mtho-ris.*

[2] *parāvṛtti* i.e. the metamorphose of the element of Buddhahood through the purification from all defilement (Dar. 229 b. 4).

10. One becomes a receptacle of zeal,
Of energy, faith, and concentration,
Of Highest Wisdom and all the other virtues,
And the mind directed toward Enlightenment[1]
Is always extant with such (a Saint).

11. And, owing to its constant presence,
The son of the Buddha cannot be diverted (from his aim),[2]
Brings to accomplishment the Highest Virtues,
And becomes possessed of perfect purity.

12. The Highest Virtues are 5 in number,[3]
And there being no thought-construction
With regard to their 3 aspects,
Their accomplishment represents perfect Purification,
Since all hostile elements are completely removed.

13. The Highest Charity[4] consists of all the virtues of granting gifts,[5]
The Highest Morality represents (the quintessence of) moral merit,[6]
Patience and concentration of mind arise from deepest meditation,[7]
And energy is peculiar to all of them.[8] [77 a. 1.]

14. That which represents constructive thought
Regarding the 3 aspects of activity[9]
Is considered to be the Obscuration of Ignorance,[10]

---

[1] *bodhi-citta* = *byaṅ-chub-kyi-sems*.

[2] *avaivartika* = *phyir-mi-ldog-pa*.

[3] I.e. the first 5 Transcendental Virtues, representing the Accumulation of Virtue (*puṇya-saṁbhāra*; Dar. 231 a. 5).

[4] *dāna-pāramitā*.

[5] *dānamaya-puṇyakriyā-vastu*.

[6] *śīlamaya-puṇyakriyā-vastu*.

[7] *bhāvanāmaya-puṇyakriyā-vastu*.

[8] Cf. Sūtrālaṁkāra XVI. 7. and Commentary.

[9] Dar. 231 b. 5.—The habit of maintaining the separate reality of subject, object and act (*trimaṇḍala*).

[10] *jñeya-āvaraṇa*.

And the thoughts concerning the reality of envy and the like
We esteem to be the Obscuration of Moral Defilement.[1]

15. But, without Highest Wisdom,[2] all the other virtues
Are not possessed of the factors for removing (both) the Obscurations.
Therefore Highest Wisdom is superior (to all),
And, as the source of it is study (of the Doctrine),
It is this study which is most important.

16. Thus, on the foundation of authoritative Scripture[3] and of Logic
I have expounded (this treatise) in order to attain
Perfect purification, for myself, exclusively,
And to assist those whose mind is full of faith
And of the complement of highest virtue.

Next we have a verse concerning the way how (the treatise) explains (the subject-matter):—

17. As, with the aid of a lamp, of lightning,
Of a precious stone, the sun, and the moon,
Those possessed of vision are able to see,—
Similarly, I have explained all this,
Relying upon the Lord, who illuminates
By (his perfect knowledge of) the meaning,
The words, and the elements, and by his flashes of idea.[4]

Then comes a verse regarding that which has been explained:[5]—

18. The word which is connected with the Doctrine
That pursues the (ultimate) aim (of mankind),

---

[1] Acc. to the Tibetan authors, this is the standpoint of the Prāsangikas, who consider realism in general to be the Obscuration of Moral Defilement.

[2] *prajñā* = *šes-rab* in the sense of *prajñā-pāramitā*.

[3] *āgama* = *luṅ*. Dar. 232 a. 6.—The Sūtras commented by the Uttaratantra.

[4] The 4 methods of intense penetration (*pratisaṁvid*).

[5] The Word of the Buddha (*pravacana*).

Is conducive to the removal of defilement in the 3 spheres of this world,
And demonstrates the bliss of Quiescence,—
Is that of the Great Sage; all that disagrees with it is of other origin.

Next we have a verse concerning that by means of which (this Word of the Buddha) is explained:[1]—

19. That which, referring exclusively to the Teaching of the Lord,
Is an explanation (of this Teaching) by one
Whose mind is completely free from distraction,
And agrees with the Path leading to Salvation
Is to be revered as if it were
The Word of the Great Sage himself.

With regard to the means of preserving oneself from becoming deprived (of this Doctrine) we have the following verses:—

20. In this world there is absolutely none wiser than the Buddha,
No other who were omniscient and perceiving
All that exists and the essence of all things;
Therefore, do not have any confusion regarding
The discourses held by the Sage himself;[2]
Otherwise, the precepts of the Lord will be subverted,
And the Highest Doctrine will undergo harm. [77 b. 1.]

21. The depreciation of a Saint by those possessed of passion and ignorance,[3]
And the contempt regarding the Doctrine taught by him
Is always produced by erroneous views;
Therefore let not your mind become mingled

[1] The Exegetical Treatises (*śāstra*) interpreting Scripture. Cf. my translation of Bu-ton pp. 25 and 42.

[2] Dar. 233 b. 5—6. The consideration of the discourses of conventional meaning to express the direct one and the reverse, and the depreciation of some of the precepts by saying: "This is not the Word of Buddha."

[3] Dar. 234 a. 4.—who say that the Hīnayānist is not a Saint, &c.

With the defilement of these views.—
Only clean a garment may be dyed,
But not one that is smeared with grease.

Concerning the causes for becoming deprived (of the Doctrine) we have:—

22. Want of intelligence, want of faith in the virtuous (Doctrine),
Indulgence in ill-suited pride,
Obscurity through the rejection of the Teaching,
Apprehension of the conventional[1] meaning as direct,[2]
Love of gain, adherence to false views,
Reliance upon one who insults the Doctrine,
The fact of being distant from those that maintain it,
And insufficient devotion,—through all this
One becomes deprived of the Doctrine of the Saints.

With reference to the result of this loss of the Doctrine we have:—

23. The wise, they need not be afraid
Of fire, of the violent poison of serpents,
Of murderers, and of thunder and lightning,
As are those who have rejected this profound Doctrine.
Indeed, fire, serpents, foes, and lightning,
They only deprive one of (this) life,
But they cannot inspire the fear
Of being reborn in the lowest of hells.[3]

24. Even one who, repeatedly relying on bad friends,
Is hostile to the Buddha and commits the vilest of sins[4]
In killing father, mother and the Saints,
And sowing dissention among the Highest Congregation,—
Even that man can speedily become delivered (from sin),

---

[1] *neyārtha* = *draṅ-don.*

[2] *nītārtha* = *ṅes-don.*

[3] *avīci* = *mnar-med.*

[4] *anantarya* = *mtshams-med-pa.*

If he reflects over the Absolute Essence.
But where is Salvation for one
Who in his mind is hostile to the Doctrine?—

Conclusion.

25. I have thus duly expounded the 7 subjects,—
The 3 Jewels, the perfectly pure element (of Buddhahood),
The immaculate Supreme Enlightenment,
And the Buddha's properties and acts.
May, by the merit I have acquired through this,
All these living beings come to perceive
The Lord Amitāyus[1] endowed with boundless light,
And, having seen him, may they become possessed
Of the sublime vision of the Highest Truth
And attain Supreme Enlightenment.

The meaning contained in these 10 verses is again explained by the following three:—[78 a. 1.]

26. Owing to what cause and for what motive,[2]
What and in what manner has been expounded,[3]
And what is the natural outflow[4] (of the Doctrine),[5]
This is demonstrated by 4 verses.

27. Two verses[6] refer to the means of self-purification,
And one[7]—to the cause of the bereavement of the Doctrine,
And then, the following 2 verses[8]
Demonstrate the consequences (of this).

28. And finally, the sphere (in which the converts are to be born),[9]
Their steadfastness (regarding the Teaching),
Their attainment of Enlightenment,

---

[1] Tib. *tshe-dpag-med.*

[2] Verse 16. [3] Verses 17 and 18. [4] *niṣyanda-phala.*

[5] The treatises commenting Scripture, verse 19. [6] 20 and 21.

[7] Verse 22. [8] 23 and 24. [9] The circle of Amitāyus or Amitābha.

And the preaching of the Doctrine (by them),
In short the 2 forms of the result
Are spoken of in the last verse.[1]

Finished the exposition of the advantages (of being possessed of faith in the 7 sublime subjects),[2] the 5th chapter of the investigation of the sources of the 3 Jewels entitled "The Sublime Science of the Great Vehicle to Salvation."—End of the explanation of the meaning contained in the verses.—

Through this explanation
Of the precious Highest Doctrine of the Great Vehicle
I have reaped inconceivable merit;
May, by the force of it, all living beings become the receptacles
Of the immaculate jewels of this Highest Sublime Teaching.

Finished the teacher Āryāsanga's explanation of "The Sublime Science of the Great Vehicle," the work of the Lord Maitreya.—

[1] Verse 25.

[2] Sic acc. to Dar. 236 a. 5—6.

Technical Terms.

Works, Authors, and Schools.